国家法治与法学理论研究青年项目"宗族文化两面性与乡村犯罪治理机制研究"（18SFB3014）支持出版

农村犯罪善治方案建构

以宗族型犯罪为考察对象

佘杰新　著

 知识产权出版社

全国百佳图书出版单位

—北 京—

图书在版编目（CIP）数据

农村犯罪善治方案建构：以宗族型犯罪为考察对象/佘杰新著. —北京：知识产权出版社，2024.3

ISBN 978 – 7 – 5130 – 9061 – 2

Ⅰ.①农…　Ⅱ.①佘…　Ⅲ.①农村—犯罪—研究—中国　Ⅳ.①D669.8

中国国家版本馆 CIP 数据核字（2023）第 247230 号

责任编辑：常玉轩　　　　　　　　　责任校对：潘凤越

封面设计：陶建胜　　　　　　　　　责任印制：孙婷婷

农村犯罪善治方案建构
以宗族型犯罪为考察对象

佘杰新　著

出版发行：知识产权出版社 有限责任公司		网　　址：http：//www.ipph.cn	
社　　址：北京市海淀区气象路 50 号院		邮　　编：100081	
责编电话：010 – 82000860 转 8572		责编邮箱：39919393@qq.com	
发行电话：010 – 82000860 转 8101/8102		发行传真：010 – 82000893/82005070/82000270	
印　　刷：三河市国英印务有限公司		经　　销：新华书店、各大网上书店及相关专业书店	
开　　本：720mm×960mm　1/16		印　　张：16.25	
版　　次：2024 年 3 月第 1 版		印　　次：2024 年 3 月第 1 次印刷	
字　　数：300 千字		定　　价：88.00 元	

ISBN 978 – 7 – 5130 – 9061 – 2

目　录

绪　论

一、选题由来及意义

1. 选题由来

党的十八届三中全会提出推进国家治理体系和治理能力现代化的总目标。党的十八届四中全会提出要提高社会治理法治化水平，完善立体化社会治安防控体系。党的十八届五中全会提出要加强和创新社会治理，推进社会治理精细化。2017年9月19日，习近平总书记在会见全国社会治安综合治理表彰大会代表时指出："着力推进社会治理系统化、科学化、智能化、法治化。"① 党的十九大提出："打造共建共治共享的社会治理格局。"党的二十大报告指出："强化社会治安整体防控，推进扫黑除恶常态化，依法严惩群众反映强烈的各类违法犯罪活动。"考察上述几个重要节点可发现，在国家治理体系和治理能力现代化这一重大命题提出之后，人文化、法治化、科学化、精密化成为犯罪治理的目标追求。总体国家安全观的提出，使社会治安综合治理更加注重传统安全和非传统安全问题的风险和防范，为综合治理提出了新思路，开启了新征程。中国式现代化成为亟待阐释的重大课题，当前亟须推进中国式现代化社会治安综合治理体系的构建，走出一条中国特色的犯罪治理道路。

2006年10月，党的十六届六中全会通过了《中共中央关于构建社会主义和谐社会若干重大问题的决定》，农村社区建设被正式提上国家议程。同年11月，中央社会治安综合治理委员会（以下简称中央综治委）通过《关于深入开展农村平安建设的若干意见》，建设平安农村的活动在全国范围展开。十多年来，我国农村治安治理基础工作逐步推进，农村治安治理能力逐步提高，农村治安整体趋于稳定。然而，建设具有农村特色的社会治安防控体系的成效并不明显，相关规范文件仅仅提出要加强农村组织建设，整合民间力量、加强警民合作和深化社区警务战略等零散措施，并没有为农村治安防控体系建设提供针对性和指导性方案。农村治安并未真正实现"强国家—强基层"的治理格局。相较于城市治安治理，农村治安治理无论在理论层面还是实践层面都缺乏创新。为此，党的十八大以来，国家密集出台了一系列有关农村治安治理的文件，高度重视农村社会秩序稳定的问题。2018年《中共中央、国务院关于实施乡村振兴战略的意见》提

---

① 坚持走中国特色社会主义社会治理之路［N］．人民日报，2017 – 09 – 20（1）.

出："大力推进农村社会治安防控体系建设，推动社会治安防控力量下沉。"2021年《中共中央、国务院关于全面推进乡村振兴加快农业农村现代化的意见》提出："深入推进平安乡村建设。" 当前，我国农村犯罪包括了黄赌毒犯罪，群体性事件，传统的迷信犯罪、侵财和人身犯罪，村霸和宗族恶势力犯罪，容易被"隐藏"的环境犯罪。与此同时，村干部腐败犯罪、留守青少年犯罪和流动人员犯罪等特殊群体犯罪问题也相当棘手，这对国家的治理能力提出了考验。对一个有约5亿农村人口、2.9亿进城务工农民的农业大国而言，农村稳则社会稳，厘清当下农村犯罪治理的现实困境，构建有效的农村犯罪治理方案，是推进国家治理体系和治理能力现代化的重要内容，是实现平安中国目标的必由之路，是打造共建共治共享的社会治理格局的关键一环。

社会治安综合治理作为我国犯罪治理的总体策略，对社会稳定起到至关重要的作用。然而，综治实践存在过于强调公共秩序稳定、多元主体合作机制不完善、法治理念落实不彻底以及日常化和预防性治理不足等问题，有损犯罪治理的效果。农村犯罪治理围绕这一总策略展开，也带有综治本身的不足。改革开放以来，农村基层社会结构发生了巨大变化，使农村综治面临更大的挑战。国家权力不断延伸至农村"最后一公里"，尚未建立起完善的社会秩序规范，农村内部传统规范体系也在更新之中。我国农村地区国家犯罪治理力量介入尚不充分，民间犯罪治理力量自净能力羸弱，农村治安态势仍然不容乐观。

影响农村犯罪治理效果的因素究竟有哪些？农村如何构建符合农村特质和时代要求的本土化、现代化犯罪治理方案？以往的相关研究常常缺乏实证考察和细化剖析，难以真正解决农村犯罪治理的现实困境，所提出的对策和建议缺乏系统性、体系性和针对性。宗族型犯罪是农村犯罪的典型类别，全面剖析农村宗族型犯罪，特别是宗族恶势力犯罪，有利于以小见大，窥探农村犯罪治理效果的影响因素，进而为寻求农村犯罪治理的中国方案找到方向。职是之故，本书以宗族型犯罪为考察对象，试图通过剖析社会治安综合治理策略下的农村犯罪治理所面临的困境和原因，寻求提升农村犯罪治理效果的合理路径，推动中国式现代化农村犯罪治理方案的构建。

2. 选题意义

本书以乡村本土意识为研究指引，结合推进国家治理体系和治理能力现代化大背景，剖析我国农村犯罪治理的现实困境，并以宗族型犯罪为重点考察对象，分析影响农村犯罪治理效果的因素，寻求农村犯罪治理的中国方案。

（1）理论意义

首先，夯实农村犯罪治理理论基石。总体国家安全观的提出，要求我们统筹传统安全和非传统安全，坚持以人民安全为宗旨、社会安全为保障，这为完善农村犯罪治理提供了方向和指导。在总体国家安全观的指导下，要深刻意识到社会秩序问题可能上升为社会安全问题，因此要以解决严重影响民生、社会治安的问题为突破口，避免社会问题演变成为影响政治安全、社会安全的因素，以建设更高水平的平安中国为目标。善治理念深刻阐明了治理的良善导向、多元主体的协作关系、治理过程的法治化等内容，可以为农村犯罪治理方案的构建提供一个良好的分析框架。本书同时运用整体性治理理论、社会资本理论、权力的文化网络理论、犯罪转移理论等不同学科理论解剖困境，寻找出路，夯实理论基石，拓宽传统犯罪学、社会学的解释路径和知识谱系。

其次，构建适应农村特质的犯罪善治方案。以"农村秩序"为研究的主线，构建一个符合农村社会现状、旨为保障农村秩序良好运行的犯罪治理方案，摆脱以往农村犯罪治理研究较为宏观以及较为分散的缺陷。

最后，倡导研究框架之应然转向。本书通过实证考察，揭示宗族团体等农村组织在犯罪治理上呈现出的两面性功能。一方面，国家需要借助农村组织调动普通民众的参与热情；另一方面，一味依附于农村组织（往往由精英人物主导），反而可能削弱广大村民参与犯罪治理的热情，村民广泛参与才是实现犯罪治理效果的根本。农村组织和村民之间并非完全协调一致，国家需要借助农村组织进行犯罪治理，更需要采取措施调动村民的参与热情，以此实现全民参与治理和防范农村组织异化的目标。"国家—社会"两层分法难以看到农村内部结构的复杂性，因而研究框架需要转变为"国家主体—农村组织（包括宗族组织）—村民个体"三层分法，从而最大限度地减低农村组织的负面作用，发挥农村组织的桥梁作用。

（2）实践价值

首先，以宗族型犯罪为典型考察对象，力避臆想农村犯罪治理困境及原因。在国家开展扫黑除恶行动的背景下，本书通过剖析宗族文化和乡村犯罪间的关系，指出宗族文化具有两面性。传统的犯罪治理模式下，简单采取"严打"宗族犯罪的做法，忽视了农村社会独特的社会结构、文化因子、地缘关系对犯罪治理的影响，未能善用宗族权威、族规族约等多元主体、多种手段进行有效治理。本书提出了影响农村治理效果的三大因素：治理理念的现代化、治理方案的本土化和资源利用的最大化，以期指导农村治理的顶层设计。为此，宗族文化须进行当代调适：使宗族文化符合现代法治精神，把宗族组织纳入制度化管理，形成"法安天下、德润人心、宗族自治"多方式治理格局和"国家主体—农村组织—村民个体"协同合作的多主体治理体系，为治理宗族型犯罪提供针对性措施。

其次，坚持农村犯罪治理方案构建之现代化和本土化相结合的方向，达到避免"治—乱"恶性循环的目标。农村犯罪治理要走"特色化道路"，力避治理方案"城市样板化"。与此同时，推动农村犯罪治理现代化，力避农村犯罪治理之"治—乱"恶性循环，需要构建中国式现代化农村犯罪善治方案。本书力图构建一个契合农村社会实际状况、关注农村犯罪变化趋势、尊重农村权力文化网络、调动一切可利用资源的农村犯罪善治方案，有助于应对愈发严重的农村犯罪问题，实现农村秩序的良性转变。

最后，坚持农村犯罪治理之宏观与微观相结合的方向，力避空泛化的"宏大叙事"。本书不只对农村犯罪治理方案进行了宏观构建，还回答了关于农村犯罪善治方案的一系列具体问题，包括多元主体的权责是什么、多元主体如何协同参与犯罪治理、犯罪治理中有哪些民间资源可以利用，以及如何保障犯罪治理方案运行顺畅等，力图避免犯罪治理主体多元化、手段多样化、运行法治化等流于形式。

二、研究状况及借鉴

1. 国内研究状况及借鉴

学界关于农村犯罪和农村治安的研究内容基本相同，主要是在广义上研究农村违法犯罪问题以及违法犯罪的防控。因此，回顾我国农村犯罪研究现状，应涵盖农村犯罪和治安防控等方面的研究。

（1）农村治安防控研究

杨泽万的《三农问题与农村警务》[①] 是较早探究农村治安防控的著作。2005年12月新农村建设和2006年11月农村平安建设提出后，全国掀起了建设平安农村的热潮，这大大提高了学界对农村社会治安问题的关注。一些学者重点探讨了农村社会治安防控体系构建的问题。如牛凤娟认为全面提升农村治安治理水

---

① 杨泽万. 三农问题与农村警务 [M]. 北京：群众出版社，2003.

平，助力乡村振兴，必须强化党的引领、整合乡村治理资源、加大基础投入以及走本土化的治理路径。① 一些学者通过个案分析法对地方农村治安建设展开研究，进而提出构建农村治安防控体系的方案和措施。如董少平对湖北省江汉派出所进行个案考察，分析农村治安治理中各主体之间的关系并发现：在农村治安治理过程中，农村治安权力网络结构是多维的。国家权力和处于从属地位的其他治安权力组织分别代表了行政力量和自治力量，两者互相配合促进农村的稳定发展。② 还有学者对我国农村治安治理实践过程中采用的一些新举措、新方式进行研究。如张昌荣对福建警官兼任"村官"进行考察，认为该制度实现了警力下沉，但是必须建立长效机制并选择性推广。③

（2）农村犯罪治理研究

狭义的农村犯罪治理研究总体上有两种研究框架。一种是采取传统犯罪学中的三段论研究方法，从整体上分析我国农村犯罪的现状、趋势、原因及对策。胡滨通过对 H 乡的实证研究，以个案拓展思考农村犯罪的社会控制问题，探究了基层社会组织、法律规范、道德规范以及社会舆论对犯罪控制的价值，指出转型期社会控制弱化是导致农村犯罪的主要原因，因而需要重视农村治安工作。④ 另一种则是以某一具体类型犯罪为研究对象，如村干部腐败犯罪、留守儿童犯罪、流动人口犯罪、青少年犯罪和"问题村"⑤ 等特殊犯罪，对其特征、原因和对策进行分析。

国内有关农村犯罪的论著有几大优点值得借鉴：①犯罪现象论。论者多对农村犯罪进行了较为客观的描述，特别是一些实务部门的人员以地方数据为研究基础，剖析该地农村犯罪现状、特征、规律和发展趋势。论者普遍意识到农村社会治安总体趋于稳定，但农村犯罪问题仍然值得警惕，特别是毒品、黑恶势力等问题。犯罪现象的研究提醒我们，社会转型大背景下的农村犯罪问题已不同往日，这为揭示农村犯罪原因和提出行之有效的举措奠定基础。一些论者对特定犯罪类型、特定犯罪人群进行研究，深化了农村犯罪研究。②犯罪原因论。原因论解开

① 牛凤娟. 乡村振兴战略下的农村社会治安：问题与进路 [J]. 辽宁警察学院学报，2022，24 (2)：1-8.

② 董少平. 乡村治安治理中的组织与权力 [D]. 华中师范大学，2014.

③ 张昌荣，张淑平. 福建沿海农村地区实行"警官兼任村官"制度调查 [J]. 中国人民公安大学学报（社会科学版），2009 (2)：27-32.

④ 胡滨. 农村犯罪与社会控制研究：以 H 乡为个案 [M]. 成都：西南交通大学出版社，2014.

⑤ 佘杰新. 后乡土社会"越轨共同体"行为防控路径研究 [J]. 安徽大学学报（哲学社会科学版），2016 (3)：133-140.

犯罪现象的发生机制，一旦找到"病原体"，就能采取有效措施减少犯罪的发生。农村犯罪学论著多借助西方犯罪学原因理论（如社会结构理论、社会控制理论、遏制理论等）对农村犯罪产生的原因进行深入剖析。需要承认的是，西方犯罪学理论（特别是社会结构理论、社会控制理论、紧张理论等犯罪社会学理论）对地势偏远、经济落后的农村地区犯罪问题具有一定的解释力，可以夯实我国农村犯罪研究的理论基础。③犯罪对策论。绝大多数学者提出了农村犯罪治理的综合措施，包括大力发展乡村经济、加大乡村社会控制、增加乡村警力投入、提升村民道德观念和加大对涉事村干部的惩罚力度等。"人防、物防、技防、心防"全方位的对策有利于相关部门采取有效的措施控制，减少、预防农村犯罪的发生。特别是部分论者强调了农村治安防控体系在犯罪治理上的重大价值，同时意识到目前农村治安防控体系存在诸多不足，需借助民间力量、市场资源等多种手段，加强社会治安防控体系的制度建设，推动农村犯罪治理走向本土化和法治化，富有启发意义。

整体而言，相较于农村社会学和城市犯罪学的研究，我国农村犯罪研究处于起步阶段，发表的文章有的质量并不高，难以为各类农村犯罪治理实践提供有力的理论支撑，主要表现在以下几方面：①农村犯罪实证研究不足。一些论著难以认识到农村秩序变化不仅影响农村的犯罪类型，也影响农村不同治理资源的增减，进而影响犯罪治理。关于农村社会治安防控体系建设的建议缺乏理论基础和实证研究，能否取得实效需要打上问号。②农村犯罪研究领域狭窄。我国农村犯罪类型越来越多样化，许多新型犯罪类型对乡村秩序提出了挑战。特别是乡村振兴战略的提出，大量的国家资金、人力资源、市场要素涌入农村，在推进农村各方面发展的同时，更要警惕新型犯罪的发生。目前的研究主要集中于村干部腐败、留守儿童被害、未成年人犯罪和老年人性犯罪等常见犯罪。农村犯罪研究范围需要进一步拓宽，加强对环境犯罪、城市居民在农村进行的犯罪、农民受害保护等问题的研究。③农村犯罪研究的特殊性被忽视。我国农村政治学、农村社会学已成为"显学"，而农村犯罪研究进展却十分缓慢，理论研究不足也严重制约了农村犯罪治理的实效。农村犯罪情况和治理都具有特殊性，需要在传统犯罪学理论之外寻求新的研究方法、解释理论、分析框架和治理路径。④农村犯罪治理缺乏针对性。目前学界关于农村犯罪治理研究的最大缺陷在于：未能真正基于农村社会的真实状况和犯罪发展态势来构建有效的犯罪治理方案，提出的一些建议和对策缺乏具体性和针对性。⑤农村犯罪治理研究脱离社会治安综合治理的总策略和国家提升社会治理能力的大背景，难以为实践部门提供有效建议。

（3）社会治安防控研究

论述社会治安防控的研究成果较多。学者提出要调动社会力量广泛参与社会治安防控、借助多种手段进行社会治安防控、构建立体化和法治化的社会治安体系等观点，对农村犯罪治理方案构建具有重要的启示作用。农村犯罪治理需要置于国家犯罪治理策略和体系中去研究，因此，这些研究同样有助于发现农村犯罪治理存在的问题、寻找完善的农村犯罪治理对策。

（4）农村社会治理研究

农村犯罪研究处于低潮，然而农村社会治理研究却呈现出百花齐放的局面。民国时期的农村建设实践，推动农村社会治理研究的兴起。20 世纪 90 年代初期，村民自治制度建设开始推行，农村治理方面的研究成果激增。党中央把农村问题摆在极为重要的地位，有关农村治理的研究成果越来越丰富。"乡村学派"的出现、农村社会学的发展、农村研究中心的成立表明了农村治理已成为热门议题。学者们从政治学、管理学、社会学的角度剖析农村社会存在的问题，并提出诸多有价值的对策。农村犯罪研究不应局限于犯罪学学科。虽然农村犯罪治理与农村治理存在诸多不同，但是农村治理研究的一些理论、理念、观点、内容可以加以借鉴，研究成果中关于农村治理要发挥内部主体的主动性、实现国家和农村的协同治理等观点，为本书研究提供了思路、开拓了视角。研究成果中"国家—社会"分析框架、农村善治理论、农村田园调查法等研究方式、理论和方法，如加以借鉴和引入，可以大大弥补我本土犯罪学研究的不足。有关农村治理历史的研究内容，更是理解农村社会发展历史和治理历史的重要参考资料。

2. 国外研究状况及借鉴

国外关于农村犯罪研究经历的"遗忘"到"苏醒"过程，对我国加强农村犯罪学研究具有重要的启示。20 世纪，以芝加哥学派为代表的城市犯罪研究如火如荼之时，农村犯罪却几乎成为被"遗忘"的领域，仅有极少数学者关注农村犯罪问题，并呼吁关注农村犯罪和治理的特殊性。Carter 等人（1982）指出，农村社会具有复杂性、多样性和变化性，不同类型的农村，其犯罪各有特点，犯罪预防应当有所区别。[①] 20 世纪末、21 世纪初，英国、美国、澳大利亚、瑞士等

---

① CARTER T J，PHILLIPS H G，DONNERMEYER J E，et al. Rural crime：integrating research and pre-vention. Totowa［M］. NJ：Allanheld，Osmun，1982.

国的学者意识到农村犯罪研究的重要性，农村犯罪学或以农村社会为研究对象的犯罪学研究逐步兴起。不管是由于主观上错误地认为农村犯罪不严重，还是由于农村犯罪研究难度大等客观原因，在城市犯罪研究如火如荼之时，对农村犯罪、农村未成年人犯罪以及农村暴力犯罪的研究仅有零星的成果。这一状况直到20世纪70年代末才发生明显的转变，美国俄亥俄州立大学成立了农村犯罪预防研究中心（NRCPC），农村犯罪研究开始缓慢发展。① 20世纪90年代以后，资本主义国家经历了经济危机，西方各国经济复苏缓慢，社会、经济矛盾日益增加，农村地区面临着更大的贫困问题和环境问题，引发了更多的社区贩毒、男性暴力和农业犯罪。在农场数量日益降低、西方农业资本萎缩的困境下，北美农村面临着越来越严重的犯罪问题。越来越多的学者认识到，即便农村犯罪率比城市犯罪率低，农村犯罪现状和趋势仍应予以高度重视，比如农村犯罪占比的提升、农村个别类型犯罪行为的发生率高于城市以及部分犯罪案件数量高居不下等现象。Donner Meyer指出，主流犯罪学认为农村是有较强凝聚力、较高集体效能、较低犯罪率的地方，而城市则社会混乱、犯罪集中，现在看来这一观点值得商榷。2015年全球农村人口约33.6亿，占比约48.1%。虽然城市化进程持续推进，但直到21世纪上半叶，农村人口仍然超过30亿，占比约33%。农村人口占比之高，使农村犯罪的研究仍然具有重大价值。② 除此以外，农村居民对犯罪本质和犯罪范围的认知、被害人被害后的反应、农村社区司法人员执法习惯、农村刑事司法系统运行方式都具有特殊性。Weisheit和Donner Meyer指出，农村犯罪是地理、人口、经济和文化等多种因素共同作用的结果。要了解农村犯罪和预测未来农村犯罪，就需要了解地理环境、人口结构、经济因素以及文化习惯等因素和农村犯罪的关系。③

总体而言，相对国外农村犯罪研究，我国农村犯罪研究更多停留在宏观、表面的论述，关乎农村犯罪治理成败的一系列问题仍需进一步探讨。第一，社会快速转型，农村社会内部、国家和农村社会的关系都发生了哪些变化，需要进行基础性考察。第二，农村犯罪治理面临哪些障碍，哪些资源可以利用、该如何利用，这些关键问题需要深入剖析。第三，农村犯罪治理面临困境的原因仅归因于技术、制度的缺陷，还是理念上也存在问题？我们需要刨根问底，从犯罪治理总策略上开始反思。第四，各地农村犯罪治理有哪些有益经验需要借鉴？为何群防

---

① DONNERMEYER J F, DEKESEREDY W S. Rural criminology [M]. New York：Routledge，2013.

② DONNERMEYER J F. Crime in the rural context [C] //WRIGHT J D. International Encyclopedia of the Social & Behavioral Sciences. 2th ed. vol. 5. Elsevier，2015：158 –163.

③ WEISHEIT R A, DONNERMEYER J F. Change and continuity in crime in rural America [J]. Criminal Justice，2000，（1）1：309 –357.

群治、重在预防、重在治本等方针有时落实不到位？在社会治理创新理念下，农村犯罪治理应如何转变其仅局限于事后打击的现状，真正走向犯罪善治？如何在借鉴国外犯罪治理经验的基础上，实现犯罪治理现代化和本土化的结合？这一系列有关犯罪治理实效的重要问题，有待进一步思考。第五，现有研究大多以国家为中心研究国家犯罪治理策略和技术，仍然缺乏一个合理的分析框架把多元主体纳入其中，真正实现国家、社会及公民之间在犯罪治理上的共建共治共享。

（1）农村犯罪学研究的主要领域和发现

Donner Meyer 通过对大量文献进行归纳，总结了目前农村犯罪学最为关注的五大领域。第一个领域是农业犯罪。发达资本主义国家工业化带来两大变化，一是农场居住人口的大量下降，二是机器、设备和用品的大量投入。这两大变化导致机器设备盗窃、牲畜盗窃占了农村犯罪较大的比例。第二个领域是环境犯罪。农村犯罪包含了大量的环境犯罪，如非法伐木、土地掠夺、非法倾倒化学品等。第三个领域是药物滥用。第四个领域是暴力行为。针对女性受害者的暴力行为是重点关注内容。第五个领域是农村社区和犯罪的理论分析，主要是对主流犯罪学理论解释力的质疑。[1] Smith 总结了各国学者的论著，得出农村犯罪研究的几大主要观点：①人们存在一种观念：农村犯罪是由掠夺性的城市罪犯实施的。②故意破坏、盗窃庄稼、工具、设备，以及偷盗牲畜是犯罪的主要类型。③由于农村居民认为一些犯罪行为只是琐事而没有报案或因为害怕报复不敢报案，因此农村地区报案数往往相对城市少。④在农村社区，存在一种根深蒂固的"沉默文化"。[2]

囿于农村犯罪研究重视度不够、农村犯罪数据缺失，我国农村犯罪研究领域相对集中、狭窄，因而需要进一步拓宽研究范围，加强对环境犯罪、城市居民在农村进行的犯罪、农村居民受害保护等问题的研究。

（2）农村犯罪原因的理论解释

探寻经济发展、社会结构、社会资本、生态环境与农村犯罪的关系是研究农村犯罪原因的主要关注点。有学者指出：追求经济增长的农村社区必须应对由此

---

① DONNER MEYER J F. Crime in the rural context ［C］//WRIGHT J D. International Encyclopedia of the Social & Behavioral Sciences. 2th ed. vol. 5. Elsevier, 2015：158 - 163.

② SMITH R. Policing the changing landscape of rural crime：a case study from Scotland ［J］. International Journal of Police Science and Management, 2010, 12（3）：373 - 387.

带来的犯罪率上升压力。他还指出，社会资本水平的提高对农村犯罪有抑制作用，但这取决于如何衡量社会资本。从本质上讲，社会资本是必要的，但不足以遏制犯罪。比起关注社会资本与犯罪的关系，我们更应该考虑诸如集体价值、社会规范、公民能力、公民参与与犯罪的关系。[①] 利用社会解组理论来解析农村犯罪问题，也是国外农村犯罪研究的热点。有学者指出，虽然有大量的经验证据表明社会解组与城市犯罪率呈正相关，但农村社会解组与犯罪的实证文献存在三大局限性——结论不一致；主要依靠官方犯罪统计数据；未对社会解体完整模型进行研究。他们还特别强调犯罪学学者要加强对农村社会组织和农村犯罪率之间关系的研究，因为这些组织的存在对犯罪率的影响不是单向的。[②]

为了寻找更有力的理论来解释犯罪的产生原因，我们需要剖析我国农村犯罪及治理的特殊状况，检视传统犯罪学理论在解释我国农村犯罪问题上的缺陷和不足。第一，社会快速转型期，农村社会内部成员间的关系、国家和农村社会间的关系发生了哪些变化？需要进行基础性考察。第二，农村社会有哪些有利因素可以减少犯罪的发生？又有哪些特殊的因素引发犯罪？需要进一步研究。第三，我们还需探究，我国农村大量的农村组织在犯罪治理上产生的是积极作用还是消极影响？如若两者皆有，又如何扬长避短？

(3) 农村犯罪治理的对策和建议

虽然英国、瑞士和美国等国有专门的农村社会犯罪治理措施，但农村犯罪治理仍存在资源投入不足、针对性不强的问题。根据 Ceccato、Dolmen（2013）的介绍，20 世纪 90 年代中期，瑞典实施社区安全计划，警察的整体权力下放，治理主体包括警察代表、市政当局、地方企业、地方协会、社区成员。现在，人们经常可以在新闻中看到退休公民、教堂牧师和家庭父母等志愿者在犯罪预防理事会一起工作。实践中摸索出了邻里守望、社区巡逻、农场看护等农村犯罪预防的常见形式。[③] Smith 对英国警察在干预农村犯罪过程中所扮演的角色做了深入研究。由于农村犯罪形势随着时间、环境、治安战略的影响而变化，农村地区的犯

[①] DELLER S C, DELLER M A. Rural crime and social capital [J]. Growth and Change, 2010, 41 (2): 221 – 275.

[②] KAYLEN M T, PRIDEMORE W A. Social disorganization and crime in rural communities: the first direct test of the systemic model [J]. The British Journal of Criminology, 2013, 53 (5): 905 – 923.

[③] CECCATO V, DOLMEN L. Crime Prevention in Rural Sweden [J]. European Journal of Criminology, 2013, 10 (1): 89 – 112.

罪比城市犯罪更难控制，因此需要一套与城市不同的管理技能和做法。① 日本学者在研究日本农村社区本身对减少犯罪的作用的过程中发现，农村犯罪率远低于城市犯罪率，农村逮捕率却高于城市逮捕率。这也印证了逮捕率越高、犯罪率越低的一般抑制假说。而且，居住在农村的居民，人均所需的警察费用低于城市，农村社会具有安全维持功能。②

在我国，农村犯罪愈发复杂和多样，农村犯罪治理同样面临诸多挑战，国外农村犯罪治理举措和经验值得我们重视，需要我们在借鉴域外经验的基础上实现犯罪治理的本土化。

三、论域和内涵厘清

1. 犯罪治理活动表述词的界定

犯罪打击、犯罪预防、犯罪防控、犯罪治理等词汇都是关于犯罪治理活动的表述。这些词汇在学术研究中的使用尚无统一规范，相当混乱。本书认为，这些词汇的意思侧重点有所不同，厘清词语的内涵、外延是学术对话的基础，有利于学术发展。更为关键的是，这些词汇的使用也体现了犯罪治理活动理论的演进。犯罪打击指国家机关通过各种手段规制、制裁犯罪之人的活动。简单地说，犯罪打击是使犯罪之人获得应有的处罚。犯罪打击的内涵侧重于对犯罪嫌疑人的抓捕、处罚，犯罪打击的主体以国家主体为中心。犯罪打击常常也表达为打击犯罪，与之相联系的是犯罪打击理论，强调发挥刑罚的威慑功能达到预防犯罪的目的，主要内核是威慑主义。犯罪预防是指国家和社会通过各种手段来阻止或防止犯罪的发生。犯罪预防的内涵侧重于阻断一般公民走向犯罪道路，以及防止已经犯罪之人再次走上犯罪道路，犯罪预防的主体包括了国家和社会。犯罪防控是犯罪预防和犯罪控制的组合，既强调防止和减少犯罪发生，又强调规制和打击犯罪。犯罪控制的使用方式最为多元，西方犯罪学的著作中，犯罪控制的内涵不仅包括犯罪打击活动，还包括通过各种各样的手段来预防犯罪的发生，与我国犯罪

---

① SMITH R. Policing the changing landscape of rural crime: a case study from Scotland [J]. International Journal of Police Science and Management, 2010, 12 (3): 373 – 387.

② 明石，光一郎. わが国の農村が持つ社会安定化機能——安全維持機能を中心にして [J]. 村落社会研究，1996 (2): 43 – 53.

学经常使用的犯罪防控内涵相似。另外，西方国家犯罪学、社会学关于社会控制的研究主要是对越轨行为控制的研究，因此社会控制内涵大致等同于犯罪控制，本书也引用了关于社会控制的资料。在我国，犯罪控制一词在两个层面上使用，广义的犯罪控制类似于犯罪防控，包括犯罪打击、犯罪预防两个方面，狭义的犯罪控制更接近犯罪打击。在汉语中，控制一词多在狭义层面使用，表示主体对对象的一种制约和束缚，类似于"统治"，即统治主体对被统治对象的一种行动。①除了引用资料外，本书关于犯罪控制的表述均在狭义的层面使用。犯罪治理一词是对治理理论的引入，强调犯罪治理主体的多元性和治理手段的多样性，指国家、民间、市场等多元主体通过硬治理、软治理的方式打击犯罪、预防犯罪、矫治犯罪、修复秩序等一系列活动。犯罪治理概念有两大核心内容，一是突出了犯罪治理主体和手段多样，二是所指的范围更广，包括了犯罪立法、犯罪预防、犯罪打击、犯罪矫正、秩序修复等。我国社会治安综合治理的工作范围就包括了打击、防范、教育、管理、建设、改造六大方面。犯罪治理一词对应的是犯罪治理理论，犯罪治理理论强调犯罪治理主体的多元合作及对社会资源的利用。本书使用了犯罪善治一词，其理由在后文重点阐述。犯罪善治与犯罪治理的范围并没有实质性差别，在理念、方式和内容方面存在不同。

为了使表达更为顺畅和统一，本书使用"犯罪治理活动"来统称犯罪立法、犯罪预防、犯罪打击、犯罪矫治、秩序修复等一系列治理实践。有时为了表达方便和连贯，简称"犯罪治理"。不同历史阶段，我国犯罪治理活动的侧重点和理念各不相同，犯罪治理活动一词在本书不同地方的内涵会有所不同，需要根据语境加以判断。本书使用犯罪治理活动一词统一表述，并不意味着各个时期都有犯罪治理的理念。

2. 治安和犯罪内涵的厘定

"治安"原本含义是指通过"治理"实现社会秩序"安定"，治理的对象包括违法之人，也包括犯罪之人。犯罪的含义有狭义和广义之分，狭义的犯罪指实施了违反刑法规定的行为，一般为刑法学研究所用。广义的犯罪则包括违法也包括狭义的犯罪，一般为犯罪学研究所用。

我国农村犯罪治理活动依附于社会治安综合治理总体策略展开，未形成独特的农村犯罪治理方案，农村犯罪治理活动需要置于社会治安综合治理中讨论，因此本书会同时出现社会治安综合治理和犯罪治理，两者都在广义层面使用。我国

---

① 俞可平. 治理与善治［M］. 北京：社会科学文献出版社，2000：202－203.

社会治安综合治理中的"治安"是在广义层面使用，既包括了狭义的犯罪治理，也包含了狭义的治安治理。我们的社会治安防控体系建设不仅针对犯罪之人，也针对违法之人，还对一些可能导致违法犯罪行为发生的高危行为加强防控。农村犯罪治理活动不应仅是对狭义犯罪的治理，还应包括对其他违法行为的控制，对一些可能引发违法犯罪的行为加以控制，因此本书"犯罪"一词是在广义层面使用。除了介绍我国社会治安综合治理实践情况外，本书使用犯罪一词主要基于以下考虑：第一，农村犯罪善治方案更符合一般的表述习惯。第二，社会治安综合治理的支撑理论主要是犯罪学理论，使用犯罪一词在资料引用以及行文上更加方便。第三，我国社会治安综合治理实践较为强调公安机关的地位，使用犯罪治理而不是治安治理更能凸显其他政法机关的作用。第四，犯罪治理表述凸显对更严重的、更典型的农村越轨行为治理的关注。

3. 农村犯罪治理的范围

人们通常认为，农村犯罪治理就是对发生于农村社会里的村民所实施的犯罪行为的治理。按照犯罪治理"属地原则"，农村流出人口在很多时候是由城市相关机构进行管理的。这种狭义的范围界定忽视了我国农村犯罪治理的现状，容易导致犯罪治理方案构建不够全面、科学。第一，农村远离基层政权中心，一些城市居民会选择到农村实施犯罪行为，一些传销组织往往选择法律意识较为薄弱的农村特殊群体作为犯罪对象。因此，在农村犯罪治理对象和农村犯罪治理方案构建上，必须考虑对流动人员的治理。第二，农村流出人口的治理完全依托于城市治理并不科学。农民法律意识的提升、抵御犯罪诱惑的能力加强，有赖于农村的日常预防性教育，并非经过城市环境下的短暂培训和教育可以实现。农村人口流入地和人口流出地派出所加强信息共享，不仅有助于对外来人口进行管理，也有助于城市犯罪治理。通过微信群、QQ群进行法律知识宣传、近况交流，对预防进城务工农民的犯罪有重要的促进作用。农民工犯罪案件现象提醒我们：对进城农民的治理需要城市和农村互相配合。第三，农民工在城市犯罪后回到农村进行社区矫正，同样是农村犯罪治理的重要任务，然而实践对接环节存在很多问题，导致一些需要回到农村矫正的人员未得到矫正，此问题值得重视。对农村犯罪治理对象的理解不能过于局限，否则将影响农村犯罪治理方案构建的科学性。农村犯罪治理的对象主要是在农村进行犯罪的村民，但应采取措施应对流出人口、流入人口治理。本书提倡的农村犯罪善治方案强调加强日常犯罪预防、农村内部自控能力的提升以及通过网络工具增进村民之间的联系等具体举措，正是考虑到以往对农村犯罪治理对象的界定存在误区。农村犯罪善治方案的构建对农村流出人口、流入人口治理能够产生积极效果，这也是本书研究内容的创新之处和实践价值。当然，本书构建的农村犯罪善治方案，特别强调要注重乡土性，使用"乡村"一词更为准确。"农村"更多的是从物质的、有形的层面来界定，与特定的生产方式和物资设备密切相关，是农村的"形式"，而"乡村"更多的是从生活方式、价值观念或思维习惯等文化的、无形的层面来界定，是农村的"内容"。① 本书为了行文方便，不再严格区分"乡村"和"农村"。

四、主要观点及创新

1. 主要观点

本书遵循"历史考察→效果评估→解决思路→具体路径→例证回归"的总体思路，结合新时期、新征程国家治理体系和治理能力现代化的背景，运用实证分析法、个案拓展法、比较研究法和多学科交叉法等方法，首先全景考察我国农村犯罪治理的历史和效果，以宗族型犯罪治理实践为深入考察对象，探究农村犯罪治理困境的成因与出路，提炼出制约农村犯罪治理的因素，探索完善农村犯罪治理的方案和路径。本书最后回归到宗族型犯罪典型类型治理问题上，对方案落实和运用进行具体分析。除绪论与后记外，本书共分五章。

第一章，农村犯罪治理实践之历史回溯：整体性全景考察。社会治安综合治理是我国犯罪治理的总体策略，农村犯罪治理围绕其展开工作。在农村犯罪治理缺乏自身创新的情况下，系统梳理、归纳农村犯罪治理现状，首先必须考察综治策略的实践效果。社会治安综合治理更新了犯罪治理活动的理念，一定程度上推动犯罪治理活动走出以刑罚打击为主的治理窠臼，总体维持国家社会治安的基本稳定，形成了具有中国特色的犯罪治理经验，为世界提供了大国治理经验。与此同时，国家在农村开展专项整治活动、重点领域打击活动，并逐步关注农村治安防控体系建设问题，一些地区结合当地实际，开创、完善了具有地方特色的犯罪治理方式。

第二章，农村犯罪治理实践之效果评估：关键性问题提出。总体而言，我国广大农村治安情势趋于好转，严重暴力犯罪案件数量明显下降，综治稳定功能日

---

① 王立胜. 中国农村现代化社会基础研究 [M]. 济南：济南出版社，2018：6.

益显现。随着农村治安基础工作逐步推进，综治工作总体格局逐步搭建，群防群治工作稳步推进，犯罪治理能力逐步提高。综治理念、目标和机制作为国家设计的一套治理方案，呈现出文本和实践的差距，这一现象在农村更为凸显。在不发达地区，农村犯罪治理普遍出现以下困境：国家力量介入较为薄弱，警务战略推行效果、信息化治理水平有待提升；内生力量的权威明显下降，传统惩治机制的功能不断弱化，德化教育和乡俗自治式微，民间犯罪防控措施相对不足，农村内部自净能力较为羸弱；农村内外部犯罪资源整合不足，多元主体间未能形成纵横交织的"治理网"，多种手段尚未真正形成互相配合的"组合拳"。农村犯罪治理实践过度倚重刑事打击，预防性、修复性、常规性治理有待加强。犯罪治理相关法律法规尚未健全，村民的法律意识仍然不高，国家力量、法律制度、治理设想在深入农村"最后一公里"时面临诸多难题。犯罪治理"内卷化"并未完全摆脱，农村犯罪治理能力和治理体系现代化之路仍然任重道远。

第三章，农村犯罪治理困境成因与出路：宗族型犯罪解剖。国家多次开展黑恶犯罪整治活动，从"打黑除恶"到"扫黑除恶"再到"常态化治理"，其理念、方式、机制变化过程具有启发意义。宗族型犯罪是农村传统文化影响下的特殊犯罪类型，从中能"以小见大"地窥探影响农村犯罪治理效果的因素，力求避免用"城市样板化"方案治理农村，摆脱"治—乱"恶性循环困境。宗族文化影响下，可能出现集体腐败、群体性斗殴、宗族恶势力等违法犯罪行为，还可能产生破坏乡村自治、阻碍犯罪侦查等问题。然而，宗族文化具有两面性，也可以产生道德教化作用，凝聚犯罪斗争意识，填补治理规范体系。身份认同、人情关系、宗族规范、组织力量等因素是宗族文化能够作用于乡村犯罪的重要因素，并且可能形成正向和反向两种作用机理。简单依靠"严打"宗族犯罪，以期推动犯罪治理好转，忽视了农村社会独特的社会结构、文化因子、地缘关系对犯罪治理的影响，未能善用宗族权威、族规族约等多元主体、多种手段。由此可见，农村犯罪治理理念的现代化、治理方案的本土化和资源利用的最大化是提升农村犯罪治理效果的三大要素。农村犯罪治理要走出困境，必须坚持以总体国家安全观作为指导，追求犯罪善治，跳出"重刑治理"道路，并结合农村犯罪发展态势和现实社会状况，注重本土化治理，构建中国式、现代化的农村犯罪善治方案。具体而言，农村犯罪善治方案是指以打破"严打"和重刑僵局的善治为理念，通过关注农村社会变化的实际状况，充分利用农村秩序资源，尊重农村权力文化网络，构建一个村民自觉维护秩序、农村自治系统强劲、国家力量融入有效和国家治理权威扎根农村的体系，"国家主体—农村组织—村民个体"互促增效的治理方案，实现村民基本安全诉求获得满足，农村安定有序，国家政治稳定。

第四章，农村犯罪善治方案之运行方式：中观层面的构建。农村犯罪治理方案需要更新，治理主体从一元单打到多元互动；治理手段从单一落后到多样互补；治理过程从事后打击到事前预防。为此，运行主体方面，构建"国家主体—农村组织—村民个体"协同合作的多元治理主体，首先应在制度上明确多元主体的地位和权责，并培育非国家主体的参与能力；其次是通过建立多元主体协商机制、发挥农村组织的桥梁作用、健全国家部门间齐抓共管机制，实现多元主体的合作共赢；最后，基层政权相关部门要通过增进民众的信任感、主动下乡寻求犯罪治理合作、建立激励性参与机制等方式来提升非国家主体参与意愿。犯罪治理要摒弃重刑旧途，寻求社会治理手段实现农村稳定、标本兼治；建成"法安天下、德润人心、农村自治"的强犯罪治理格局；实现技防人防物防三者相互配合的防控体系。农村犯罪善治方案的有效运转，必须完善法律法规，促进方案规范运行，加强基础工作保障方案长效运行，适时的运动治理增强方案有效运行，鼓励地方创新促进方案能动运行。

第五章，农村犯罪善治方案落地之例证：宗族型犯罪治理。宗族经历了起源期、普及期、蛰伏期、复兴期四个阶段，宗族文化产生的效果与国家治理理念和对待宗族的态度有很大关联。如今，国家法律和机构形成的外生秩序与宗族文化形成的内生力量并存于宗族型乡村是不争的事实。由于我们对于宗族文化和犯罪关系的探究忽略了宗族文化的两面性，实质也忽略了农村犯罪治理的特殊性。因此，宗族文化需要在现代法治语境下进行调适，引导宗族文化朝着良性发展，避免文化冲突，促进国家法律、国家主体与宗族规范、宗族组织的良性互动。具体而言，相关部门要注重村民选举的合法性、制衡性，避免大宗族集权；摸清宗族精英分布，成立官民合作治理机制；梳理宗族族约，引导族约法治化；加强宗族组织管理立法，明确宗族组织的社会功能；加强法治道德宣传，纠正落后宗族观念；建立举报奖励机制，倡导族人间互相监督；严厉打击利用宗族势力的犯罪行为，提升刑法威慑效果，从而防控村霸、宗族恶势力和群体性事件等常见宗族文化型犯罪。

我国亟待加大农村犯罪学研究力度，摆脱传统犯罪学研究禁锢，寻求新的研究方法、解释理论、分析框架和治理路径。研究农村犯罪的学者应与农村社会学学者加强互动交流，促进分支学科间的交叉和进步，并重点开展农村现状和犯罪态势的实证研究，深化和拓宽农村犯罪的研究内容，真正助益农村走出犯罪治理能力"内卷化"的困境，促进乡村振兴战略目标的实现。

2. 可能的创新

（1）选题的创新

目前，农村犯罪治理对策集中于促进经济发展、加强社会防控、提高法治思想、落实群防群治、加大警力投入等宏观方面的论述。本书试图解析宗族文化触发犯罪发生的反向机理和遏制犯罪发生的正向机理，以此为考察基础寻求农村犯罪治理的困境原因和解决方案，进而构建一个中国式现代化的农村犯罪善治方案，为国家推进农村治理体系和治理能力现代化提供有益参考。

（2）内容的创新

本书以宗族文化为视角，使用"事件—过程分析"的分析方法，解剖宗族犯罪典型案例，揭示宗族文化在乡村犯罪治理中的"两面性"，从而找到农村犯罪治理效果的影响因素。本书指出犯罪治理需要坚持以总体国家安全观为指导，强调系统思维、战略思维、底线思维，置身于国家治理体系和治理能力现代化之中，以新安全格局保障新发展格局，不能头痛医头、脚痛医脚。本书以善治指导犯罪治理实践，指出犯罪善治是走出维稳导向窠臼的必然选择，借助权力文化网络理论论述犯罪治理方案的构建必须考虑农村秩序基础和运行逻辑；运用新制度主义理论阐释正式制度和非正式制度相结合的重要性；结合社会结构理论阐明犯罪治理需要考虑农村秩序和犯罪趋势的变动情况，在此基础上提出农村犯罪善治的方案。

（3）视角的创新

在社会转型的大背景下，农村社会治理不断演进和创新，然而，农村内外部治理力量并未真正形成多元主体、多种手段合力，农村秩序有待进一步完善。本书找到农村秩序这一重要的视角，紧紧围绕其与农村犯罪治理方案构建的关系，深入剖析，层层递进，环环相扣，有利于构建符合农村实际的犯罪治理方案。

（4）框架的创新

身份认同、人情关系、宗族规范、组织力量等因素是宗族文化能够作用于乡村犯罪的重要因素，并且可能形成正向和反向两种作用机理。宗族等农村组织有时无法起到上通下达的桥梁作用。"国家—社会"的二元研究框架未能契合农村的社会实际，因而要由"国家—社会"的研究框架转变为"国家主体—农村组织—村民个体"的研究框架，从而为农村犯罪治理实践搭建一个"国家主体—农村组织—村民个体"协作共治的治理格局。

第一章　农村犯罪治理实践之历史回溯：整体性全景考察

探索农村犯罪治理的实践是评估农村犯罪治理效果的基础，也是进一步提出农村犯罪治理优化方案的前提。本章从农村犯罪治理整体着手，进行全景式、历史性考察，剖析现有农村犯罪治理探索的理念、手段、方式、方法，在总结经验、吸取教训的基础上展望未来。有学者认为，中华人民共和国成立 70 多年以来，国家治安与社会自治之间的互动关系经历了人民公社时期的"治安支配自治"、改革开放至 21 世纪初期乡政村治时期的"治安领导自治"和"三治结合"时期的"治安引导自治"三个阶段。在人民公社时期的"强治安—弱自治"模式下，我国乡村治安秩序持续稳定，是"一元化"的国家权力对基层社会进行总体性支配的结果。在乡政村治时期"弱治安—弱自治"模式下，我国乡村治安秩序虽局部有所倒退，但总体仍保持相对稳定，是弱化的国家权力对不成熟的基层自治活动直接领导和干预的结果。在"三治结合"时期的"强治安—强自治"模式下，我国乡村治安秩序发生根本性好转。①

有学者认为，1949 年以来，中国乡村基层治安治理模式发生了诸多结构性的变迁，这是中国乡村社会治理模式变迁的重要方面。依据治理主体构成变化，乡村基层社会治安治理分为群众化（1949～1978 年）、专业化（1978～2012 年）和多元化（2012 年至今）三个时期。群众化时期又分为两个阶段，社会主义改造阶段乡村基层治安治理体系是典型的"人民治安"架构，由中央公安机关、公安武装部队、地方公安部门、系统内公安和保卫组织、人民公安部队指战员、人民警察、治安保卫委员会、人民调解委员会、民兵等组织和人员组成，其核心是党的领导与群众路线；人民公社阶段中国共产党通过接连不断的"群众化"运动，实现了国家政权对乡村的全时空、全要素控制，乡村基层治安治理结构已变为"人民公社＋公安员＋民兵＋治安保卫委员会＋人民调解委员会"。

① 张书增. 乡村治安秩序生成的理论逻辑、历史演进与实现路径研究［J］. 河南警察学院学报，2022（5）：23－30.

乡村基层治安治理专业化时期，乡村治安治理主体队伍壮大，变为"公安派出所＋治安保卫委员会＋人民调解委员会＋治安联防队（含民兵）"。自 1992 年市场经济快速发展，乡村"空心化"问题严重，农村治保会"有名无实"。

乡村基层治安治理多元化时期，乡村基层社会治安治理主体结构演变为"乡村基层党组织（驻村第一书记等）＋公安派出所（农村警务室）＋治安保卫委员会＋人民调解委员会（司法所指导）＋治安联防队（含民兵＋辅警＋农村治安志愿者）"。①

本书将 1949 年以来的农村犯罪治理划分为四个阶段。第一阶段为政治动员式治理。新中国成立初期，国家采取政治动员式犯罪治理手段维持新生政权的基本稳定。第二阶段为法制不断健全下的运动式"严打"。改革开放以后，国家法制逐步健全，在法律指引下开展多次运动式"严打"，一定程度上缓解了改革开放初期严重的治安问题。第三阶段，随着综治策略形成、发展和完善，在治理理论指引下，犯罪治理朝着多元主体、多种手段综合治理方向前进。农村犯罪治理围绕综治策略展开，与此同时，国家在农村地区积极开展犯罪治理活动，进行了多次整体或专项打击活动，并积极开展社会治安防控措施建设。随着平安建设的推进，一些地方积极创新治理，形成具有地方特色的犯罪治理方式。第四阶段，党的十八大以来，特别是党的十八届三中全会之后，综治策略在推进国家治理体系和治理能力现代化的语境中备受关注。党的十九大报告提出实施乡村振兴战略，农村治安防控体系建设得到进一步重视。

本章主要考察社会治安综合治理形成以来的农村犯罪治理情况。综治策略是我国犯罪治理的总体策略，农村犯罪治理围绕其展开。在农村犯罪治理缺乏自身创新的情况下，探究农村犯罪治理现状首先必须考察综治策略的发展现状及实践效果。

---

① 李春勇，魏来. 中国乡村治安治理结构变迁及其逻辑［J］. 中国人民公安大学学报（社会科学版），2022（3）：88－100.

第一节　围绕社会治安综合治理策略展开

新中国成立初期，通过国家权威和"组织化调控"调动各方力量打击犯罪，形成了政治动员式的犯罪治理方式，有效维持了新生政权的稳定。政治动员式犯罪治理是特定历史时期的产物，在国家和各级政权高度权威、群团组织高度组织化以及人民群众当家作主信念崛起等一系列因素综合作用下，民众参与犯罪打击的热情高涨。我党通过国家政权机构的设置以及深入基层社会的组织安排，把分散的社会力量高度整合到国家的权力网络之中，借助土地改革获得的高度权威发动人民群众开展犯罪治理活动，保障了新中国成立初期中国社会的基本稳定。① 学者唐皇凤将这种政治动员式犯罪治理概括为"组织化调控"。"社会治安组织网络的构建过程是一个执政党权力组织网络进一步健全与完善的过程。在这个过程中，政法机关和各种维护社会治安的群众组织被逐步聚集到以执政党为核心的权力组织网络周围，成为执政党权力组织网络中的基本节点和构成要件，成为执

---

① 国家机构方面，1954~1958 年，乡、民族乡、镇是最低一级政权机构。根据《地方各级人民代表大会和地方各级人民委员会组织法》，在中国共产党统一领导下，全国各地通过层层设立人民代表大会、政府、公检法等政权机构，完成了政权的组建。在农村社会，1949~1954 年推行土地改革。1947 年 9 月，通过了《中国土地法大纲》，要求废除封建性及半封建性剥削土地制度，实行耕者有其田的土地制度。1950 年 7 月原政务院通过《中华人民共和国土地改革法》，废除地主阶级封建剥削的土地所有制，实行农民土地所有。1950 年 7 月通过《农民协会组织通则》，大量农民加入协会，农民协会在这一时期发挥了重要的组织作用。至 1956 年，中国共产党在全国农村进行了农业集体化改造和农业合作化运动，实现了生产资料私有制向生产资料公有制转变。在农村合作不同阶段，农村设置了互助组、初级农业生产合作社、高级农业生产合作社。据中国共产党新闻网的"党史介绍"，到了 1956 年年底，参加初级社的农户占总农户 96.3%，参加高级社的农户达农户总数的 87.8%，基本实现了社会主义改造。农民群体几乎都加入相应的组织中。1958~1983 年我国农村社会推行了 25 年的人民公社制度。根据 1958 年 8 月 29 日《中共中央关于在农村建立人民公社问题的决议》以及 1962 年中共中央《农村人民公社工作条例（修正草案）》，农村人民公社是政社合一的组织，是我国社会主义社会在农村的基层单位，又是我国社会主义政权在农村的基层单位。人民公社制度通过"生产队—生产大队—公社"三级组织把农民纳入了国家的权力网络。

政党提供公共安全服务和直接治理社会的基本工具。"① 在执政党不断发展和国家政权组织不断壮大的同时，国家另一个核心任务是通过基层群团组织建设对基层社会结构重新构建，把分散的民众重新组织起来，成为支撑政权稳定和开展国家治理的社会结构基础。农村合作经济组织、互助组、人民公社、妇女组织、农会、农村党支部、治保会、调解组织、民兵等群团组织发展异常迅速，分散的民众被群团组织联结起来。国家通过对民间群众组织的融入、规范和指导，实现对广大群众的管理。② 改革开放以后，国家开启运动式"严打"整治活动，在应对青少年犯罪问题及对"严打"的反思之下，综治活动开启，农村犯罪治理在综治指引下展开，综治策略也深刻影响着农村犯罪治理，促进农村综治进步。同时，综治策略存在的实施困境在资源匮乏、秩序快速变化的农村显得更为突出。综治策略于 1991 年通过立法确认，是通过各级社会治安综合治理委员会和社会治安综合治理委员会办公室为领导和办事机构，协调国家各部门、调动社会力量参与犯罪治理活动，以维护社会秩序稳定的一种犯罪治理策略。社会治安综合治理更新了犯罪治理活动的理念，一定程度上推动犯罪治理活动走出以刑罚打击为主的治理窠臼，总体维持了社会治安的基本稳定，形成了具有中国特色的犯罪治理经验，为世界提供了大国治理经验。

一、社会治安综合治理策略之历史演变

社会治安综合治理实践经过 40 多年的不断探索，在目的、方针、主体、制度等内容上越来越完善。国家高度认可综治策略的价值和作用，对其不断创新和完善，一系列文件的颁布，使社会治安综合治理活动逐步走向规范化和制度化的道路。

---

① 唐皇凤. 社会转型与组织化调控：中国社会治安综合治理组织网格研究 [M]. 武汉：武汉大学出版社，2008：106.

② 1952 年 7 月 17 日，公安部颁布《管制反革命分子暂行办法》，明确规定对被管制分子，任何人均有监督及检举其不法活动之权。8 月 11 日颁布《治安保卫委员会暂行组织条例》，规定农村应以行政村为单位建立治安保卫委员会，协助政府防匪、防谍、防火和防盗，检举、监督和管制反革命分子。11 月 28 日，中央人民政府颁布《民兵组织暂行条例》，规定乡（行政村）均须建立民兵队部，县、区建民兵基干团、营，协助军队保卫地方秩序，镇压反革命活动。1953 年 4 月 25 日，第二届全国司法会议决议提出，农村应以乡为单位逐步建立调解委员会，基层法院应普遍建立巡回法庭和一审陪审制，建立与加强人民接待室和值日审判工作，更好地满足人民群众的司法需求。参见：王卫斌. 建国初期的农村社会治安综合治理实践 [J]. 钟山风雨，2019（6）：11.

1. 社会治安综合治理思想萌发阶段 (1979~1990 年)

社会治安综合治理策略是在应对青少年犯罪问题以及对"严打"效果局限性的反思中逐渐形成的。社会治安综合治理的思想源头可以追溯到 1979 年，国家把工作重心转移到经济建设上，实行改革开放。以国家垄断、计划为特点的社会治理模式逐步打破，社会空间急剧变化，人口流动速度加快，社会贫富差距拉大，一系列利益矛盾和冲突随之暴露，青少年犯罪率持续攀升。1950~1959 年，青少年犯罪约占刑事案件总数 20%，1960~1966 年，青少年犯罪约占刑事案件总数 30%，1966~1976 年，由于缺乏具体统计，青少年犯罪估计约占刑事案件总数 60%。1978 年、1979 年、1980 年，青少年犯罪占刑事案件总数的百分比，大中城市为 70%~80%，农村为 60%~70%。1981~1986 年，青少年犯罪约占刑事案件总数百分比分别为 64.0%、58.8%、60.2%、63.3%、71.24%、72.47%。① 为了应对青少年犯罪问题，1979 年 8 月，中共中央批转《关于提请全党重视解决青少年违法犯罪问题的报告》，要求在党委领导下，整合各部门、各方面的力量，通力合作，下决心解决青少年违法犯罪问题，社会治安综合治理思想初露。"文件虽然没有用综合治理的词语，但是通篇贯穿了综合治理的思想，全面奠定了社会治安综合治理方针确立的基础，是综治方针确立的第一个历史性文件。"② 1981 年 6 月，中共中央批转《京、津、沪、穗、汉五大城市治安座谈会纪要》，首次提及综合治理的概念和方针。1982 年 8 月中共中央批转《全国政法工作会议纪要》，指明了综合治理的首要环节、重点、基础和关键。③ 至此，社会治安综合治理思想初步形成。

发轫于应对日益严重的城市青少年犯罪问题的社会治安综合治理，蕴藏着巨大的治理动能，而"严打"的成效是综合治理不断发展、落地生根、深入人心的重要原因。改革开放是一个社会秩序大调整的过程，社会规范补给不足，道德观念约束不够，犯罪总数和犯罪率上升。④ 1978~1982 年全国公安机关刑事案件立案件数分别约为 53.57 万、63.62 万、75.71 万、89.03 万、74.85 万，发案率分别为 5.57 起/万人、6.52 起/万人、7.67 起/万人、8.90 起/万人、7.36 起/万

---

① 中国青少年犯罪研究学会. 中国青少年犯罪研究年鉴 [M]. 北京：春秋出版社，1988：41-44.

② 马结. 中国社会治安综合治理研究 [M]. 北京：法律出版社，1990：27.

③ 严厉打击刑事犯罪是综合治理的首要环节，加强对青少年的教育是综合治理的重点，加强基层基础工作是综合治理的基础，加强公安司法队伍建设和公安司法工作是综合治理的关键。

④ 国家召开多次治安会议强调要严厉打击犯罪活动，下放死刑的核准权到省、自治区、直辖市高级人民法院，"依法从重从快惩处严重刑事犯罪分子"方针逐步形成。

人（见表1.1、图1.1）。1983年7月19日，邓小平同志在北戴河对时任公安部部长刘复之的讲话，加速了"严打"活动的开启。随后中共中央、中央办公厅、全国人大下发了一系列文件，开启了第一次"严打"活动。① 第一次"严打"效果持续到1988年，随后盗窃、杀人、抢劫、强奸、流氓案件又持续攀升，走私、贩卖毒品相对突出，票据类经济犯罪明显增多，生产、销售伪劣商品的违法犯罪活动屡禁不止，社会治安情势仍然很严峻。1996年4月中央部署了第二次全国性"严打"活动，同年6月中央综治委在河北承德对中央"严打"进行了进一步部署和落实。相较于1995年，1996年、1997年全国每万人发案率同比下降，分别为13.57起/万人、13.05起/万人。第二次全国性"严打"效果持续了两年，之后1998年发案率又上升为15.92起/万人，到2000年发案率突破20起/万人。针对实践中犯罪总数不断增加、盗窃犯罪不断攀升以及严重暴力犯罪突出的犯罪趋势，2001年4月21日，国家开展了第三次"严打"行动，在打黑除恶、治爆缉枪、整顿和规范市场经济秩序三条战线上开展专项打击行动，并开展了排查、整治治安混乱地区和部位的行动，一定程度上扭转了恶化的治安情况。

表1.1　1978年至2020年立案情况②

年份	刑事立案件数	每万人发案率	治安案件数	每万人案件率	治安案件增长率
1978	535698	5.57	——	——	——
1979	636222	6.52	——	——	——
1980	757104	7.67	——	——	——
1981	890281	8.90	——	——	——
1982	748476	7.36	——	——	——
1983	610478	5.93	——	——	——
1984	514369	4.93	——	——	——
1985	542005	5.12	1025440	98.5	——

---

① 1983年8月中共中央《关于严厉打击刑事犯罪活动的决定》，1983年8月中共中央办公厅《关于印发"严厉打击刑事犯罪活动，实现社会治安根本好转"（宣传纲要）》，1983年9月全国人大《关于迅速审判严重危害社会治安的犯罪分子的程序的决定》。

② 公安机关刑事立案数来源于历年《中国法律年鉴》、人口总数来源于《中国统计年鉴》，发案率根据《中国统计年鉴》和《中国法律年鉴》计算得出，破案率来源于历年《中国法律年鉴》。本书所引1978年之后的刑事立案数、治安案件数均来自此表，下文不再赘述。

年份	刑事立案件数	每万人发案率	治安案件数	每万人案件率	治安案件增长率
1986	547115	5.09	1115858	105.5	8.82%
1987	570439	5.22	1234910	117.2	10.67%
1988	827594	7.45	1410044	13.2	14.18%
1989	1971901	17.50	1847625	17.0	31.03%
1990	2216997	19.39	1965633	17.8	6.39%
1991	2365709	20.43	2414065	21.4	22.81%
1992	1592659	13.59	2956737	25.9	22.48%
1993	1616879	13.64	3351016	29.1	13.33%
1994	1600734	13.36	3300972	28.4	-1.49%
1995	1690407	13.96	3289760	28.0	-0.34%
1996	1660716	13.57	3363636	28.4	2.25%
1997	1613629	13.05	3227669	26.8	-4.04%
1998	1986068	15.92	3232113	26.8	0.14%
1999	2249319	17.88	3356083	27.6	3.84%
2000	3637307	28.70	4437417	36.2	32.22%
2001	4457579	34.93	5713934	46.2	28.77%
2002	4336712	33.76	6232350	51.7	9.07%
2003	4393893	34.00	5995594	47.6	-3.80%
2004	4718122	36.30	6647724	52.7	10.88%
2005	4648401	35.55	7377600	58.5	10.98%
2006	4653265	35.40	7197200	56.3	-2.45%
2007	4807517	36.39	8709398	67.4	21.01%
2008	4884960	36.78	9411956	72.8	8.07%
2009	5579915	41.81	11752475	88.9	24.87%
2010	5969892	44.52	12757660	95.7	8.55%
2011	6005037	44.57	13165583	97.9	3.20%
2012	6551440	48.38	13889480	102.3	5.50%
2013	6598247	48.49	13307501	98	-4.19%

年份	刑事立案件数	每万人发案率	治安案件数	每万人案件率	治安案件增长率
2014	6539692	47.81	11878456	86.9	-10.74%
2015	7174037	52.19	11795124	85.7	-0.70%
2016	6427533	46.49	11517195	83.4	-2.36%
2017	5482570	39.44	10436059	75.1	-9.95%
2018	5069242	36.33	8845576	69.7	-15.24%
2019	4862443	34.73	8718816	68.2	-1.43%
2020	4780624	33.85	8628059	61.1	-1.04%

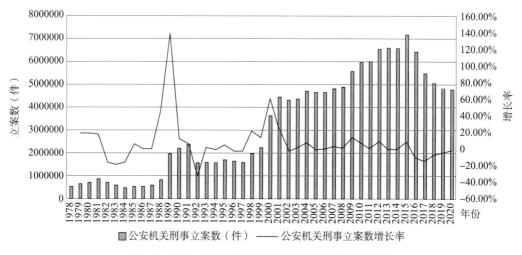

图1.1　1978~2020年公安机关刑事立案数与增长率

然而，如果国家倚重"严打"，日常性、长效性治理方式就难以获得足够的资源、政策支持来实现发展。"严打"当下，社会治安状况有所好转，但"严打"并没有从根本上扭转犯罪率不断攀升的局面。国家犯罪治理资源有限，刑罚作为犯罪治理的主要手段，往往难有"治本"之效。面对违法犯罪数量攀升的现实困境，人们开始反思"严打"这种非常规化、运动式的治理方式的弊端，试图寻求一种更加法治化、社会化、日常化的治理方式，社会治安综合治理得到进一步重视。全国政法机关和地方政法机关在坚持打击的同时，也开始关注预防工作的开展。如1986年2月，全国政法工作会议对社会治安防控进行了较为系统、科学的论述，强调治理需要多部门配合、多方法齐下。

当然，与改革开放前严厉打击犯罪相比，此时的"严打"在法律不断制定完善的背景下运行。改革开放之后，国家开启了法制建设的新征程，《刑法》《刑事诉讼法》等一系列法律法规相继出台。[①] 如果说政治动员式犯罪治理方式的推行主要依靠国家权力网络组织的组建和国家权威的广泛动员，那么"严打"的开展除了依靠上述两者，还逐步重视法律的作用。至此，犯罪治理法律体系群基本建立，犯罪治理逐步规范化和制度化。按照强世功、应星教授的说法，我国开始由弥散性惩罚的总体性社会治理逐渐向理性化惩罚的技术性社会治理转变。

2. 社会治安综合治理立法生成阶段（1991～2000 年）

经过十余年的实践探索，1991 年 2 月，中共中央、国务院颁布了《关于加强社会治安综合治理的决定》，[②] 1991 年 3 月，全国人大常委会通过《关于加强社会治安综合治理的决定》，两个《决定》对社会治安综合治理活动的任务、目标、工作格局、责任落实等予以规定，对综治活动的开展和完善起到了重要的指导作用。1992 年 10 月，党的十四大把综治策略写入党章。至此，社会治安综合治理以法律和党内法规的形式上升为党和国家维护治安秩序和社会稳定的总策略。根据社会治安综合治理的工作范围，打击是首要环节，是落实综合治理其他措施的前提条件，从重从快严厉打击严重危害社会治安的刑事犯罪活动被纳入综

---

① 中华人民共和国成立初期，刑事法制建设进程相对缓慢，中共中央和原政务院发布了一些关于如何惩治反革命分子、处理党内腐败贿赂犯罪以及打击资本家不法行为的规定，如《惩治反革命条例》《妨害国家货币治罪暂行条例》《惩治贪污条例》《关于镇压反革命活动的指示》《中央十人小组关于反革命分子和其他坏分子的解释及处理的政策界限的暂行规定》《关于打击、孤立资产阶级右派分子的指示》等。伴随着组织化建设的开展，出现了一系列关于国家机构职能分工的规定以及群团组织职能性质的规定，这些规定中也有关于国家机构和群团组织在犯罪治理中的职能、任务和作用的条款。如《中央人民政府公安部试行组织条例》《乡（行政村）人民政府组织通则》《人民法庭组织通则》《治安保卫委员会暂行条例》《人民调解委员会暂行组织通则》《政务院关于在国家财政经济部门中建立保卫工作的决定》。至 1979 年《刑法》《刑事诉讼法》颁布前，政务院条例、执政党指示、国家领导人讲话和刑事政策成为打击刑事犯罪的主要依据。改革开放以来，中央政法委员会、公安部、最高人民法院、最高人民检察院、司法部等政法机关形成的国家权力组织网络在一系列中央文件、法律法规的先行指引下相继恢复、完善。国家相继通过《人民法院组织法》《人民检察院组织法》《关于迅速建立地方行政司法机关的通知》《人民调解委员会条例》等法律法规。重新建成的各级政权组织和群众性组织，成为应对日益严重犯罪现象的基础组织。1979 年我国第一部《刑法》和《刑事诉讼法》通过。

② 中共中央、国务院《关于加强社会治安综合治理的决定》指出，十年来的实践证明，加强社会治安综合治理具有多方面的重要意义：（一）它是解决我国社会治安问题的根本出路……（五）它是密切党同人民群众联系的迫切需要，是顺应民愿、深得人心的一件大好事。（六）它是加强社会主义法制建设的重要措施。（七）它是新形势下坚持专门机关工作和群众路线相结合原则的新发展。文件明确社会治安综合治理"打击和防范并举，治标和治本兼顾，重在治本"的方针。

治内容。此后的十年里，全国人大和社会治安综合治理负责部门还陆续发布了一系列规定，规范和指导综治实践。综治的理念、目标、任务、基本原则、工作格局、责任机制等初步形成。相关资料显示，到 1997 年，已经有 90% 的乡镇、街道配备了主抓综治工作的党政副职，88% 建立了综治领导机构，90% 设立了综治办。1998 年，已有 22 个省党政领导与地、市党政领导签订了治安目标管理责任书，绝大多数地市层层签订了责任书。24 个省市建立了部门联席会议制度。① 2000 年，全国有专职司法助理员 47173 名、人民调解委员会 89.06 万个、调解人员 716.16 万人，调解纠纷 314.10 万件，70% 的乡镇建立了司法调解中心。全国开展矛盾纠纷大排查 65006 次，专项治理各类疑难矛盾纠纷 14.5 万件，制止群众性械斗 35929 起，防止群体性上访 40057 件，涉及 1037350 人。②

3. 社会治安综合治理策略成熟阶段（2001～2012 年）

两个《决定》颁布后，经过十年的实践，社会治安综合治理工作已初步形成了党政统一领导，综治机构组织协调，各部门各方面各负其责、齐抓共管，广大人民群众积极参与的工作格局，对稳定中国社会管理秩序起到重要作用。世纪之交，国内外社会环境错综复杂，影响社会治安的不稳定因素增多，刑事犯罪率居高不下。在两个《决定》颁布十年之际，2001 年 9 月中共中央、国务院正式出台《关于进一步加强社会治安综合治理的意见》，要求各级机关和有关部门加强治安防范工作，加强基层基础建设，健全和完善全社会齐抓共管的工作机制，严格落实责任制，社会防控体系初步建立。2002 年 11 月，中央社会治安综合治理委员会发文提出全面推进社会治安防控体系建设。③ 三次"严打"过后，一种更为理性的刑事政策逐步形成。2004 年 9 月党的十六届四中全会提出了推进社会管理体制创新的理念，对社会治安综合治理工作开展产生了重大的影响。治安综治工作不断更新管理理念和思路，逐步从注重打击走向注重预防。政法机关更加强调矛盾纠纷的化解、治安混乱地区的整治等预防性工作，工作方式逐步由原来的事后处置、被动应付向事前预防、主动掌握转变。2004 年 12 月，在全国政法工作会议上，我国正式提出正确运用宽严相济的刑事政策。2006 年《关于构建社会主义和谐社会若干重大问题的决定》提出加强社会治安综合治理，增强人民

---

① 中央社会治安综合治理委员会办公室. 中国社会治安综合治理年鉴（1997—1998）[M]. 北京：法律出版社，2000：2 - 4.

② 参见：《中国法律年鉴（2001）》《中国社会治安综合治理年鉴（1999—2000）》。

③ 《关于加强社会治安防范工作的意见》指出，各有关部门密切配合，齐抓共管，突出重点，全面落实社会治安防范措施。充分发动群众，实行群防群治。

群众安全感，实施宽严相济的刑事司法政策。从严从快打击刑事犯罪转为实施宽严相济刑事政策，弱化了打击的首要地位，使得综治活动朝着更为理性、全面的方向发展。

"平安建设"是这一阶段社会治安综合治理工作的重大创举。1997年以后，"平安建设"出现了萌芽。1997年全国基层安全创建活动经验交流会要求各地开展创建"安全文明小区"，农村、学校、企事业单位等各地各行业围绕自身特点开展安全建设活动。2003年江苏省率先启动"平安江苏"建设。次年，山东启动"平安山东"建设，浙江启动"平安浙江"建设。2004年广东、湖北、上海、山西等省市纷纷出台平安建设的实施方案，开展"平安农村""平安街道"等评比活动，加大人防物防技防力度，推进社会治安防控体系建设。2005年10月，一场在各级党委和政府的统一领导下，组织动员社会各方面的力量，以构建平安中国为目标的犯罪治理活动正式在全国展开，全国各地因地制宜开展了"平安街道""平安农村""平安家庭""平安企业""平安校园"活动。① "平安建设"与之前三次"严打"的本质区别在于前者更加重视犯罪预防工作，力图"构建有效预防和及时发现打击各种违法犯罪活动的社会治安防范体系。"② 平安建设对治安预防工作和基础建设工作的重视，对建立健全长效工作机制的强调，有利于从基础上夯实社区的社会结构，从源头上解决矛盾和纠纷，促进人民群众安居乐业、社会稳定和国家长治久安局面的形成。

4. 社会治安综合治理策略精进阶段（党的十八大以来）

党的十八大以来，国家高度重视社会治理创新。党的十八届三中全会提出创新社会治理体制，推进国家治理体系和治理能力现代化的总目标，社会治理、综治活动被纳入国家治理体系和治理能力现代化的重要议题中。随后发布了多个综

---

① 中央政法委、中央综治委发布《关于深入开展平安建设的意见》，文件要求各部门要把思想认识、工作重点、力量配置、经费投入、考核奖惩等切实转移到预防为主上来，构建具有有效性、预防性、及时性的社会治安防范体系，从而在源头上减少矛盾纠纷的发生，提升公众的治安满意度。

② 《关于深入开展平安建设的意见》还指出：建立社会治安防控体系，一是建立和完善各种治安防控网络；二是有效提升技术防范水平；三是推进治安防范社会化、职业化；四是把社会治安防范工作和城市建设、社区建设紧密结合。

治相关文件，对如何完善综治体系和责任制提出更具体的意见。① 2015 年，总体国家安全观的提出，指明社会治安综合治理要更加注重传统安全和非传统安全问题的风险和防范，为综治发展开辟了新思路。2017 年 10 月，党的十九大报告提出打造共建共治共享的社会治理格局新要求。② 2018 年 3 月国家进行机构改革，对中央综治委和中央维护稳定工作领导小组（以下简称中央维稳领导小组）等职能做了进一步调整和完善，助益完善社会治安防控体系目标的实现。党的十八大以来，我国社会治安防控体系逐步完善，朝着法治化、社会化、智能化、专业化、系统化、专业化的基本方向发展，目标更加明确、机制更加完善、治理方式更加全面，社会治安综合治理步入了完善的关键阶段。从全国公安机关受理治安案件统计数据来看，从 2012 年起，案件总数和每万人案件起数都开始下降。2013～2016 年，治安案件总数分别为 13307501 起、11878456 起、11795124 起、11517195 起（见图 1.2），分别比上一年下降 4.19%、10.74%、0.70%。每万人案件数分别为 98.0 起、86.9 起、85.7 起、83.4 起。2020 年 4 月，平安中国建设协调小组正式成立，以更好的组织架构、制度机制为综治推行提供了保障。党的二十大报告总结了我国治安成就："民族分裂势力、宗教极端势力、暴力恐怖势力得到有效遏制，扫黑除恶专项斗争取得阶段性成果，有力应对一系列重大自然灾害，平安中国建设迈向更高水平。"综治被放置于提升国家治理体系和治理能力现代化、实现国家总体安全、推进中国式现代化的大进程中，对其功能、目标、任务、体制、机制有了更高的要求。检视实践中综治活动存在的问题，寻找完善我国社会治安综合治理的指导理念、基本思路和具体路径，成为新时代新征程犯罪治理的重要任务。

---

① 党的十八届四中全会提出要提高社会治理法治化水平，完善立体化社会治安防控体系。党的十八届五中全会提出要加强和创新社会治理，推进社会治理精细化。2015 年 4 月，中共中央办公厅、国务院办公厅印发《关于加强社会治安防控体系建设的意见》，对社会治安防控体系建设的指导思想、任务目标和具体举措作了详细规定。2016 年 2 月，中共中央办公厅、国务院办公厅通过《健全落实社会治安综合治理领导责任制规定》，对治安综合治理中的责任制进行完善。2017 年 6 月，中共中央、国务院《关于加强和完善城乡社区治理的意见》，要求"创新立体化社会治安防控体系"。2016 年发布的《社会治安综合治理基础数据规范》规定了综治业务工作和信息系统建设的基本数据规范。2017 年发布的《社会治安综合治理综治中心建设与管理规范》，对综治中心建设的总体原则、功能定位、运行模式、人员组成、设施要求、信息系统等提出了规范要求。

② 报告指出：加强社会治理制度建设，完善党委领导、政府负责、社会协同、公众参与、法治保障的社会治理体制，提高社会治理社会化、法治化、智能化、专业化水平。

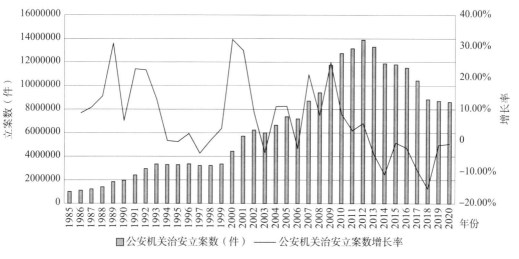

图 1.2　1985～2020 年公安机关治安立案数与增长率

二、社会治安综合治理策略之内涵深化

社会治安综合治理走过 40 余年，各地实践效果各有不同，一些地方实践情况与综治理念存在较大差距。本部分关于社会治安综合治理的内涵解读，更多是对规范文件进行解读（见表 1.2），这种解读对后文具有重要价值。一是可以更好地把握我国综治策略发展方向，理性评判综治策略的利弊；二是可以更加清楚地比较规范文件与实践差异，从而解剖综治策略在实践中出现偏差的原因，完善社会治安综合治理策略。综治策略是国家通过调动社会力量、充分利用社会资源实现犯罪治理的综合性治理方法。综治的工作范围包括打击、防范、教育、管理、建设、改造六个方面。综治策略转变国家中心主义犯罪治理的思路，以期实现由运动式治理向日常化治理转变，由国家一元主体向社会广泛参与转变，由依靠单一的刑事手段事后追惩违法犯罪向使用综合手段预防违法犯罪转变。随着综治实践的开展，其具体内涵不断深化。

表 1.2　社会治安综合治理文件梳理

发布日期	文件名称
1979.08	中共中央批转《关于提请全党重视解决青少年违法犯罪问题的报告》

发布日期	文件名称
1981.06	中共中央批转《京、津、沪、穗、汉五大城市治安座谈会纪要》
1982.01	中共中央《关于加强政法工作的指示》
1982.08	中共中央批转《全国政法工作会议纪要》
1988.10	公安部印发《关于继续加强群众性治安联防工作的请示》的通知
1991.02	中共中央、国务院《关于加强社会治安综合治理的决定》
1991.03	全国人民代表大会常务委员会《关于加强社会治安综合治理的决定》
1991.05	民政部《关于加强民政系统社会治安综合治理工作的通知》
1991.12	中央社会治安综合治理委员会《关于社会治安综合治理工作实行"属地管理"原则的规定（试行）》
1991.12	中央社会治安综合治理委员会《关于实行社会治安综合治理一票否决制的规定》
1993.11	中央社会治安综合治理委员会、中共中央纪律检查委员会、中共中央组织部、监察部《关于实行社会治安综合治理领导责任制的若干规定》
1995.09	中央社会治安综合治理委员会《关于加强流动人口管理工作的意见》
1996.11	中央社会治安综合治理委员会《关于加强社会治安综合治理基层基础工作的意见》
1997.09	中央社会治安综合治理委员会《关于进一步开展基层安全创建活动的意见》
2000.08	中央社会治安综合治理委员会《关于进一步加强矛盾纠纷排查调处工作的意见》
2001.09	中共中央、国务院《关于进一步加强社会治安综合治理的意见》
2002.11	中央社会治安综合治理委员会《关于加强社会治安防范工作的意见》
2003.01	中央社会治安综合治理委员会办公室《关于开展排查整治治安混乱地区和突出治安问题活动的通知》
2003.10	中央社会治安综合治理委员会关于印发《关于加强乡镇、街道社会治安综合治理基层组织建设的若干意见》的通知
2003.07	中央社会治安综合治理委员会、中央组织部《关于党委组织部门在参与社会治安综合治理工作中进一步发挥好职能作用的意见》

发布日期	文件名称
2005.10	中央政法委员会、中央社会治安综合治理委员会《关于深入开展平安建设的意见》
2008.02	中央社会治安综合治理委员会《关于集中开展排查调处矛盾纠纷，排查整治治安混乱地区和突出治安问题活动的通知》
2009.03	中央社会治安综合治理委员会《关于进一步加强社会治安综合治理基层基础建设的若干意见》
2009.04	中央社会治安综合治理委员会《关于进一步加强中央社会治安综合治理委员会工作的意见》
2010.01	中央社会治安综合治理委员会《关于进一步开展社会治安重点地区排查整治工作的若干意见》
2011.04	中央社会治安综合治理委员会等部门《关于深入推进矛盾纠纷大调解工作的意见》
2012.06	中央社会治安综合治理委员会《关于深入开展社会治安重点地区排查整治工作的若干意见》
2015.04	中共中央办公厅、国务院办公厅《关于加强社会治安防控体系建设的意见》
2016.02	中共中央办公厅、国务院办公厅《健全落实社会治安综合治理领导责任制规定》
2016.09	《社会治安综合治理综治中心建设与管理规范》（GB/T 33200—2016）
2017.04	国务院办公厅《关于加强中小学幼儿园安全风险防控体系建设的意见》

1. 社会治安综合治理的目的演变

1991 年两个《决定》均把维护国家和社会的稳定、保证改革和现代化顺利进行作为主要的目的。① 2000 年《关于进一步加强矛盾纠纷排查调处工作的意

---

① 中共中央、国务院《关于加强社会治安综合治理的决定》规定，社会治安综合治理的基本任务是整治社会治安，打击犯罪和预防犯罪，保障社会稳定，为社会主义现代化建设和改革开放创造良好的社会环境。1991 年全国人民代表大会常务委员会《关于加强社会治安综合治理的决定》指出，为了维护社会治安秩序，维护国家和社会的稳定，保障改革开放和社会主义现代化建设的顺利进行，必须加强社会治安综合治理。

见》指出，综治的基本任务是维护社会稳定。2001 年《关于进一步加强社会治安综合治理的意见》指出，综治是维护社会政治稳定的基本方针。截至 2001 年，相关文件都把维护国家和社会的政治稳定作为社会治安综合治理的主要目的。2002 年 11 月《关于加强社会治安防范工作的意见》指出，要创造良好的、人民群众满意的社会治安秩序，以"人民满意"为导向的社会治安建设开始萌芽。2005 年《关于深入开展平安建设的意见》指出，要确保人民群众安居乐业，确保社会稳定和国家长治久安，并且这一表述被固定下来。社会治安综合治理的目的表述有了实质性的变化，人民安居乐业被摆在极其重要的地位。2015 年《关于加强社会治安防控体系建设的意见》和 2016 年《健全落实社会治安综合治理领导责任制规定》都指出，要深入推进社会治安综合治理，确保人民安居乐业、社会安定有序、国家长治久安。规范文件对公共秩序、社会秩序和人民群众利益的关注，体现了社会治安综合治理理念的进步。

2. 社会治安综合治理的主体变化

各级党委领导社会治安综合治理工作开展，并且在党委内设社会治安综合治理委员会（以下简称综治委）及其办公室作为治安活动开展的协调机构和办事机构。党委领导、综治委协调、综治委办公室落实的工作格局一直保持下来，这是国家政体的必然要求，也是调动各部门和广大群众参与犯罪治理的基本要求。2018 年 3 月，党中央深化机构改革，将中央综治委及其办公室、中央维稳工作领导小组及其办公室的职能统一划归中央政法委承担。实践中，大多数地方综治工作是政法委在主抓（综治委办公室和维稳办公室多设在政法委内），但仍然存在部分地区设置不一、分工混乱的情况。为了更好地推进治安防控体系建设，发挥政法委组织、协调、推动和督促作用，中央对综治机构做了调整。根据国家安排，2019 年 3 月底，各地基本完成机构改革。2019 年 1 月，中共中央印发《中国共产党政法工作条例》，明确规定省、市、县、乡镇（街道）社会治安综合治理中心是整合社会治理资源、创新社会治理方式的重要工作平台，由同级党委政法委员会和乡镇（街道）政法委员负责工作统筹、政策指导。

政府地位和公安机关在综治中主体地位的变化体现了综治工作格局的变化。1991 年中共中央、国务院《关于加强社会治安综合治理的决定》规定，社会治安综合治理是在各级党委和政府的统一领导下，各部门协调一致，齐抓共管，依靠广大人民群众进行的活动。文件同时指出，公安机关在综治工作中居于特别重要的地位。以公安机关为犯罪治理的主要机关，通过"严打"维护社会秩序稳定，是这一时期犯罪治理的主要理念，这容易导致其他机关在犯罪治理活动处于消极、被动的地位。2001年《关于进一步加强社会治安综合治理的意见》指出，我国综治工作格局基本形成。文件对公安派出所、人民法庭、司法所等政法部门的强调，显示了司法机关和司法行政部门的犯罪治理功能得到关注。[①] 2015年《关于加强社会治安防控体系建设的意见》和2016年《健全落实社会治安综合治理领导责任制规定》指出，要构建党委领导、政府主导、综治协调、各部门齐抓共管、社会力量积极参与的社会治安综合治理工作格局。此外，相关文件和精神强调了司法行政部门、法院、检察院甚至监狱等部门都需要更加积极开展社会治安综合治理活动。各部门在综治中的作用得到进一步发挥，这有利于预防性和修复性犯罪治理活动的推行，而非以公安机关为中心开展犯罪打击行动。

3. 社会治安综合治理的责任落实

社会治安综合治理的责任机制，是指把社会治安综合治理任务和目标分解到各个具体职能部门，各职能部门又层层建立综治的目标管理责任制，自上而下签订责任书，并运用评估、督导、考核、激励、惩戒等措施，使得治理任务的落实效果与党政领导干部的政绩考核、晋职晋级和奖惩直接挂钩，从而直接影响主管机关的行动意愿和行动理念的一种机制。1991年两个《决定》已经初步指出了责任制的基本内容。[②] 1991年中央综治委对一票否决制做了专门规定，1993年中央综治委等部门联合发文，要求各级党政部门要把确保一方平安作为任期目标。至此，责任制初步形成，并在全国迅速推广、落实。各级党政部门领导签署综治责任书承担治安治理责任，为中央有关部门严格落实领导责任追究制度提供更为充分的依据。2000年中央综治委对河南、河北、江西发出《重大问题领导责任查究通知书》，不少地方基层党政领导因治安防控不力被追究责任。[③]

不断健全和严格责任制，是综治工作的重要内容。2001年《关于进一步加

---

① 文件指出："综治工作已初步形成了党政统一领导，综治机构组织协调，各部门各方面各负其责、齐抓共管，广大人民群众积极参与的工作格局。"同时要求进一步加强基层公安派出所、人民法庭、司法所等政法基层组织建设，充分发挥他们在社会治安综合治理工作中的重要作用。

② 社会治安综合治理需要把"抓系统、系统抓"同"条块结合，以块为主"有机地结合起来，实行属地管理原则，通过层层建立目标管理责任制，要把社会治安综合治理的责任与单位和个人的政治荣誉、经济利益紧密结合起来，建立奖惩制度，实行一票否决制，落实"谁主管谁负责"的原则。1992年，全国对约5271个单位、3356人行使了一票否决制。中央社会治安综合治理委员会办公室. 平安之路 [M]. 北京：中国长安出版社，2009：12.

③ 根据《关于对发生严重危害社会稳定重大问题的地方实施领导责任查究的通知》要求，凡被中央综治委下达《重大问题领导责任查究通知书》的责任单位，所在地区的综治要对其实施社会治安综合治理一票否决，在一年内取消评为文明、先进、模范等各种荣誉称号的资格。

强社会治安综合治理的意见》要求，各级党委、政府要进一步健全和落实目标管理责任制、领导责任制和一票否决制、责任制联席会议等各项制度。[①] 2016 年《健全落实社会治安综合治理领导责任制规定》，全面规定了社会治安的责任内容、督促检查机制、表彰奖励制度等内容。可见，责任的落实一直是综治工作的重要内容，国家通过责任落实实现政令通畅，保证综治工作的快速、深入推进。由于维稳目标的落实情况与各级党政部门负责人和主管人员政绩考核、晋职晋级和奖惩直接挂钩，各级政法部门把维稳工作当成重要任务之一。2021 年 7 月发布的《中国共产党党内法规体系》再次强调要健全落实社会治安综合治理领导责任制规定。

4. 社会治安综合治理的方针扩充

1991 年中共中央、国务院《关于加强社会治安综合治理的决定》提出要坚持打防并举、标本兼治、重在治本的原则。1991 年全国人大常委会《关于加强社会治安综合治理的决定》指出社会治安综合治理必须坚持打击和防范并举、治标和治本兼顾、重在治本的方针。两个《决定》认为犯罪预防和犯罪打击两者在犯罪治理上需要并抓，指出打击犯罪是社会治安综合治理的首要环节。此时犯罪打击是整个犯罪治理活动的重心。2001 年中共中央、国务院《关于进一步加强社会治安综合治理的意见》指出，要坚持打击与防范并举，治标和治本兼顾，重在防范，重在治本。在对"严打"效果的反思中，人们意识到预防工作的重要性。意见再次指出打击犯罪是社会治安综合治理的首要环节，同时强调了预防工作的重要性，要求坚决纠正重打轻防的倾向。

群防群治是党相信人民、依靠人民思想在犯罪治理中的体现。1991 年两个《决定》提出建立健全群防群治机制[②]，之后的文件为群防群治如何落实提出了

---

① 2005 年《关于深入开展平安建设的意见》对责任人进行了细化，文件指出："各级党政主要领导是平安建设第一责任人，分管领导是直接责任人，其他领导承担分管工作范围内平安建设的责任。"文件还指出：建立健全责任机制。按照"属地管理"和"谁主管谁负责、谁经营谁负责"的原则，层层建立领导责任制、部门责任制和单位责任制，把平安建设的各项任务落实到基层，落实到部门（单位），落实到责任人。

② 1991 年中共中央、国务院《关于加强社会治安综合治理的决定》指出要广泛组织职工、群众，积极协助人民警察，加强城乡治安联防，健全群防群治机制，并充分发挥民兵维护社会治安的作用。1991 年全国人大常务委员会《关于加强社会治安综合治理的决定》要求建立群众性自防自治的治安保卫组织，开展各种形式的治安防范活动和警民联防活动。

解决办法。① 各地不断加强警民联防活动，鼓励义务巡逻，推行社区警务，这一系列措施为群防群治方针的正式提出打下基础。2004 年《中共中央关于加强党的执政能力建设的决定》，在以往坚持打防结合、预防为主方针后面正式增加了专群结合、依靠群众的表达，群防群治成为综治方针的重要组成部分。2015 年《关于加强社会治安防控体系建设的意见》再次指出，探索新形势下群防群治工作新机制、新模式。② 从规范文件来看，综治方针表述有微妙变化，越来越强调犯罪预防和群众参与的重要性。综治方针越来越全面，体现了犯罪治理理念的不断进步和优化。未来需要继续坚持和贯彻打防结合、重在预防、标本兼治、重在治本、专群结合、依靠群众的方针。

---

① 1996 年《关于加强社会治安综合治理基层基础工作的意见》指出要强化以公安干警为骨干，以治安室、治安岗亭为依托，以专职、义务巡逻队为主体的多层次治安联防网络，加强动态管理，严格社会面的控制。宣传、表彰见义勇为的英雄模范人物，弘扬正气，努力形成"维护治安人人有责"的社会舆论环境。2001 年《关于进一步加强社会治安综合治理的意见》要求多渠道地筹集群防群治队伍建设所需的经费。公安机关要力争把更多的警力投入社区治安防范和群防群治工作之中。2002 年《关于加强社会治安防范工作的意见》指出要充分发挥共产党员、共青团员、民兵、青年志愿者、离退休干部职工在治安防范中的作用，组织他们开展看楼护院、邻里守望、联户联防等各种形式的联防活动，共同维护社会治安。2005年《关于深入开展平安建设的意见》指出要最大限度地把人民群众组织起来，形成人人参与治安防范的工作格局。

② 该意见还指出：充分发挥传统媒体与新媒体的作用，采取群众喜闻乐见的宣传教育方式，提高群众安全防范意识，组织动员群众关心、支持和参与社会治安防控体系建设，努力提升新媒体时代社会沟通能力。

第二节　全国农村犯罪治理具体举措情况

本部分通过实地考察、资料搜索以及规范性文件的整理（见表1.3、表1.4）来梳理综治策略形成以来国家在农村积极开展犯罪治理的活动（包括全国性的"严打"、平安建设、专项治理），同时密切关注农村治安防控建设等实践。在平安农村建设的过程中，一些地区结合当地实际，开创和完善了具有地方特色的犯罪治理方式，如罗田县法务前沿工程、肃宁实践3+1维稳模式、浙江诸暨的枫桥经验。

表 1.3　农村犯罪治理文件

日期	名　称
1952.08	《治安保卫委员会暂行组织条例》
1988.09	公安部转发《关于新形势下加强城乡治保会工作的意见》的通知
1993.05	公安部《关于加强治安联防队伍建设的通知》
1994.08	司法部《关于司法行政机关积极参加农村社会治安综合治理的意见》
1994.11	中央社会治安综合治理委员会、公安部、民政部、农业部《关于加强农村治保会工作的意见》
1995.02	司法部《关于进一步加强人民调解工作　促进农村改革与发展维护农村稳定的通知》
1998.01	中共中央组织部、中共中央统战部、国务院宗教事务局《关于在农村基层组织建设中认真妥善地处理好宗教活动问题的通知》
1999.10	最高人民法院关于印发《全国法院维护农村稳定刑事审判工作座谈会纪要》的通知
2000.04	全国人民代表大会常务委员会《关于中华人民共和国刑法第九十三条第二款的解释》

日期	名　称
2006.09	公安部《关于实施社区和农村警务战略的决定》
2006.11	中央社会治安综合治理委员会《关于深入开展农村平安建设的若干意见》
2007.04	中央社会治安综合治理委员会《关于深入推进农村平安建设的实施意见》
2008.03	国家工商行政管理总局、中央社会治安综合治理委员会办公室、农业部《关于严肃查处制售伪劣农资等坑农害农行为　进一步加强农村基层党风廉政建设的工作方案》的通知
2008.11	中共中央纪律检查委员会、监察部《关于深入学习贯彻党的十七届三中全会精神　进一步加强农村党风廉政建设若干问题的意见》
2009.06	国家工商行政管理总局、中央社会治安综合治理委员会办公室、农业部《关于开展严肃查处制售假冒伪劣农资坑农害农行为　进一步加强农村基层党风廉政建设工作》的通知
2009.07	全国村务公开协调小组关于印发《村务公开和民主管理"难点村"治理工作宣传提纲》的通知
2010.04	国家工商行政管理总局、中央社会治安综合治理委员会办公室、农业部《关于开展2010年严厉打击制售假冒伪劣农资坑农害农行为　进一步加强农村党风廉政建设工作的通知》
2017.01	最高人民检察院印发《关于充分发挥检察职能，依法惩治"村霸"和宗族恶势力犯罪，积极维护农村和谐稳定的意见》
2018.02	中央政法委、中央综治委、公安部《关于集中打击整治农村赌博违法犯罪的通知》
2020.03	中央全面依法治国委员会《关于加强法治乡村建设的意见》

表1.4　涉及农村治安的相关文件

日期	名　称
1986.09	中共中央《关于加强农村基层组织建设的通知》
1993.11	中共中央、国务院《关于当前农业和农村经济发展的若干政策措施》
1994.11	中共中央《关于加强农村基层组织建设的通知》
1999.03	中共中央组织部《关于加强农村基层干部队伍建设的意见》

日 期	名 称
2002.04	共青团中央、中央综治办、教育部、科学技术部、民政部、劳动和社会保障部、农业部、文化部《关于加强新阶段农村青年工作的意见》
2005.11	中共中央办公厅、国务院办公厅《关于进一步加强农村文化建设的意见》
2005.12	中共中央、国务院《关于推进社会主义新农村建设的若干意见》
2006.09	中共中央办公厅、国务院办公厅《关于加强农村基层党风廉政建设的意见》
2008.10	中共中央《关于推进农村改革发展若干重大问题的决定》
2009.12	中共中央、国务院《关于加大统筹城乡发展力度 进一步夯实农业农村发展基础的若干意见》
2010.04	国家工商行政管理总局、中央社会治安综合治理委员会办公室、农业部《关于开展2010年严厉打击制售假冒伪劣农资坑农害农行为 进一步加强农村党风廉政建设工作的通知》
2016.02	国务院《关于加强农村留守儿童关爱保护工作的意见》
2019.01	中共中央、国务院《关于坚持农业农村优先发展做好"三农"工作的若干意见》
2019.06	中共中央办公厅、国务院办公厅《关于加强和改进乡村治理的指导意见》
2019.08	中共中央印发《中国共产党农村工作条例》
2019.08	中央农办、农业农村部、中央组织部等关于印发《关于进一步推进移风易俗建设文明乡风的指导意见》的通知
2021.04	《中华人民共和国乡村振兴促进法》
2021.07	最高人民法院《关于为全面推进乡村振兴 加快农业农村现代化提供司法服务和保障的意见》
2021.11	国务院《关于印发"十四五"推进农业农村现代化规划的通知》
2022.03	最高人民法院关于《为做好2022年全面推进乡村振兴重点工作提供司法服务和保障的意见》
2022.05	中共中央办公厅、国务院办公厅《乡村建设行动实施方案》
2022.11	中共中央办公厅、国务院办公厅《乡村振兴责任制实施办法》

一、全国农村犯罪治理活动开展情况

系统梳理、归纳、分析我国农村犯罪治理实践的总体情况，有助于更好地发现综治的有益经验和不足。全国性犯罪治理实践开展情况主要有两大方面，第一是农村犯罪专项整治活动；第二是重点领域犯罪治理。

1. 农村犯罪专项整治活动情况

改革开放以来，国家在农村地区进行了两次较大规模的整治活动。1993 年，全国综治会议要求各级党政机关高度重视农村治安问题，全力整治农村治安混乱状况。1994 年 6 月，第一次全国性农村犯罪整治活动开启，整治活动得到中央领导的高度重视。1994 年，中央综治委等部门在吴江召开了全国农村社会治安综合治理工作会议，会议提出："在 1994 年、1995 年，以'严打'开路，以'治乱'为突破口，对治安不好的农村地区和农村突出问题的重点整治，严厉打击地痞流氓，整顿瘫痪半瘫痪的村民自治组织和群防群治组织。""吴江会议"后，一场全国性农村整治活动展开。以安徽省霍邱县为例，1995 年一年内，共组织区域性统一行动 542 次；破获刑事案件 201 起，其中大案 17 起；捣毁犯罪团伙66 个，瓦解团伙成员 268 人，追捕逃犯 69 人。[①] 推进和督促整治农村社会治安工作，整顿软弱涣散的基层组织，建立维护治安的防范机制，实现农村社会治安稳定，成了 1994 年、1995 年两年政法部门的工作重点。1995 年《最高人民检察院工作报告》指出，1994 年各级检察院批捕、起诉了一批横行乡里、祸害百姓的严重犯罪分子，积极维护社会治安稳定。1995 年《最高人民法院工作报告》指出，各级人民法院积极参加到全国性的集中整治农村社会治安的斗争中，在这次"严打"中对农村流氓恶势力给予了沉重打击。1994 年 7 月以来，各级人民法院根据全国农村社会治安综合治理工作会议精神，严厉打击农村突出的流氓恶势力等各种犯罪，依法严惩了一大批严重危害农村社会治安的刑事犯罪分子，如

---

① 中央社会治安综合治理委员会办公室. 中国社会治安综合治理年鉴（1995—1996）[M]. 北京：法律出版社，1998：723.

海南省澄迈县的王英汉特大流氓集团案①。1996 年以后的多次全国治安会议上，均出现了打击"乡霸""整治农村治安"等字眼。如 1998 年 11 月 23 日第四届全国综治会议上，整治治安突出的农村，特别是加大对恶势力、黄赌毒、邪教、坑农害农犯罪打击，成了会议的主要内容。

第二次全国性农村犯罪整治发生在 2006 年年底。2005 年 10 月，国家全面开展平安建设。当时由于城镇化快速发展，一些农村管理存在真空，全国农村治安形势整体严峻。个别地方农村黑恶势力横行，村干部腐败现象较为严重，2006年各级人民检察院立案侦查贪污、挪用国家支农资金、征地补偿金和扶贫、救灾、救济等款物的农村基层组织人员 3878 人。② 据此，2006 年年底中央综治委发布《关于深入开展农村平安建设的若干意见》，要求"深入开展农村'严打'整治斗争"。③ "全国开展了创建平安村组、打击侵害农民利益行为、实现平安农村的活动。各地成立专门领导小组，按照'一个乱点、一个领导、一个专班、一套方案、一抓到底、限期整改'的办法，严厉打击农村黑恶势力、严重暴力等犯罪行为。一些地方推进警力下沉、完善农村警务工作，农村犯罪治理能力有了较大的提升。典型的如湖北宜昌推进农村技术防控建设，农村集镇主要街道安装不少于 10 个以上视频监控探头，全市 80% 完成覆盖；全市警力下沉，农村建成警务室 530 余个，民警包片驻村 730 人，乡镇专职治安巡防队 1364 人，治安信息员 11693 人，综治特派员 1067 人，治安志愿者 6129 人，村组义务巡防队 21516人。山东下沉警力 1.2 万余人，建成社区和农村警务室 1.05 万个。截至 2007年，全国农村建成警务室 8.9 万个，配备驻村民警 9 万多名。"④

① 20 世纪 80 年代末至 90 年代初，王英汉为首的流氓犯罪集团在澄迈县金江镇横行乡里，称霸一方，欺压群众，无恶不作，被当地群众称为"当代南霸天"。1994 年 9 月 9 日，海南省高级人民法院对五名主犯依法判处死刑，流氓集团的其他成员也受到严惩。

② 资料来源：2007 年《最高人民检察院工作报告》。

③ 此次"严打"的重点是：农村黑恶势力犯罪、杀人和爆炸等严重暴力犯罪，坚决铲除横行乡里，甚至"操纵"基层政权的村霸、乡霸等黑恶势力；非法集资、侵占集体财产等经济犯罪；盗窃牲畜、农电、水利设施、农机具等生产资料和抢劫、抢夺等多发性侵财犯罪；盗窃破坏油气田及输油气管道、能源、铁路、交通、通信等设施的违法犯罪和盗伐林木、非法狩猎、非法采矿、非法占用农田等破坏农村环境资源保护的犯罪；卖淫嫖娼、赌博、吸毒和强买强卖、欺行霸市等违法犯罪行为；制假、售假等坑农害农的犯罪和危害人民群众身体健康与生命财产安全的非法生产经营活动；境内外敌对势力、非法宗教和封建迷信活动。

④ 中央社会治安综合治理委员会办公室. 中国社会治安综合治理年鉴（2007）［M］. 北京：中国长安出版社，2008：3–612.

2. 农村重点犯罪领域治理情况

面对特定犯罪高发情势，中央及各政法部门通过了一系列农村社会治安文件，对农村犯罪治理工作重点做了明确指示，各省也根据自身状况进行了重点领域犯罪治理。国家和各部门重点打击领域正是农村犯罪较为严重的领域，这些领域往往存在一些长期悬而难治的问题。概括起来，农村犯罪重点治理领域除了传统的黄赌毒、盗窃、抢劫和民间纠纷引发的人身伤害案件外，还有以下具体犯罪类型。

第一类是村干部腐败犯罪。自村民委员会设立以来，村干部腐败一直是基层社会治理的难点问题。为此，2000年全国人民代表大会常务委员会通过了《关于中华人民共和国刑法第九十三条第二款的解释》，对村民委员会等村基层组织人员在协助人民政府从事行政管理工作时，可以构成贪污罪、受贿罪和挪用公款罪的情形进行了规定。这一立法解释给司法规制村干部腐败提供了法律依据，有利于促使公安司法机关积极开展村干部腐败犯罪打击行动。党的十八大以来，反腐倡廉被提升到前所未有的高度，在"老虎苍蝇一起打"的指导思想下，将腐败犯罪治理和黑恶犯罪治理结合起来，坚决惩治扶贫领域腐败和群众身边的基层腐败犯罪成为基层犯罪打击的重点任务。2018年，《中华人民共和国监察法》颁布，基层群众性自治组织中从事管理的人员成为监察的重点对象。随着全面乡村振兴的推进，基层腐败和侵害农民权益等农村犯罪问题更是成为犯罪打击的重点对象。2021年7月，最高人民法院《关于为全面推进乡村振兴、加快农业农村现代化提供司法服务和保障的意见》提出：依法惩处涉农业投资和农业补贴犯罪行为，确保惠农富农政策落地见效。严厉打击侵占、挪用、贪污农业投资资金犯罪行为，促进涉农资金的管理和规范使用，确保农业投资有效利用。依法惩处截留、挤占农业补贴犯罪行为，确保农业支持政策落到实处，切实保障农业补贴真正惠及农民。依法惩处集体资产管理、土地征收等领域违法犯罪行为，推动开展农村基层微腐败整治，不断提升农民群众幸福感。

第二类是村霸、乡霸、恶势力以及宗族恶势力实施的刑事犯罪案件。一些农村地区由于外部控制力量不足，国家力量无法深入，黑恶势力、"混混"在农村横行霸道，欺压百姓。随着城镇化深入推进，农村基层社会结构发生巨变，传统治理体系逐步瓦解，但新的治理体系架构并没有及时建立起来。村民自治制度尚未完善，国家力量无法实现有效下沉，管理的真空导致农村基层黑恶势力乘机而生。农村基层涉黑犯罪类型在发展过程上可分为宗族异化型涉黑、团伙转化型涉黑等类型，从手段上可分为软暴力型涉黑、保护伞型涉黑等类型。涉黑犯罪人员主要包括"乡村混混"、村干部、宗族长老、基层派出所人员等。此类犯罪特征是组织的规模不大，使用软暴力特别是宗族权威实施违法犯罪，向基层政权渗透明显，家族成员共同犯罪比例高等。成员为了侵占土地、取得经营权和掠取涉农惠农产品，采取多种手段侵害农民群体权益。犯罪行为除可能构成组织、领导、参加黑社会性质组织罪外，还可能构成寻衅滋事罪、行贿罪、强迫交易罪、非法拘禁罪、开设赌场罪、敲诈勒索罪及聚众斗殴罪等。黑恶势力阻碍了农村经济社会的健康发展，破坏了村民自治制度的进一步完善，侵害了农民群体的合法权益，迟滞了"平安农村"建设目标的实现。近年来的中央一号文件多次强调农村应建立常态化扫黑除恶机制，打击"村霸"，防范黑恶势力对农村基层政权的侵蚀和影响。2021年12月通过的《中华人民共和国反有组织犯罪法》第九条规定："各级人民政府和有关部门应当依法组织开展有组织犯罪预防和治理工作，将有组织犯罪预防和治理工作纳入考评体系。村民委员会、居民委员会应当协助人民政府以及有关部门开展有组织犯罪预防和治理工作。"近年来，经过一系列整治行动，黑恶犯罪增长趋势得到遏制，黑恶犯罪治理工作格局基本形成，农村治安秩序呈现向好态势。

第二类是制售伪劣农资等坑农害农行为。为了保障农业生产的顺利开展，国家重点打击各种坑农害农行为。2007～2010年，中央综治委等部门连续四年发文，强调依法严厉打击制售伪劣农资等坑农害农行为。党的十八大以来，中共中央、国务院、最高法、最高检，均在各类文件中强调要推进惩治制售假种子、假化肥、假农药等伪劣农资犯罪行为。2018年4月，《农业农村部关于印发〈2018年全国农资打假专项治理行动实施方案〉的通知》提出：各级农业部门要开展"绿剑护农"农资打假专项治理行动，切实做好农资打假和监管工作，依法严厉打击农资制假售假行为，维护农民合法权益，为农业生产安全和农产品质量安全提供有力保障，为满足人民日益增长的美好生活需要奠定坚实基础。2021年7月，最高人民法院《关于为全面推进乡村振兴加快农业农村现代化提供司法服务和保障的意见》提出：依法惩处涉重要农产品违法犯罪行为，推进实施重要农产品保障战略。持续推进惩治制售假种子、假化肥、假农药等伪劣农资犯罪行为，保障粮食和重要农产品供应安全，保护农业生产经营秩序，助推质量兴农。

第四类是与青少年、妇女、老人等特殊群体有关的犯罪。农村青少年犯罪严重，需要重点防范并对实施犯罪行为的青少年进行矫正。妇女、儿童、老人被害案件高发，需要国家加强保护力度，严厉打击侵害其权益的行为。2002年，共青团中央、中央综治办等八个部门联合发文，要求各部门加强新阶段农村青年工作，号召广大农村青年积极参与农村治安防范，预防、纠正农村青少年违法犯罪行为。党的十八大以来，国家出台了一系列关心关爱特殊群体的重要文件，依法保障特殊群体权利、打击侵犯特殊群体权益的行为，成了公安司法机关的重点任务。2021年7月，最高人民法院《关于为全面推进乡村振兴加快农业农村现代化提供司法服务和保障的意见》提出：依法惩处侵害农村留守儿童、妇女和老年人以及残疾人、困境儿童合法权益犯罪行为，加大对农村留守儿童、妇女、老年人以及残疾人、困境儿童等弱势群体的司法保护力度，加强对特定群体的关爱服务。2022年5月，中共中央办公厅、国务院办公厅印发《乡村建设行动实施方案》指出：推进更高水平的平安法治乡村建设，依法严厉打击农村黄赌毒、侵害农村妇女儿童人身权利等各种违法犯罪行为，切实维护农村社会平安稳定。

第五类是群体性事件、群体械斗等扰乱社会秩序案件。转型期农村与基层政府之间因征地、税收等产生的利益矛盾增多，群体性事件频发。村落之间以及农村内部成员之间因为利益纠纷引发的群体械斗也时有发生。这类案件若处理不妥当，往往会引发更大的矛盾和冲突。国家非常重视基层社会矛盾的预防和化解，对群体性事件引发恶性犯罪的现象极为重视。2022年2月，中共中央、国务院印发《信访工作条例》，提出要多措并举、综合施策，着力点放在源头预防和前端化解，把可能引发信访问题的矛盾纠纷化解在基层，化解在萌芽状态。近年来，随着信访制度不断完善，基层社会治理能力提升，群体性事件化解能力不断提升，此类案件引发的刑事犯罪有所减少。

第六类是迷信犯罪。农村犯罪防控体系薄弱、农民知识水平较低，为邪教组织渗透提供了空间。受传统观念的影响，因迷信引发的"配阴婚"等侵害人身、民主权益的案件也时有发生。迷信犯罪成为国家重点防控的领域。近年来，邪教在公安机关的严厉打击下朝着传播方式隐蔽化、传播渠道网络化、传播手段多样化发展。其中，邪教向控制薄弱的乡村扩散、渗透的趋势值得高度关注。特别是老年人、妇女群体因身心变化和法律意识淡薄，成为邪教组织欺骗、控制的主要对象，是邪教犯罪治理需要重点关注的对象。《中华人民共和国国家安全法》第27条规定"国家依法取缔邪教组织，防范、制止和依法惩治邪教违法犯罪活动"，从国家安全层面明确将邪教犯罪作为打击对象予以立法规定。近年来的"中央一号文件"和《乡村振兴战略规划（2018—2022年）》均明确规定要依法加大对农村非法宗教、邪教活动的打击力度，邪教治理被纳入国家战略规划当中。中共中央、国务院《关于实施乡村振兴战略的意见》和《关于全面推进乡村振兴加快农业农村现代化的意见》均提出：加大对农村非法宗教活动和境外渗透活动的打击力度，依法制止利用宗教干预农村公共事务。

二、全国农村治安防控体系建设情况

农村治安防控体系建设是从农村治安组织力量开始的，此时缺乏体系性的思考，我们称为萌芽阶段。随着农村平安建设推行、乡村振兴战略提出，农村治安防控体系建设越来越受到重视。

1. 农村治安防控体系建设萌芽阶段

20世纪90年代开始，农村治安形势使得国家开始重视农村治安组织建设，比如乡村治保会建设。从1994年6月第一次全国性农村犯罪整治活动后，国家各部门更加重视农村基层组织建设和群防群治工作，为农村治安防控体系建设打下基础。中央社会治安综合治理委员会、公安部、民政部、农业部、司法部等部门发文提出加强农村治保会工作的意见，参与农村治安工作。"截至1999年，全国整顿软弱涣散和瘫痪状态的村以及后进贫困村党支部21.6万个，占农村党支部总数的29.6%，169万个机关干部进村帮助整顿，县以上领导干部联系的村达19.3万个。"① 2006年9月，公安部《关于实施社区和农村警务战略的决定》开始对农村警务战略进行部署。然而，这些文件多从治理体制机制层面上提出要求，在体系性犯罪治理方面着墨较少。

2. 农村治安防控体系建设发展阶段

2006年11月，《关于深入开展农村平安建设的若干意见》第一次明确提出"建立健全适合农村治安特点的治安防控网络体系"，初步提出了农村犯罪治理体系的基本思路②，并且要求将治安联防矛盾化解和纠纷调解纳入农村社区建设试点任务。虽然国家很早就提出"建设具有农村特色的社会治安防控体系"的要求，但在之后很长时间，并没有相关文件专门针对该体系的具体构建提供更明

---

① 中央社会治安综合治理委员会办公室. 中国社会治安综合治理年鉴（1999—2000）[M]. 北京：中国长安出版社，2002：40.

② 文件提出，建立健全适合农村治安特点的治安防控网络体系，积极实施农村警务战略，进一步整合农村治安资源，构建专群结合、警民联防的农村治安防控网络，强化农村社会面的控制。加强警民合作，落实人防物防技防，增加农村警力、技术设备等的投入，加强对重点区域、场所和地段的整治。

确的措施，仅仅从"群防群治"的方针出发，宏观上提倡要加强农村组织建设，整合民间力量，加强警民合作、深化社区警务战略。① 党的二十大以来，国家高度重视社会治安防控体系，各类农村相关文件越来越重视加强农村治安防控体系建设，推进平安乡村建设。特别是党的十九大以来，国家实施乡村振兴战略，建设平安乡村成为重点任务之一。2018 年 1 月，中共中央、国务院《关于实施乡村振兴战略的意见》指出：健全落实社会治安综合治理领导责任制，大力推进农村社会治安防控体系建设，推动社会治安防控力量下沉。2019 年 6 月，中共中央办公厅、国务院办公厅印发《关于加强和改进乡村治理的指导意见》指出：推进农村社会治安防控体系建设，落实平安建设领导责任制，加强基础性制度、设施、平台建设。加强农村警务工作，大力推行"一村一辅警"机制，扎实开展智慧农村警务室建设。加强对社区矫正对象、刑满释放人员等特殊人群的服务管理。2019 年 11 月，中共中央、国务院《关于坚持农业农村优先发展做好"三农"工作的若干意见》提出：加快建设信息化、智能化农村社会治安防控体系，继续推进农村"雪亮工程"建设。2021 年 6 月，《中华人民共和国乡村振兴促进法》第四十九条规定：地方各级人民政府应当健全农村社会治安防控体系，加强农村警务工作，推动平安乡村建设。2021 年 11 月，《国务院关于印发"十四五"推进农业农村现代化规划的通知》指出：深入推进平安乡村建设。坚持和发展新时代"枫桥经验"，加强群防群治力量建设，巩固充实乡村人民调解组织队伍，创新完善乡村矛盾纠纷多元化、一站式解决机制。深化农村网格化管理服务，推进农村基层管理服务精细化。充分依托已有设施，提升农村社会治安防控体系信息化智能化水平。2022 年 11 月，中共中央办公厅、国务院办公厅印发《乡村振兴责任制实施办法》指出：健全农村社会治安防控体系、公共安全体系和矛盾纠纷一站式、多元化解决机制，及时妥善处理信访事项，加强农业综合执法，及时处置自然灾害、公共卫生、安全生产、食品安全等风险隐患。

---

① 2009 年《关于进一步加强社会治安综合治理基层基础建设的若干意见》指出，要整合驻村（社区）警务室、治保会、调委会、治安巡防队等资源和力量，开展矛盾纠纷排查化解、治安防范、流动人口服务和管理、刑释解教人员安置帮教。2015 年《关于加强社会治安防控体系建设的意见》指出，深化社区警务战略，加强社区（驻村）警务室建设。

第三节　地方性农村犯罪治理实践之创举

在平安农村建设的统一规划下，各地开展了丰富的实践探索，形成了一些犯罪治理的独特方式，如"十户调解员"①"义务调解员"②"治安中心户"③"治安承包制"④ "农村法庭"⑤ 等。其中，浙江诸暨的枫桥经验、山东东营的民警"村官"、山东新泰的平安协会、贵州省黔南布依族苗族自治州的一村一警务、川东双村的治安承包制、罗田县的法务前沿工程、肃宁的 3 + 1 维稳模式、晋江市 I 快十即机制等成熟方案效果卓著，对全国农村犯罪治理具有借鉴意义。各地实践的共同点在于：地方政府通过层层设置组织机构和负责人，把群众组织起来，调动农村资源参与犯罪治理活动，以弥补国家治理资源不足的缺陷。若把各地基层实践情况的主体格局予以抽象概括，大致可以表达为："乡镇综治部门—农村综治中心—农村综治中心户"三级合作格局。下文重点介绍肃宁 3 + 1 维稳

---

① 如博野县在健全村级民调组织的基础上，逐步在全县推行实施了"十户调解员"制度。各村经过村民民主推举，每十户确定一名有群众基础、有调解能力、办事公道的人担任调解员，全县 133 个村共选出了 5700 多名"十户调解员"，形成了乡镇民调委员会、村民调解组织和"十户调解员"三级基层调解网络。参见：李善奇，马颖超．"十户调解员"让邻里纠纷就地化解［N］．农民日报，2017 – 02 – 24（7）．

② 一些地方通过选任老干部、老党员等有威望之人担任调解员，无偿为村民调解纠纷和矛盾。

③ "治安中心户"是一种新型农村社会治安防控制度。"治安中心户"最早是湖北省恩施土家族苗族自治州公安机关摸索建立起来的。"治安中心户"制度是根据农村地区村民的居住特点，按照村民彼此间的地域关系、经济关系、亲情关系和邻里关系等合理划分治安区域，以群众选举、民主推荐、组织认定等方式确定"治安中心户"，通过明确"治安中心户"的权责，充分发挥"治安中心户"的作用，在农村乡镇建立起以"派出所为龙头、治保会为桥梁、治安中心户为载体"的新型农村社会治安防控体系。参见：刘振华．农村地区"治安中心户"制度的建立与完善［J］．中国人民公安大学学报（社会科学版），2008（3）：90．

④ 如湖北省襄阳市襄州区在 146 个行政村试点推行治安承包责任制。该区规定：划定区域，明确治安承包人，签订合同书，由承包人负责选聘人员，组织巡防。政府依据巡防情况、群众满意度、可防性案件量等内容进行百分制考评。按照人口规模不同，每年考评奖励各村 1 万元至 2 万元不等。对破获重大案件、抓获重要逃犯或避免重大治安事故的，给予 200 ~ 5000 元不等的奖励。参见：夏永辉．襄州试行农村治安"承包制"［N］．湖北日报，2015 – 02 – 13（13）．

⑤ 如铜仁市思南县人民法院把法庭搬到田间地头，在农民家门口现场办案，就地化解矛盾纠纷。

模式、罗田县的法务前沿工程、浙江诸暨的枫桥经验，从其实践中获取农村犯罪治理的有益经验。

一、"肃宁维稳机制"实践探索经验

2010 年河北肃宁县创新农村社会管理模式，建立了基层党组织、群众自治性组织、经济合作组织、综治维稳组织"四个覆盖"工作模式，发挥党组织的核心领导地位，利用村代会民主平台的功能，重视农村经合组织和维稳组织的骨架作用，形成一张覆盖整个农村和广大农民的管理服务网络，真正服务于农民，整合社会力量。① 党组织是社会管理的领导力量，是各项活动有效开展的保障。肃宁县因地制宜设置新的党总支、党支部和党小组等党组织，把党组织延伸到各行各业各组织，党员走进社会组织、经济组织、维稳组织中，参与农村社会管理工作，并开展党员家庭挂牌、党员结对帮扶等活动，发展优秀村民入党，落实党员职责，从而发挥党组织的凝聚、组织功能和党员的模范、带头作用。

肃宁工作模式的核心内容是把分散的群众组织起来，实现民主决策、共同致富。肃宁县为此投入大量资金，支持经济能人组织农民加入各类经济组织中，整合农民力量开展销售、服务或加工等经济活动，提高了村民的经济收入。肃宁为了实现农民自主自治，防止村干部独断大事，形成了党支部提议、村两委初步商议、全村公选的村民代表决议、村两委执行、村监事会监督的办事流程，调动了民众参与农村治理的热情。党组织发挥带头作用、社会组织架起沟通桥梁、民众加入社会组织的管理模式，有助于减少社会矛盾发生。

肃宁还建立了 3 + 1 工作格局。在村一级建综治工作站，由村支书担任综治站长，以村民居住片区或 40 ~ 60 户农户为网格，设置综治小区并选任小区长；以 10 户为单位，设置综治小组并选任小组长。小区长和小组长由老党员、老干部、退休教师、经济能人等担任，倚重其权威和组织能力，调动村民参加综治、管理、服务活动。同时，每个村庄设置一支 5 ~ 15 人的专职巡防队，动员民众志愿加入治安维护工作，形成村两委和党员为主导、治安志愿者和巡防队伍为主力、广大农民群众为主体的综治维稳中心。2011 年，全县农村建立了 255 个综治工作站，1479 个综治小区，5578 个综治工作小组，设 1739 位专业巡防队员，形

---

① 中共中央党校课题组. 让农民组织起来——肃宁县创新农村治理模式的实践与启示 [J]. 中国党政干部论坛，2011（3）：20-23.

成上下联动、民众参与的三级管理层级。肃宁模式推行两年后效果凸显，农村治安案件下降了49%，刑事案件下降了36%，农民信访数量下降了72%，全县超过95%的村没有信访量。2010~2012年，村干部经济违纪案件分别比上一年下降57.14%、33.33%、16.67%。① 肃宁经验发挥乡村能人作用，在矛盾调解中引入"老乡亲""老面子"，促使矛盾得以缓和与化解；借助广大农民的主体力量，实现专职巡逻和群众日常巡逻的结合，减少治安案件的发生。肃宁经验是对源头治理、群防群治、预防为主的犯罪治理原则的一次实践创新。"肃宁经验将现代治理理念与传统熟人社会紧密结合，充分发挥农村能人的带头作用，做到了'一把钥匙开一把锁'，实现了党委、政府组织治理与农民自我治理的有机结合。"② 肃宁作为一个农业大县，农业人口占绝大部分，这有利于开展群防群治活动。农村要真正实现有效管理，不仅需要广大农民有积极参与的热情，也要有一群乐于奉献、有管理能力的能人加入。普通民众承担过多的治安维护任务，长久也会产生效果递减的负面效应。肃宁经验若要继续发挥社会维持秩序稳定的作用，首先不能仅仅依靠精英人物，更应该把普通民众的积极性和自觉性调动起来；其次是甄选出真正具有管理能力的村民作为骨干力量；再次是各个治理主体之间具有协同合作的意愿；最后是国家主体应积极对农村予以帮助、指导，形成多元主体合作机制。"'补位模式'要求农村中有合适的领导者，他们密切关注本村发展，愿意投身农村建设。否则，协作治理参与平台将缺乏开放度，制度安排上也将滞后于发展需求。"③

二、罗田"法务前沿工程"实践探索经验

罗田县"法务前沿工程"是由县司法局主导、学者参与推动的农村社会治

---

① 蒲实，陈鹏. 肃宁县"四个覆盖"工作模式的创新意义 [J]. 中国民政，2013 (4)：25；中央社会管理综合治理委员会办公室. 中国社会管理综合治理年鉴（2012）[M]. 北京：中国长安出版社，2013：285–291；翁鸣. 农村社会管理创新实践与探索——以河北省肃宁县"四个覆盖"为例 [J]. 理论探讨，2013 (6)：157–158.

② 李习林. 以"四个覆盖"搭建村级治理新架构——河北肃宁县对农村社会治理模式的探索及创新 [J]. 国家治理，2015 (3)：43.

③ 补位原则：肃宁经验不是通过增强村民间的信任度和依存度来突破治理僵局及瓶颈，而是通过扮演协调角色的领导者进行疏通和调和，从而达成合作，"领导者"既来自村干部，也来自村民。参见：王天夫，罗婧. 基层多元共治的路径选择：动员、补位，还是重构？——以巫溪、肃宁、彭州为例 [J]. 河北学刊，2017 (2)：180.

理创新实践，其特色在于整合了基层司法资源和农村社会资源，实现司法行政服务职能的落实和延伸。按照县司法局和武汉大学徐炜教授的构想：该工程由罗田县党委政府统一领导，县、乡成立分管领导为组长的法务前沿工程领导小组，各村（居）依托人民调解委员会和治保委员会成立法务前沿工作站，两委负责人担任站长，把人民调解员、社会志愿者以及其他农村社会精英纳入活动中来，在司法行政机关的指导、相关部门齐力配合下开展犯罪治理工作，形成了县、乡镇、村（居）三级齐抓共管的维稳网络。① "法务前沿工程"试图下沉司法所的职能，通过利用好农村已有的机构和人员，调动老干部、老党员、退休教师、权威人士等农村精英力量参与其中，从而最大限度地利用原有资源和社会力量解决社会矛盾，解决因司法所人员严重不足而导致司法行政职能无法展开的困境。群众参与治安管理活动，有利于提升农民的法律意识、促进农民参与能力的提升，更为重要的是能帮助基层政权更准确地把握民众的利益诉求，更高效地开展工作。"法务前沿工程""把工作的立足点延伸到基层，通过基层触达千家万户"②，"使人民调解由'慢'变'快'，普法依法治理由'虚'变'实'，法律服务法律援助由'远'变'近'，社区矫正安置帮教由'独'变'合'"。③ "法务前沿工程"在党委政府领导下，明确各部门在各自的职责内落实工作。与此同时，司法行政机关积极与其他部门开展调解、法律援助服务等活动，"成为上下贯通、左右协调的工作网络体系中的一个重要平台"。④ 可如此规范化、制度化的工程在运行五年后为何效果不明显？其中最为关键的原因在于：与当前许多社会治理创新实践一样，民众更多的是在被动、一知半解的状态下加入群防群治工作，未能真正理解工作的价值和意义。

三、"浙江枫桥经验"实践探索经验

"20 世纪 60 年代初，浙江诸暨枫桥镇的广大群众创造了'发动和依靠群众，坚持矛盾不上交，就地解决'的经验。'枫桥经验'作为群防群治、源头治理的

---

① 王国强. 推广"法务前沿工程"促进社会管理创新［J］. 世纪行，2012（11）：34.

② 王国强. "法务前沿工程"理论与实践［J］. 中国司法，2009（8）：82 – 83.

③ 汪道胜. 积极探索"法务前沿工程"，努力创新基层社会管理与服务路径［J］. 中国司法，2011（10）：15.

④ 陈荣卓，唐鸣. 城乡统筹中的农村基层司法行政服务模式创新——湖北罗田"法务前沿工程"的经验与反思［J］. 江汉论坛，2012（4）：134.

典型方式,不断创新工作方法、更新治理理念,使一方社会治安保持了相对稳定。20 世纪 60 年代初,枫桥对四类分子采取缓和的教育方式,逮捕人数少。60 年代中期 70 年代初,枫桥发动群众对失足青年、流窜人员进行教育、帮扶,取得了良好效果。'文化大革命'之后,枫桥在给四类分子摘帽上又取得了成功经验。改革开放以来,枫桥发展了'四前工作法''四先四早'工作机制、大调解机制、网格化管理等方式。"① 浙江省各地大力发展和创新枫桥经验,加大调解力度和源头预防,完善诉调、检调、警调等衔接机制,完善人民调解、行政调解、司法调解三位一体的大调解工作体系。同时大力发展群防群治组织,采取有偿或义务方式,调动民众加入治安维护工作,大力建设护村队、治保会、义务巡逻队,2013 年已有群防群治力量 57.8 万余人。浙江省通过完善治安联合防控、矛盾纠纷联合调解、重点工作联勤联动、突出问题联合治理、基层平安联合创建的工作机制,形成了较为完善的治安工作新格局。浙江省还加大民众权利保障,优化民众生活方式,加强文化建设,从根源上不断推进社会治理环境的优化。面对社会矛盾复杂化、人口流动化、信息网络化的变化情况,浙江省不断打造现代化治理模式。"浙江省探索构建'互联网 +'矛盾化解新模式,收集、整合、分析矛盾纠纷数据,建立网上研判、网上调解、网上信访等矛盾纠纷的多元化解决途径。探索构建'互联网 +'公共安全新模式,确立公共安全大数据管理理念,运用新一代互联网、物联网、大数据、云计算等新技术,构建'社会参与、关口前移、重心下沉'的公共安全管理模式。此外还探索构建'互联网 +'执法司法新模式、公共服务新模式、网格管理新模式、基层自治新模式。"② "枫桥经验"借助民众力量有力地维护社会治安的稳定,"枫桥经验"得以继续推行、完善,很大程度上得益于浙江省以及诸暨市党政部门的高度重视,并为此投入大量人力物力财力。由于民众参与犯罪治理的主动性和自觉性仍然不够,在这一过程中,当地在补贴和奖励民众上花费了不少的财力。"'枫桥经验'作为一种维稳经验,群众参与主要是通过体制内社会组织和个人等形式,缺乏体制外社会组织的有效支撑。"③ "'枫桥经验'要想引领创新,需要从'碎片治理'走向'系统治理',从'凭人治理'走向'依法治理',从'单一治理'走向'综合治理',

---

① 吴锦良."枫桥经验"演进与基层治理创新 [J].浙江社会科学,2010 (7):43-44.

② 刘树枝.构建"互联网 + 社会治理"新模式,打造"枫桥经验"升级版 [J].社会治理,2017 (2):105-110.

③ 卢芳霞."枫桥经验":成效、困惑与转型——基于社会管理现代化的分析视角 [J].浙江社会科学,2013 (11):86-91.

从'末梢治理'走向'源头治理'。"① 近年来随着"枫桥经验"的推广和完善，江苏省共规范设立网格 12 万个，其中城市网格 5.2 万个，农村网格 6.8 万个，综合网格 9.9 万个，专属网格 1.1 万个；配备专兼职网格员近 30 万名，其中专职网格员 8 万名。2019 年，全省网格员共采集上报基础信息 3.22 亿条，排查矛盾纠纷 252 万起、安全隐患 114 万起，90%以上的安全稳定隐患和矛盾纠纷在网格内得到发现处置，一线实战单位实有干警占总警力的 85%以上。② "枫桥经验"成为基层社会治理创新的重大经验，其生命力进一步彰显。

① 卢芳霞. 从"社会管理"走向"社会治理"——浙江"枫桥经验"十年回顾与展望 [J]. 中共浙江省委党校学报，2015 (6)：64.
② 中央政法委办公厅. 平安中国年鉴（2020）[M]. 北京：中国长安出版传媒有限公司，2020：264.

第二章　农村犯罪治理实践之效果评估：关键性问题提出

"正视当代社会治安问题，把握当前社会治安脉搏，既是了解社会的基础，也是应对当前社会治安问题的前提。我们理性地看待当代社会治安形势，既不能夸大社会治安问题，也不能轻视社会治安对社会发展的重要影响。"① 社会治安综合治理实践40余年来，工作总体格局渐趋合理、防控体系逐步形成，这对保证国家社会治安总体稳定起到重要的作用。社会治安综合治理策略指导下的农村犯罪治理活动，取得了不错的进展和成果，犯罪情势相对可控，矛盾冲突引起的严重犯罪大大减少。社会治安基础工作稳步推进，民间治安组织逐步建立，国家也通过"农村警务""农村法庭"等形式加强和民间的联系，进一步下沉国家力量。忽略局部地区或个别村庄，农村社会治安总体向好。然而，我国农村地区国家治安力量仍较为薄弱，民间治安力量自净能力较差，农村治安发展态势仍然不容乐观，需要予以关注。

---

① 刘宏斌，孙伯阳. 民生中国·盛世中国的治与安［M］. 昆明：云南教育出版社，2013：176.

第一节 农村犯罪治理实践之经验成效

综治策略逐步转变政治动员式犯罪治理模式和运动式"严打"的思路，注重治理主体的多元化、社会资源的整合度、治理手段的多样性、治理方式的常规化，使得更多的社会资源和社会力量被容纳到国家治理体系中。随着平安建设的推进，各地创新犯罪治理内容、范围、方式，使更多的社会力量参与到犯罪治理之中，促进了社会治安防控体系进一步完善。而社会治安防控体系的逐步完善，使犯罪治理更加技术化、信息化、动态化，延伸和拓宽了犯罪治理的范围和空间，提升了犯罪治理的及时性和精准度，基本稳定了社会秩序，保证了国家经济、政治平稳发展。党的十八大以来，建立健全点线面结合、网上网下结合、人防物防技防结合、打防管控结合的立体化社会治安防控体系，成为社会治理的重要内容之一。随着法治的完善，农村治安防控体系建设越来越得到国家的重视。从全国角度研判综治开展、"严打"行动、地方创举等治理活动的经验和效果，有利于在此基础上优化农村犯罪治理方案。

一、综治策略稳定功能日益显现

农村城镇化快速推进进程中，各种违法犯罪问题突出。综治指导下农村犯罪形势逐步好转，从国家治理角度看，治安案件数和刑事案件数同时下降，整体治安形势在国家可控范围；从具体犯罪角度看，重大严重犯罪不断减少；从社会关系角度看，农村基层政府的权威逐步上升，矛盾冲突恶性事件逐渐减少，综治稳定社会秩序的功能日益显现。

1. 农村治安情势趋于好转

我国并没有农村治安案件的完善统计数据，农村各地区甚至不同村庄的犯罪情况都各不相同。[①] 有些地方农村犯罪率极低，甚至出现了"零犯罪"的情况，而有些地方农村犯罪问题极其严重，甚至出现了犯罪防控体系崩塌的局面。虽然我国农村社会治安状况各地相差较大，犯罪的类型越来越多样，但数据显示近年来全国治安逐渐好转，案件总数不断下降，加之各地农村犯罪统计数据也多呈现下降趋势，特别是伴随着农村生活水平的提高以及社会治安综合治理策略的推进，农村治安状况相对稳定，农村治安情势相对可控。"从一个较长的时间跨度上看，如果忽略局部区域性变化，农村社会治安总体上基本稳定。"[②]

（1）治安和刑事案件数趋于减少

社会治安综合治理策略的提出，使更多的治理资源被纳入综治的框架内。较丰富的民间犯罪治理资源和充足的市场犯罪治理资源弥补了国家资源的不足。民间主体身处犯罪治理场域，既能快速掌握动态信息，又能够以符合区域治理传统的方式更好地治理犯罪。市场主体以提供具有针对性的服务为优势，满足人们的特殊治安要求。一些市场犯罪治理资源，其专业性也许并不亚于国家治理资源。国家通过购买市场服务资源，可以提升社会治安治理效果。将民间资源引入犯罪治理领域，可以弥补国家治理资源的不足，发挥不同治理资源的各自优势。更为重要的是，多元主体之间的互动博弈往往产生互相促进的化学反应。市场主体的进入需要国家主体保持治理能力的持续提升，否则其权威性会受到质疑。国家主体的积极参与，能够影响和调动民间主体的热情。民间主体参与犯罪治理，既是犯罪治理的参与者，又是犯罪治理的监督者，深刻影响着国家主体的治理行为。社会治安综合治理是犯罪治理方式的一种转变，从国家主导、刑罚打击逐步转变为多元主体、多种手段之间互补共赢，实现我国社会秩序的稳定。党的十八大以来，治安形势有了较大好转，续写了社会长期稳定的奇迹。从全国公安机关受理

---

① 下文会重点论述我国农村犯罪的具体情况。虽然本书收集了实务部门和学者的大量统计数据，且对 A 市六县五年的农村犯罪数据进行了全面整理和分析，但无法给出我国农村犯罪具体占比，亦无法作出农村犯罪情况比城市犯罪情况严重或不严重的总体论断。具体而言，农村社会刑事私了现象导致许多犯罪数据无法进入官方系统。许多刑事案件在民众看来仅仅是普通的行政案件或民事纠纷，民众被害后不会报案或提起自诉，一些刑事案件被基层派出所转化为民事案件予以处理。

② 王芳. 当代中国农村社会治安问题研究 [D]. 长春：吉林大学，2012：19－20.

治安案件统计数据来看（见图2.1），从2012年起，案件总数和每万人发案数都开始下降。2013～2020年，治安案件总数分别为13307501件、11878456件、11795124件、11517195件、10436059件、8845576件、8718816件、8628059件，分别比上一年下降4.19%、10.74%、0.70%、2.36%、9.95%、15.24%、1.43%、1.04%。每万人发案数分别为98.0起、86.9起、85.7起、83.4起、75.1起、69.7起、68.2起、61.1起，也呈现出逐年下降的趋势。全国刑事案件总数也是一降再降。2012年公安机关刑事立案数6551440件，每万人发案数为48.38起，到2020年公安机关刑事立案数4780624件，每万人发案数为33.84起，大幅度下降。农村社会趋于稳定，治安环境稳中向好，其治安案件数和刑事案件数同样有所好转。"公安机关通过改革和加强派出所工作，夯实基层治安工作的基础，通过社区警务战略的建设，促进警民关系进一步和谐，预防和减少农村犯罪。"[①] 随着农村治安防控基础工作的铺开，农村犯罪治理资金投入提升、农村警务建设稳步推进、农村治安组织逐步完备，基层政权治理农村犯罪能力有了较大提升。

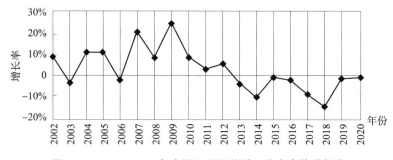

图2.1 2001～2020年全国公安机关受理治安案件增长率

在农村地区，入室盗窃、抢劫等侵财犯罪占比大，是降低村民社会安全感的重要因素。随着国家一系列强农惠农政策的推行，农村贫困人口数量持续下降，近几年城乡居民人均收入差距变小，农民生活水平逐步提升，盗窃、抢劫等侵财犯罪有所减少。从2010年开始，城乡居民人均收入差距变小，2012～2021年，城乡居民人均收入差距从约2.88倍下降到2021年2.50倍。农村居民人均纯收入明显提升，到2014年突破1万元。我国农村贫困人口从2010年超1.5亿人快

---

① 展万程. 农村治安与构建和谐社会 [M]. 北京：中国人民公安大学出版社，2008：23-24.

速减少，到2020年实现了全面脱贫（见表2.1、图2.2）。① 从全国法院一审侵财犯罪的趋势图可以看出，包括农村犯罪在内的接触性财产犯罪有所减少。近十年来，侵财犯罪数量的增速下降。虽然受修正案影响有所波动，但最终都会回归到差距不大的位置。2010年全国一审财产案件293561件，2020年为274666件（见图2.3）。② 近年来基层黑恶犯罪治理和反腐力度加大，这两大犯罪问题也有极大改善（前文已述）。财产犯罪（对农村治安影响最大的犯罪类型）增长趋势得到了遏制，基层公安司法机关有更多精力应对严重犯罪。总体上，农村犯罪情势处于基层政权治理的可控范围内。

表2.1 2012~2021年全国城乡居民人均可支配收入③

年份	城镇居民人均可支配收入绝对数（元）	农村居民人均可支配收入绝对数（元）	城乡居民人均收入比
2012	24126.7	8389.3	2.875
2013	26467.0	9429.6	2.806
2014	28843.9	10488.9	2.749
2015	31194.8	11421.7	2.731
2016	33616.2	12363.4	2.719
2017	36396.2	13432.4	2.709
2018	39250.8	14617.0	2.685
2019	42358.8	16020.7	2.644
2020	43833.8	17131.5	2.558
2021	47411.9	18930.9	2.504

注：本表2013年及以后人均可支配收入数据来源于住户收支与生活状况调查，2012年数据是根据历史数据按住户收支与生活状况调查可比口径推算获得。可支配收入绝对数按当年价计算，指数按可比价计算。

---

① 数据来源：《中国统计年鉴》。1. 1978年标准：1978—1999年称为农村贫困标准，2000—2007年称为农村绝对贫困标准。2. 2008年标准：2000—2007年称为农村低收入标准，2008—2010年称为农村贫困标准。3. 2010年标准：即现行农村贫困标准。现行农村贫困标准为每人每年2300元（2010年不变价）。
② 数据来源：《中国法律年鉴》。数据为当年全国法院"收案数"。
③ 数据来源：2022年《中国统计年鉴》。

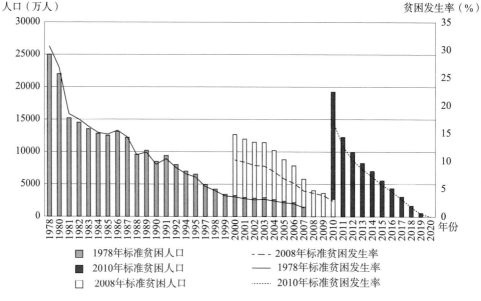

图 2.2　农村贫困状况

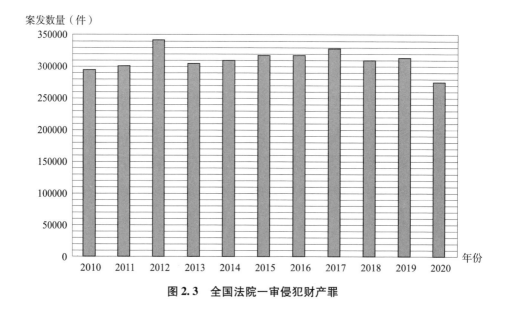

图 2.3　全国法院一审侵犯财产罪

（2）严重刑事犯罪形势趋于好转

八类主要严重刑事犯罪，是影响社会治安的重大因素。2022 年 10 月 19 日上午，党的二十大新闻中心举办第三场记者招待会，公安部领导指出：2021 年，杀人、强奸等八类主要刑事犯罪、毒品犯罪、抢劫抢夺案件、盗窃案件的立案数和一次伤亡三人以上的较大的交通事故，较 2012 年分别下降了 64.4%、56.8%、96.1%、62.6% 和 59.3%，人民群众安全感明显提升。根据国家统计局 2021 年的调查，人民群众安全感达到 98.6%，较 2012 年提升 11 个百分点，中国成为世界公认的最安全的国家之一。而具体到农村，这一情况也基本相似。本书收集了 A 市六县五年来 11282 名犯罪嫌疑人的情况，① 其中以农民为主体的犯罪类型通常是盗窃、伤害，此类案件所判刑罚较轻，绝大多数都被判处三年以下有期徒刑，命案等严重案件较少（见图 2.4）。"A 市农村地区刑事犯罪基本稳定，2009 年为 4918 起、2010 年为 3669 起、2011 年为 4047 起，严重暴力犯罪发案数量呈现下降趋势。"② "2005～2010 年宁安特大案件案犯分别为 13 人、16 人、2 人、11 人、17 人、8 人。命案案犯分别为 10 人、6 人、5 人、6 人、7 人、8 人。特大案件、命案占比较少。"③ 农村地区大案、命案的减少有效提升了村民的安全感和幸福感，人民群众对社会治安的满意度越来越高。

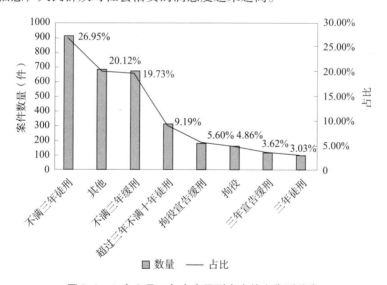

图 2.4　A 市六县五年来农民刑事案件宣告刑种类

---

① 关于数据的来源，下文在分析我国农村犯罪治理困境的内容中会具体详述。
② 高李冀，魏兰涛. 关于农村社会治安问题的调研 [J]. 公安研究，2012（12）：12.
③ 李文涛. 黑龙江省宁安市农村治安问题探析 [D]. 长春：吉林大学，2012：10.

2. 矛盾冲突程度逐步缓和

随着国家不断创新社会治理方式，我国基层政权各部门社会治理能力不断提升，矛盾纠纷化解能力不断增强，特别是应对群体性事件、突发事件、恶性上访行为的能力不断提升，这些都有助于在矛盾萌芽阶段及时化解，防止矛盾演化成严重暴力犯罪。

（1）矛盾纠纷处理水平逐步提升

2000 年中央综治委《关于进一步加强矛盾纠纷排查调处工作的意见》总结了化解矛盾纠纷的原则："预防为主、教育疏导、依法处理、防止激化。"而对那些可能引发重大治安问题和群体性事件的矛盾纠纷，要坚持"及时排查、各负其责、工作在前、预防为主"的工作原则。之后各部门下发一系列文件要求开展矛盾纠纷化解工作。① 国家积极建立健全矛盾纠纷解决机制，发挥调解化解矛盾的作用，有利于防止矛盾激化，避免极端报复社会行为的发生，真正把各类矛盾纠纷解决在当地、解决在基层、解决在萌芽状态。我国人民调解制度发挥着重要的作用，越来越多的纠纷以调解方式解决。2012 年，共有专职司法助理员 95920人，是 1986 年的两倍多；共有 926.59 万件案件通过调解结案，其中，容易进一步引发矛盾的邻里纠纷调解占比较大，在 2012 年占各类纠纷的 23.9%（见表2.2）。② 党的十八大以来，调解工作有了实质性进步，构建大调解格局成为法治工作的重要任务。2018 年中央全面深化改革委员会第一次会议审议通过《关于加强人民调解员队伍建设的意见》，对加强人民调解员队伍建设的指导思想、基

---

① 2002 年最高人民法院、司法部《关于进一步加强新时期人民调解工作的意见》要求法院和司法部门要严防民间纠纷激化而引起自杀、凶杀、群众性械斗和群体性上访事件。2005 年《关于深入开展平安建设的意见》要求各部门要进一步健全矛盾纠纷排查调处工作机制、工作制度和工作网络。2009年《关于进一步加强社会治安综合治理基层基础建设的若干意见》指出，要着力构建大调解工作格局。2011 年最高人民法院印发《关于充分发挥审判职能作用，加强和创新社会管理的若干意见》的通知，要求各部门要认真贯彻"调解优先、调判结合"的工作原则。2015 年《关于加强社会治安防控体系建设的意见》要求建立调处化解矛盾纠纷综合机制。2018 年中央政法委等部门联合印发《关于加强人民调解员队伍建设的意见》，提出要努力建设一支政治合格、熟悉业务、热心公益、公道正派的人民调解员队伍。

② 中央社会管理综合治理委员会办公室. 中国社会管理综合治理年鉴（2012）[M]. 北京：中国长安出版社，2013：510 – 511.

本原则、主要任务、组织领导等进行了详细规定。① 2019 年司法部召开首次全国调解工作会议。2020 年法院推动一站式多元解纷、一站式诉讼服务，更为便民的司法工作模式全面推行。到 2020 年，全国司法所工作人员已经达到 13.6 万人，2020 全国司法所直接参与调解各类矛盾纠纷 290 余万件，积极发挥大调解职责。律师的专业调解能力得到充分运用，在人民法院、公共法律服务中心（站）、律师协会和律师事务所共设立律师调解工作室 8600 多个，累计调解案件 25 万多件，达成调解协议 8.5 万多件，有效化解大量矛盾纠纷。② 由于矛盾纠纷化解机制的不断完善、利益协调机制的不断健全、安全应急意识的不断提高，村民之间的矛盾以及相邻村庄之间的矛盾能够通过更加规范、法治的方式解决，这也大大减少了恶性暴力冲突的发生。

表 2.2　全国人民调解工作基本情况统计③

年份	专职司法助理员 （人）	人民调解委员会 （万个）	调解人员 （万人）	调解纠纷 （万件）
1986	42173	95.8	608.7	730.7
1987	42615	98.0	620.6	696.6
1988	43618	100.3	637.0	725.5
1989	45105	100.6	593.7	734.1
1990	47399	102.1	625.6	740.9
1991	52534	104.0	991.4	712.6
1992	51122	101.1	1017.9	617.3
1993	52979	100.8	976.7	622.3
1994	49642	100.8	999.8	612.4
1995	53922	101.0	1025.9	602.8
1996	56173	100.2	1035.4	580.2
1997	57029	98.5	1027.4	554.3
1998	52875	98.4	917.5	526.7
1999	54987	97.4	880.3	518.9
2000	54638	96.4	844.5	503.1

---

① 2018 年 3 月，中华全国工商业联合会、司法部印发了《全国工商联司法部关于推进商会人民调解工作的意见》，以充分发挥工商联所属商会组织优势和人民调解基础性作用。司法部于 2018 年 11 月印发《关于推进个人调解工作室建设的指导意见》，从指导思想、基本原则、主要任务等方面，就推进个人调解工作室建设提出一系列意见，以充分发挥人民调解维护社会和谐稳定"第一道防线"作用。

② 数据来源：2021 年《中国法律年鉴》。

③ 数据来源：历年《中国法律年鉴》。

年份	专职司法助理员（人）	人民调解委员会（万个）	调解人员（万人）	调解纠纷（万件）
2001	48682	92.3	779.3	486.1
2002	47173	89.1	716.2	314.1
2003	46088	87.8	669.2	449.2
2004	63438	85.3	514.4	441.4
2005	61666	84.7	509.7	448.7
2006	62573	84.3	498.2	462.8
2007	60824	83.7	486.9	480.0
2008	74147	82.7	479.3	498.1
2009	72704	82.4	493.9	579.7
2010	72698	81.8	466.9	841.8
2011	95430	81.1	433.6	893.5
2012	95920	81.7	428.1	926.6

（2）群体性事件的溢出后果变小

近十年来，我国农村群体性事件频次下降，规模变小，强度趋缓。"群体性事件的暴力程度显著下降，多数事件都表现得较为温和。一方面，从上到下的各级政府应急处置水平有了很大程度的提升；另一方面，民众懂法、用法意识增强，愿意通过相对理性的方式解决问题。"① 农村城镇化过程中，基层政权化解矛盾能力的提高必将继续在防止群体性事件演变成恶性冲突上发挥越来越重要的功能。

二、综治策略基础工作日渐夯实

社会治安基础工作逐步展开，综治工作总体格局逐步搭建，群防群治工作稳步推进，农村治安防控局势有了较大的转变。

---

① 张明军，刘晓亮. 2016 年中国社会群体性事件分析报告［J］. 中国社会公共安全研究报告，2017（1）：8.

1. 综治工作总体格局基本建成

相较于城市社会治安综合治理，我国农村综治工作有待完善，但也要看到，随着全国治安工作不断深入推进，社会治安防控体系和能力不断提升，国家力量正朝农村稳步下沉。近年来，城乡一体化进程推进，国家治理更加注重实现发展均等化，各种文件也要求推进城市社会治安资源、措施进入农村，实现农村社会稳定。"农村警察亭""农村法庭""派驻专职司法人员到农村""农村检察室"等一系列举措增强了农村正式防控力量。而民间治安组织逐步建立、群防群治措施逐步完善，则为农村犯罪治理凝聚了内生动力。

（1）社会治安综合治理主体渐趋完善

社会治安综合治理工作格局的形成，是治安工作开展的主体支撑。从1991年两个《决定》规定社会治安综合治理工作由各级党委领导、人民政府统一组织实施，到之后各地综治机构组织的设置，发挥着协调各部门的功能，再到2001年初步形成了党政统一领导，综治机构组织协调，各部门各司其职、齐抓共管，广大人民群众积极参与的工作格局，社会治安综合治理工作格局初步形成。在此后的社会治安治理实践中，其他政法机关更加积极参与到犯罪治理中，开展调解、矫治、法治宣传、法律服务、法律援助等工作，更多的社区志愿者、社区工作者、群防群治队伍参与到犯罪治理中，一些地方也探索出联勤联动机制、联席会议机制等各部门齐抓共管的工作机制，初步形成更为合理的党委领导、政府主导、综治协调、各部门齐抓共管、社会力量积极参与的社会治安综合治理工作格局。条块结合的行政管理方式以及领导责任制、一票否决制、目标管理责任制的建立，一定程度保障了综治工作的顺畅进行。虽然社会治安综合治理工作格局仍然存在许多不完善之处，一些地方运行效果不佳，但在逐步搭建、渐趋合理的过程中，一定程度上发挥了各政法机关的职能作用、社会组织的协助作用、市场的互补作用、人民群众的支撑作用。各种社会资源不断被整合和融入基本架构中，一定程度上发挥着各自在犯罪治理上的特殊功能，同时各种资源也在互相促进中不断优化。

"截至2012年，全国市、县、乡三级综治办数量分别为307个、2725个、68111个，综治办内设机构数量分别为552个、1691个、1765个，综治办人员编制分别为2469人、11746人、134519人。"[①] 党的十八大以来，随着国家机构改

---

① 中央社会治安综合治理委员会办公室. 中国社会治安综合治理年鉴（2012）[M]. 北京：中国长安出版社，2013：247.

革的推进，综治工作格局更趋合理和完善。《关于加强社会治安防控体系建设的意见》（2015 年）、《健全落实社会治安综合治理领导责任制规定》（2016 年）相继出台，进一步完善职权分工，落实责任制，对综治工作格局进行了进一步明确，对综治工作提出了更高要求。2019 年 3 月底，各地机构改革基本完成，更为规范化、制度化的党委领导、政府主导、综治协调、各部门齐抓共管、社会力量积极参与的综治工作格局形成。中央政法委和地方政法委在扫黑除恶专项斗争、防范化解社会矛盾、推进社会治理现代化等工作中发挥了积极的作用。2020 年 4 月，平安中国建设协调小组正式成立，从组织架构、制度机制等方面为平安中国建设提供了组织机制保障。平安中国建设协调小组下设社会治安组、维护社会稳定组等具体组，发挥政治和组织优势，推进各领域平安建设。①

（2）农村民间自治组织日益丰富

在农村犯罪防控体系建设上，国家将加强农村组织机构建设作为体系建设的重要抓手。1952 年通过的《治安保卫委员会暂行组织条例》要求农村土改后，建设群众性的治安保卫组织。治安保卫委员会是国家发动广大人民群众进行犯罪治理较早的探索，然而，从 20 世纪 80 年代开始，农村治保会和治保小组发展缓慢，甚至出现倒退现象，治保会、治保小组数量从 1985 年的 739544 个、1836290 个下降到 1990 年的 711668 个、1719692 个（见表 2.3）。人民调解委员会和治保会是国家最为重视的两个民间群众性组织，前者有利于化解矛盾，后者有利于预防犯罪，为此国家出台一系列文件要求各地推进其健康发展，并积极创新其他治安群众性组织。② 由于国家高度重视民间治安群众性组织的建立，农村自治性治安组织建设稳步推进。各地更是积极探索新方式，引导和规范农村组织特别是治安群众组织的发展，重拾治保会和人民调解委员会等农村组织的功能。

---

① 2020 年 6 月，平安中国建设协调小组社会治安组第一次会议召开。会议强调，各成员单位要增强投身平安中国建设、加强社会治安治理的责任感和使命感，加强对社会治安问题的专项治理、系统治理、综合治理，把我国制度优势更好地转化为治理效能。

② 1986 年中共中央、国务院通过《关于加强农村基层政权建设工作的通知》，要求各部门加强基层组织建设，健全人民调解、治安保卫机制。1994 年，中共中央《关于加强农村基层组织建设的通知》指出，要建立健全村、组治保组织和人民调解组织，化解人民内部矛盾。1994 年，中央综治委、公安部、民政部、农业部通过《关于加强农村治保会工作的意见》，四个部门要求各地加强农村治保会工作，提升治保人员素质。1995 年，司法部发布《关于进一步加强人民调解工作、促进农村改革与发展、维护农村稳定的通知》，强调要完善农村三级人民调解组织网络。2006 年，综治委深入开展农村平安建设，要求各级部门加强农村村委会和治保会、调解会建设以及村级综治办（综治工作站、综治中心）、综治联调联动中心等基层综合治理组织建设。2015 年《关于加强社会治安防控体系建设的意见》指出：整合各种资源力量，加强基层综合服务管理平台建设。

"贵港市公安局各农村派出所民警积极指导治保会的工作，2010 年 1 月至 10 月，全市 1152 个治保会共调解民事纠纷 3327 起，提供违法犯罪线索 2390 条，协助查破案件 2680 起。"① "南江县公安局把加强农村治保组织建设作为公安'三基'工程的重点，从建立机制入手，使基层治保组织走上了规范化发展之路。截至 2008 年 10 月，全县已建立农村治保会 523 个，治保会成员共 3138 人，组建治安联防队 1546 个、义务巡逻队 2615 个。"② 在国家治理资源有限的情况下，这些农村组织的治理功能不容忽视。

表 2.3 1985～1990 年全国农村治安保卫委员会和治保小组情况统计③

年份	1985	1986	1987	1988	1989	1990
治保会数量（个）	739544	728824	724161	724161	695619	711668
治保会人数（人）	3056095	2866078	2841419	2841419	2656167	2728069
治保小组数量（个）	1836290	2247696	1792475	1792475	1617866	1719692
治保小组人数（人）	4561968	4347475	4442015	4442015	3950499	4321080

2. 群防群治工作方针稳步推进

（1）农村社区警务战略稳步推进

自 2006 年综治委深入开展农村平安建设以来，国家通过各种各样的形式，创设更多渠道使志愿者和精英人物参与到农村犯罪治理中，这有利于调动农村群众参与治安工作的积极性，进一步落实群防群治方针。其中，农村警务战略是一大亮点，各省在农村警务战略建设上取得了许多进步和经验。"截至 2013 年，江西省农村警务战略覆盖率 82.9%。全省专职治安巡防队员 8 万余人，保安队员 4 万余人，治保人员 21.7 万余人。按照城镇 500∶1、农村 800∶1 的标准，全省选配专职协管员 2300 余人、兼职协管员 3400 余人，组建了协管队，加强流动人口管理。全省 1582 个乡镇（街道）综治办配备了 6401 名综治干部，19004 个村（居）配备综治室专职主任，享受村干部待遇。广西 14357 个行政村配备村警 14853 名，其中驻村民警 6897 名，挂点民警 7956 名，农村警力增加 1.7 倍。农

---

① 莫水土. 贵港：农村派出所与千余治保会"结亲"［N］. 人民公安报，2011－11－17（2）.

② 黄政钢，李传君. 乡村治安治保会成"正规军"［N］. 四川法制报，2008－08－13（4）.

③ 数据来源：历年《中国法律年鉴》。

村建有治安中心户 6.4 万户，'五大员'队伍 4.3 万人，义务消防员 1.2 万人。城乡群防群治组织 2.5 万人，联防人员 24.8 万人。群众安全感综合得分 80.55 分。该省开展富有特色的驻村夜访、驻村蹲点活动，要求基层领导干部夜访群众，入住联系户，解决民众问题。江苏省社会治安综合治理工作走在全国前列，乡镇（街道）政法综治工作中心平均配备 12 名以上工作人员，社区（村）警务室配备民警 1.5 万余人，城市按照人口 10/10000～15/10000、农村按照人口 8/10000～10/10000 的标准，由政府出资配备专职巡防保安 14.8 万名。乡镇（街道）建立 30 人以上的巡防中队，保证实战勤务 24 小时不间断。该省还积极调动民众参与治安巡逻、护村护院、邻里守望等群防群治活动，共发展各类义务巡防力量 197 万名。"①

（2）村民参与矫正安置稳步推进

随着社会治安综合治理的实施，犯罪治理初步摆脱了只重视事后打击的被动方式，在对罪犯改造上取得了一定的成绩。1991 年中共中央、国务院《关于加强社会治安综合治理的决定》指出："劳改劳教机关要努力克服困难，坚持'改造第一，生产第二'和'教育、感化、挽救'的方针。"② 之后，一系列文件对刑释人员的帮扶工作提出了指导性意见。③ 社区矫正和社会帮教制度取得了较大的进步，矫治工作越来越体现出对矫治人员的人文主义关怀，矫治措施越来越具有针对性，矫治资金保障越来越充分，社会参与力量越来越多，我国社区矫治工作、刑释人员的安置工作都取得了突破性进展。截至 2013 年年底，全国建立社区服务基地 23216 个、教育基地 8460 个，就业基地 7649 个。④ 截至 2018 年 11 月底，衔接刑满释放人员的安置率约 93.3%，帮教率 96.8%。⑤ 犯罪预防和矫治

---

① 中央社会治安综合治理委员会办公室. 中国社会管理综合治理年鉴（2012）［M］. 北京：中国长安出版社，2013：350－527.

② 该文件还指出：要继续实行改造工作的"向前、向外、向后延伸"，动员全社会都来参与、支持改造工作。劳动部门要妥善安置刑满释放、解除劳教人员，企事业单位不得歧视这些人员。

③ 1996 年《关于加强社会治安综合治理基层基础工作的意见》要求加强就业指导和培训，拓宽就业渠道，尽可能创办一些过渡性的安置基地，提高安置率。健全基层帮教组织，动员社会各界人士关心、支持和参与安置、帮教工作。2003 年司法部《关于加强社会治安综合治理工作的实施意见》要求按照"帮教社会化、就业市场化、管理信息化、工作职责法制化"的要求，做好新时期的安置、帮教工作。2009 年《关于进一步加强社会治安综合治理基层基础建设的若干意见》指出要加强社区服刑人员、刑满释放人员、吸毒人员等特殊人群的服务管理工作。

④ 中央社会治安综合治理委员会办公室. 中国社会管理综合治理年鉴（2012）［M］. 北京：中国长安出版社，2013：33.

⑤ 数据来源：2019 年《中国法律年鉴》。

工作更加规范化、制度化和社会化，对降低犯罪率和再犯罪率起到至关重要的作用，同时体现了我国犯罪治理正努力走出以刑罚打击为主要手段的窠臼。农村由于村民自治组织、老人组等民间团体的存在，协助矫治工作具有优势。一些地方充分调动乡村企业、民间组织帮助刑满释放人员再社会化。

第二节　农村犯罪治理实践之现实困境

综治的愿景和目标在农村是否已经达成？其与现实之间发生了哪些偏差？农村犯罪治理与现代化目标实现有哪些差距？回答这些问题，是我们突破综治策略困境、完善农村社会治安防控体系、推进农村犯罪治理能力现代化的前提。回溯社会治安综合治理的萌芽期、发展期和已取得的成就，可以看到社会治安综合治理已成为我国犯罪治理的总策略，维持了国家社会治安的基本稳定，农村治安综治活动也逐步开展，乡村秩序逐步好转。综治理念、目标和机制作为国家设计的一套治理方案，具有外源性，即主要依靠党政部门自上而下倡导、推行，在下行过程中发生偏差，在个别农村地区甚至流于形式。农村地区由于经济、文化、地理等因素，国家治安力量较为薄弱，民间治安力量自净能力羸弱，未能形成强而有力的治安防控体系，治本性和法治化治理水平不高，一系列农村犯罪问题自然随之产生，农村犯罪发展态势不容乐观，犯罪治理并未完全摆脱"内卷化"。①

---

① "内卷化"，英文表达为 involution，康德、戈登威泽、格尔茨、黄宗智分别从不同领域对其加以描述，其核心内涵是某种事物、措施、制度的边际效应下降。黄宗智的内卷化论述主要是为了解释农业经济发展状况，意指"劳动（力）的边际报酬递减"。格尔茨认为，"内卷化"是指一种社会或文化模式在某一阶段达到一种确定的形式后，便停滞不前或无法转换为另一种高级模式的现象。杜赞奇借用格尔茨的概念，用"国家政权内卷化"来说明 20 世纪前半期中国国家政权扩张、税收加大而效益递减的奇怪现象。"国家政权内卷化"是指国家机构不是靠提高旧有或新增（此处指人际或其他行政资源）机构的效益，而是靠复制或扩大旧有的国家或社会体系（如中国旧有的营利型经济体制）来扩大其行政职能。国家政权的扩张应建立在提高效益的基础上，否则其扩张便会成为格尔茨所描述的"内卷化"。本书用农村犯罪治理内卷化表达国家的农村犯罪治理出现以下现象：投入成本与收益不成比例，犯罪治理策略在农村社会推行效果出现边际效应下降，过多的人力物力财力用于维稳和打击犯罪工作，治本性和预防性措施不足。参见：杜赞奇. 文化、权力与国家：1900—1942 年的华北农村 [M]. 王福明，译. 南京：江苏人民出版社，2010：53 – 55.

一、国家正式治理力量较为薄弱

国家应该为农村地区提供有力的秩序保障，保障农村秩序平稳运行。然而目前一些农村犯罪治理资源仍然较为缺乏，犯罪治理智能化水平有待加强，农村智防系统建设匮乏。由于普法效果有限，村民对刑事法律的认知不足、敬畏不足，无法形成有效的威慑和教育效果。综治立法不足，使综治运行规范化、制度化、标准化仍有欠缺。种种迹象表明，农村地区国家犯罪治理力量较为薄弱，国家主体和法律制度深入农村"最后一公里"仍有障碍。

1. 警务战略运行效果有待提升

20世纪90年代初，我国将近1/3的乡镇没有公安派出所和司法助理员，农村派出所只有1~2名干警的占1/4左右。① 中央深刻意识到农村警力不足带来的问题，要求基层加大警力配置，警察人数有了较大幅度的增长。但由于治安案件数增加，以及民众存在"有事找警察"思维，综治工作开展40余年，基层警力配置仍然存在诸多不足。相较其他国家，我国按人口基数的警察数量配比很低，不仅低于英、美、法等发达国家，而且还落后于泰国、越南、朝鲜等发展中国家。全球平均每十万人口警察数量的配比约为300人。2007年，美国、德国、英国、法国、日本、泰国、越南的每十万人口警察数量的配比分别为325人、316人、260人、398人、223人、230人、241人，而我国这一数字仅为138人。只有极少数国家的这一数字低于100人，如印尼。英美等发达国家警力增速快，2001~2010年英国警力增幅15%。我国警力配比低，增速反而慢。② 农村基层派出所警力不足的问题更为明显。一些农业大县或偏远地区的农村派出所警力不足的问题严重。在警力严重不足的背景下，基层派出所承担着处理刑事案件、治安案件、社会纠纷等繁重任务，无暇顾及其他服务项目。其他治理主体同样面临此困境，一些地方乡镇调解员、综治人员等看似配备齐全，实际上往往一人身兼数

---

① 中央社会治安综合治理委员会办公室. 中国社会治安综合治理年鉴（1993—1994）[M]. 北京：法律出版社，1996：72.
② 由以下资料整理：樊鹏. 中国需大幅增加正规警力编制 [N]. 环球时报，2014-03-05（5）；黄新春. 论警力资源的科学配置与使用 [J]. 公安研究，2009（2）：85.

职。我国司法资源配置不均衡，农村基层社会司法资源较为匮乏。司法所人员配置不足，却要承担纠纷调解和社区矫正两大重任，有时还需要承担基层政府分派的额外任务。司法人员常常有心无力，没有精力走进农村开展调解工作，对发生的矛盾纠纷也未能深入农村了解起因和过程。村民之间的矛盾要么在农村内部的调解组织、宗族人士、权威人士的主持下得以化解，要么矛盾升级直接诉诸农村派出所加以解决，乡镇司法所的调解功能被搁置。同样的问题也发生在农村矫治工作中，有时在帮扶和安置方面缺乏防止刑释人员再犯罪的针对性措施。本书实证调研的 A 市六县 3395 名涉嫌犯罪的农民中有 2712 人被定罪量刑，其中又有375 人曾经受过刑事处罚，有 135 人构成累犯，这一定程度上也说明对犯罪人员的矫治和帮教工作存在不足。国家相关文件和重要会议一再指出：综治基层基础工作比较薄弱，一些地方问题突出的局面没有根本改变。一些地方群防群治队伍建设社会化、规范化、职业化有待加强。综治委协调各方、整治资源的能力不足，尚未建立起齐抓共管的工作格局。① 广水市杨寨镇派出所所长指出："该镇民警仅七人，占农村人口比例不足 1. 25/10000。基层派出所除担负破案、追逃、查处治安案件职责外，还承担其他社会管理工作以及大量社会面接处警任务，超负荷工作的民警很难腾出时间开展安全防范和群众工作。派出所多次申请组建专职协警保安联防力量和在重要路口、繁华地段安装监控探头，都因为经费问题而没有落实。"② "广西田东县许多镇的派出所仅 4 ~ 5 名警力，却要负责几万人口的治安，仅能应对已发案件的报警、侦破，难有精力开展预防工作。偏僻地段成为治安死角，治安防控工作一定程度上处于被动状态。"③ 在一些村落，国家部门协同参与犯罪治理往往难以落到实处，演变为乡镇派出所单打独斗。政法机关特别是农村司法所未能充分发挥调解社会纠纷的功能。当农村派出所这一维持农村秩序稳定最关键的正式国家力量沦陷时，缺乏其他正式国家力量的监督和补给，就可能出现类似"问题村"的情况。

人员配置不足成为长期困扰乡镇派出所的问题，一些乡镇干警疲于完成日常工作和重大刑事案件，无暇顾及基础性、预防性、修复性的社会治安综合治理。笔者在 L 村调研过程中，恰好发生了一起派出所人员打击赌博反而被村民扣留的

---

① 参见：2009 年中央社会治安综合治理委员会《关于进一步加强社会治安综合治理基层基础建设的若干意见》。

② 张运星. 关于农村治安防范体系建设的几点思考［G］//云山城，陈实. 立体化社会治安防控体系建设. 武汉：湖北人民出版社，2014：109.

③ 郑彦. 社会治安防控体系建设现状及构想设想［G］//云山城，陈实. 立体化社会治安防控体系建设. 武汉：湖北人民出版社，2014：162.

事件，派出所人员到 L 村查处村民甲赌博，派出所人员乙与甲的丈夫产生冲突，越来越多的村民聚集围观，对派出所人员加以指责，甲的若干亲戚也到场了，村民和派出所人员各说各话，双方陷入了拉锯状态。在村民的指责和围观下，派出所人员乙无法离去，派出所其他人员只得将赌博人员甲先行带走，随后派出所人员乙在群众的要求下到了村委会解决问题，群众情绪高涨，对派出所人员加以指责，甲的丈夫坚持认为警察野蛮执法，要求赔偿医疗费，并先行释放甲。村委会调解无效，唯一能做的事情就是维持秩序，并在群众和派出所之间做好协调沟通。

此外，其他国家治理主体也存在力量不足的情况，特别是在偏远农村地区更是如此，这使得犯罪预防、矫治面临诸多障碍。"全国各地司法所中属于中央政法编制的公务员平均每所不到 1.8 人，且各个省市之间分布很不平衡，许多地区还存在'一人所'的情况。"[1]

2. 信息化智能化水平亟待提升

除了警力不足的问题之外，农村基层还存在犯罪防控设施落后、信息化不高等问题。一些农村甚至连基本的监控设备、农村警务亭都没有配备或者被闲置。互联网的快速发展给农村犯罪治理带来新挑战，然而目前一些农村社会治安防控工作还处于治安巡逻、社区警务等传统治理阶段，信息化技术防控措施较为滞后，难以应对网络信息诈骗等犯罪活动。农村社会治安信息采集系统滞后，政法机关之间缺少信息的共享，在对特殊人群的管理上存在明显的欠缺。虽然国家力量延伸至农村"最后一公里"，但调动民众参与犯罪治理热情的机制还不健全。总体而言，当前农村地区的犯罪治理手段较为单一、落后，犯罪预防工作开展不够，一些地方的基层政法机关在应对各种纠纷、矛盾和犯罪问题时，已显得力不从心，而预防性和修复性的犯罪治理活动开展更为不足。武汉新洲区公安局局长指出："警力仅为辖区人口的 4/10000。农村巡逻工作比较滞后，硬件防备设施'基本为零'。由于财力所限，农村除了实现一村一治安中心、一户长外，安保人员、戒毒康复社工、协管员、治安巡逻队的落实远远达不到城市的建设要求，'红袖标'、门栋关照、邻里守望、义务巡逻力量十分薄弱。加之人才流失严重、

---

① 梅义征. 社区矫正、社区治理与社区安全 [M]. 上海：上海人民出版社，2020：62.

特殊人员留守，农村社会治理面临巨大压力。"① 为此，国家在各种文件中强调要推进"一村一警察""雪亮工程"等，解决农村正式力量下沉不足、犯罪治理信息化不足的问题。2006～2015 年十年间，公安机关破案率总体呈下降趋势。2006 年破案率为 47.55%，2007 年为 50.13%，之后逐年下降，2008 年为 49.14%，2009 年为 43.86%，2010 年为 39.03%，2011 年为 38.51%。2012 年回升到 42.85%，之后又逐年下降，2013 年为 40.13%，2014 年为 36.93%，2015 年则跌至 31.27%（见表2.4、图2.5）。导致这一结果的原因很多，其中，犯罪分子作案手段复杂化是主要原因，但这也从侧面反映出综治策略在调动群众参与犯罪治理、借助技术手段打击犯罪等方面的不足。近年来，这一情况有所好转，2017 年破案率提升到 38.03%，之后几年基本稳定，但网络诈骗犯罪等网络犯罪破案率仍然有待提升。

表 2.4　2011～2020 年公安机关刑事立案数、破案数、破案率②

年份	刑事立案数（件）	破案数（件）	破案率（%）
2011	6005037	2312832	38.51
2012	6551440	2807246	42.85
2013	6598247	2647659	40.13
2014	6539692	2415367	36.93
2015	7174037	2243227	31.27
2016	6427533	2136300	33.24
2017	5482570	2084768	38.03
2018	5069242	1922011	37.92
2019	4862443	1910749	39.30
2020	4780624	1845923	38.61

---

① 陈卫东. 构建立体化社会治安防控，推进法治新洲建设进程［G］//云山城，陈实. 立体化社会治安防控体系建设. 武汉：湖北人民出版社，2014：90－93.
② 资料来源：历年《中国法律年鉴》。

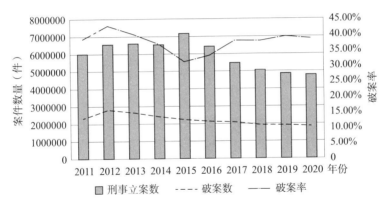

图 2.5　2011～2020 年公安机关刑事立案数、破案数、破案率

二、农村内部犯罪自净能力较为羸弱

鉴于国家治理资源下沉不足、地方治理资源供给水平有限的局面，农村内部应积极调动治理资源开展犯罪治理活动。然而，一些农村地区社会治安防控体系建设相对落后，且原有的一些传统惩治机制的功能在弱化，整体而言犯罪自净能力较为羸弱。

1. 农村内部犯罪治理力量不足

社会治安综合治理是在保持原有国家主体中心地位不变的前提下，试图把社会资本、市场资源、技术要素、法治因子等一切可用要素纳入治理体系之中，从而弥补国家犯罪治理资源不足的缺陷，实现社会秩序稳定。社会治安综合治理主体多元化、手段多样性是犯罪治理的一大进步。"在意识形态治理效能递减、制度资源依旧贫弱、体制外资源日益增生和社会调控体系缝隙日益增多的现实条件下，调动社会资源有利于国家秩序稳定。"① 然而，部分农村目前面临内部自治防控不足的问题，亟待国家支持、引导和重建。农村公共资金存留主要来自村民内部协商、筹集。由于一些基层政权财政紧张，农村犯罪治理缺乏资金保障，一

---

① 唐皇凤. 社会转型与组织化调控——中国社会治安综合治理组织网络研究 [D]. 上海：复旦大学，2006：1－2.

些地方的治保会、调解组织甚至停摆。张学东对河北省 76 个农村的调查显示："服务相关组织与宗教（庙会）组织、治安巡逻队、老年组织等协调相关组织都比较少。"① 而且，随着农村人口外流，治保会、人民调解机构不仅面临物力上的困境，还面临人力缺失的问题。村干部往往身兼数职，专业水平不足。全国人民调解委员会和调解人员数量呈现下降的趋势，2004～2012 年，人民调解委员会由 85.33 万个下降到 81.71 万个；调解人员从 514.42 万人下降到 428.14 万人。受资金和人力的制约，治安巡逻、邻里守望等治安活动的开展难度加大。党的十八大以来，加强农村基层基础工作、深化村民自治实践全力推行，基层党组织建设扎实推进，基层自治组织的困局有了比较大的改善。然而，由于人口外流、青年群体不足、村民参与积极性不高，农村内部防控力量仍然亟待提升。为此中共中央、国务院《关于实施乡村振兴战略的意见》强调：建立有效激励机制，以乡情乡愁为纽带，吸引支持企业家、党政干部、专家学者、医生教师、规划师、建筑师、律师、技能人才等，通过下乡担任志愿者、投资兴业、包村包项目、行医办学、捐资捐物、法律服务等方式服务乡村振兴事业。

2. 农村内部犯罪治理力度不足

第一，村民维护秩序自觉性逐渐降低。如今，人与人之间的联系越来越少，许多农村呈现出既非有机团结又非机械团结的"二不像"社会结构，传统的社会规范效力弱化，而现代社会社区规范尚未建立。刘勤博士指出："现代乡土社会紧密生活的松散转向，降低了村民相互间的道德期待。公共舆论由全方位的高尚道德要求降低为对违反底线道德的行为批评。舆论评判方式从直接批判转化为匿名评论。"② 在农村社会里，大家"抬头不见低头见"，做一个"老好人"、不得罪他人，是常见的相处之道。村民存在"自扫门前雪"的思想，认为举报他人越轨行为只会惹是生非，因而一般不会轻易做出举报行为，更多是站在第三方的角度进行议论。村干部出于本村名声的考虑，也可能会"睁一只眼闭一只

---

① 张学东. 当前农村社会管理存在的问题及其治理策略——基于河北省 76 个农村的调查与分析 [J]. 重庆社会主义学院学报，2011（1）：95－96.

② 参见：刘勤. 自我、主体性与村庄 [D]. 上海：华东科技大学，2008：181. 刘勤博士还指出："村庄舆论留存有道德期待，却在丧失道德支持系统，道德惩罚丧失了软强制能力，成了无实质惩罚的公共舆论。"在本书看来，这可能是村庄村民之间的联系变得越来越稀少的时候才出现的状况，而本书研究的农村还保留着较为浓厚的乡土性，因此道德的约束作用仍然是存在的，只是不那么强。即使人们不再直接批判他人的越轨行为，但在农村社会，对面子的重视不会轻易消失，因此，在实施越轨行为的早期，大多数村民仍然会考虑行为是否会导致他人异样的眼光和不良评价。本书并不否认农村道德在越轨上的约束作用，特别是对一些道德素质较高、较注重面子的人而言，道德约束还是会无形中牵制着人们的越轨意图的。

眼"，甚至帮助村民"大事化小"。因此，一些越轨行为在农村社会中被掩盖了。

第二，农村内生权威呈明显下降趋势。传统农村社会奉行长幼有序，宗族文化、家族观念强烈，宗族长老、威望老人等具有较高的权威。他们能够很好地借助宗族族约、乡规民约对越轨之人加以管教，对发生的矛盾进行调解，还能号召村民开展犯罪治理活动。如今，农村内敛的文化氛围被现代化文明打破，人与人之间的交往逐步利益化和世俗化，农村传统权威人士的号召力大不如前，这导致传统内生权威对越轨行为的约束力大大降低。

第三，德化教育和乡俗自治治理式微。道德脱离理论认为："在社会化的过程中，人们内化了社会潜在的道德行为准则，在遵守行为准则时获得自我价值，在违反行为准则时自我谴责。人们在违反自我道德准则的行为之前，必会通过弱化或者冻结自己的道德准则来摆脱自责感。"[①] 传统国家以德治国，道德、伦理、宗法思想通过乡绅、士绅传递给普通老百姓。农民社会流动性极低，这种道德教化的效果较好。随着社会快速转型以及城市化进程的推进，农村内部传统秩序发生巨大改变，内生性权威呈现下降趋势，德化和乡俗治理式微，而现代法治秩序尚未全面建立，农村内部犯罪防控能力不足，越轨行为因此未得及时制止。"人一般只是对自己熟悉的人和环境才有切身的责任感，不可能真正做到墨家主张的'兼爱'。随着中国改革开放和市场经济的发展，人员的流动，社会分工的发展，价值和道德多元化，村庄、单位以及类似'熟人社会'中种种先前未被充分意识和理解的社会功能进一步弱化，我们已不可能重返那种'夜不闭户'的时光了。"[②]

三、农村内外治理资源协同不足

一切犯罪问题都可以用综合治理的方式来解决。然而，何为综合？是否具有综合的可能性？怎么综合？有哪些资源可以综合？综合是国家主体的"一厢情愿"还是参与者的共同愿望？国家应采取何种方式和机制引导非国家主体参与犯罪治理？非国家主体有何具体渠道主动参与犯罪治理甚至影响犯罪治理的进程？对这些问题，我们尚无明确的答案。一些地方实践中，社会治安综合治理强调多

---

① BARTOL C R, BARTOL A M. 犯罪心理学 [M]. 杨波，李林，等译. 北京：中国轻工业出版社，2009：144.

② 苏力. 制度是如何形成的 [M]. 北京：北京大学出版社，2007：59－60.

部门、多主体、多手段，却没有明确的融合机制。非国家主体参与犯罪治理具有工具主义和象征意义倾向，多元主体间未能形成纵横交织的治安网络。资源共享、信息交流、联合办案等部门间的合作机制不健全，各部门齐抓共管的局面尚未形成。

1. 纵横交织的治安网络不严密

社会治安综合治理形成的治安权力网络里，容易因对农村民间力量重视不足，呈现出单一的权力向度，即以各级党委为领导中心，以政法委和综治委为协调机构，各部门依据自身职能开展犯罪治理活动，民众成为国家犯罪治理的辅助力量。一旦综治实践缺乏非国家主体参与犯罪治理的具体机制，非国家主体就容易依附于公安、司法机关，承担举报和作证等辅助性刑事打击任务。一旦国家主体未能给予非国家主体更多活动参与渠道和空间，未能培育非国家主体参与犯罪治理的能力，构建纵横交织的严密犯罪治理网络就容易沦为华丽的口号。个别农村地区，综治没有完全摆脱工具主义的禁锢，所谓动员农村组织和广大民众参与犯罪治理往往口号大于行动，象征意义大于实质意义。在自上而下构建的治安权力网络中，民间资源和市场资源未能有效融入其中。实践中，体制外资源运用的多寡受制于各地基层政权的治理理念和治理思维。部分农村地区开展群防群治活动，正式主体和民众主体之间并非协商合作，而是正式主体安排任务给基层自治组织，后者组织农村精英参与，普通民众并没有真正参与其中，民众主动、积极、自主参与犯罪治理的能力未能真正形成。网格化管理模式细化了管理单位，把社区分割为一个个网格，网格人员进行自我管理，负责人通过信息化和数字化管理平台向国家管理者提供动态信息，更好地实现了邻里守望、信息互通。网格化管理模式是在正式主体主导下，对社区进行任务分配，其能否成功的关键在于民众参与的意愿、程度与能力。有研究者组织开展了 2016 年"农村社区治理现状综合调查"，该调查共涉及 1235 个农村社区。调查数据显示，目前仍有 18.1% 的农村社区没有实施网格化管理、10.6% 的社区没有听说过网格化管理，网格化管理并没有在农村得到普及。①

2. 国家部门间合作机制不健全

社会治安综合治理包括了预防、打击、矫治等多个环节，如果过于强调公安机关的地位，其他政法部门在犯罪治理上的特殊功能就难以真正发挥。由于维稳

---

① 王杰秀. 中国城乡基层社会治理研究［M］. 北京：人民出版社，2019：422.

目标导向和以刑罚打击为主的惯性思维的存在，公安机关在犯罪治理活动中的地位和作用凸显，其他部门在犯罪治理中可能会陷入消极、被动状态，这一社会治安综合治理工作格局制约了各部门之间紧密协作关系的形成。社会治安综合治理有时仅是责任制下的犯罪治理方式，各个部门缺乏主动寻求合作共治的热情。国家各部门间齐抓共管的合作机制并不健全，未能形成更具体的资源共享、信息交流与联合办案机制。目前有的地方治理实践主要是在政法委牵头下，公安司法行政部门、民政部门、团委等基层维护社会治安稳定的部门作为成员单位被纳入治安权力网络中，通过定期和不定期的会议整合国家资源。湖北省公安厅研究室指出了该省社会治安防控存在的问题："一些地方党委政府统筹不到位、整体部署不到位、重视程度不高，一些部门和组织人事不到位，片面认为治安治理活动是公安一家的事，不愿参与或被动参与，加之公安机关自身调查不够、汇报争取不够、宣传发动不够，致使公安机关'唱独角戏''小马拉不动大车'。而且公安内部各警种、各部门间缺乏统筹协调和整体联动，在情报信息、警力资源、打防管控等方面'各唱各的调、各吹各的号'。"[1] 我国综治活动常态化、制度化的部门联动机制仍不够完善，不同区域间的合作机制则更不完善。在扫黑除恶、涉邪教活动等专项犯罪治理活动中，各部门的联动是最为紧密的。然而，各个部门围绕中心任务进行协作，仍然是一种非常态化、非制度性的协作方式。

四、应急性政策性治理行动过密

常规化治理和法治化治理是体现国家犯罪治理能力的两大重要表现。国家进入平稳发展状态之后，不能再依赖运动式、非常态化治理方式。建设法治国家要求犯罪治理活动"有法可依"，部分农村社会治安综合治理实践过度依赖运用刑罚手段治理犯罪，加之我国综治活动的法律法规尚未健全，村民的法律意识尚待提升，常规性和法治化治理仍有待加强。

1. 应急性犯罪治理行动过密

我国社会治安综合治理坚持打防结合、重在预防、标本兼治、重在治本的方

---

① 湖北省公安厅研究室. 关于创新立体化社会治安防控体系的实践与思考［G］//云山城，陈实. 立体化社会治安防控体系建设. 武汉：湖北人民出版社，2014：8-9.

针，在犯罪预防和犯罪矫治工作上有了许多突破。但在犯罪治理上，由于过度依赖刑罚打击的惯性维稳思维并没有被打破，实践中一些农村地区倚重公安机关进行刑事打击，尚未把犯罪治理的重心转移到预防犯罪和修复受损秩序上。我们提倡整合社会资源，却缺乏常态化和制度化的资源整合机制。我们提倡综治范围的广泛性，却在预防性、修复性治理上重视不够。而在当前国家无法充分整合社会资源、弥补国家犯罪治理资源不足的背景下，一旦某种犯罪得不到有效遏制，超出社会秩序的承受度，有关机关只能借助即时、严厉的刑罚手段维护稳定，如此便会陷入循环"严打"之中。党的十八届三中全会将原有社会管理体系创新表述修改为社会治理体系创新，这不仅是文字的简单修改，更是理念的深化。社会治理重点在于"治"而非"管"。实现社会的善治需要在多元社会主体的共同努力和协商下，坚持以人为本的理念，综合运用各种手段以有效化解社会矛盾。一味加大社会控制力度，"看似为了'维稳'，却没有做好'维权'，结果也难以妥善'维稳'"。① 对于地处偏远的农村社会，治理犯罪往往因财力薄弱、资源匮乏而感到心有余而力不足，基层政权只能进行治标不治本的表面性治理活动。配合国家开展暂时性犯罪治理，成了一些基层政权应对治安问题的一种常见方式，而常规性、日常性的治本工作较为缺失。

2. 综治相关法律制度不完善

一方面，综治活动法律制度供给不足。社会治安综合治理有助于推进国家治理迈向法治化的进程。为了实现综治目的，我国不断完善相关法律配套，修订和完善《刑法》《刑事诉讼法》《治安处罚法》等法律法规，施法者依法开展犯罪治理活动。然而，当前所面临的现状是，社会治安综合治理活动开展的法律依据仍旧相对缺乏。自1991年全国人大常委会通过《关于加强社会治安综合治理的决定》以来，中共中央、国务院、中央社会治安综合治理委员会以及其他政法部门发布了一系列意见和决定指导社会治安综合治理活动。从这些规范性文件的性质上看，它们属于团体规定、部门规范性意见，与法律有区别。1991年《决定》的内容非常简单，各级社会治安综合治理委员会和办公室的法律地位及职权范围并不明确，社会力量参与社会治理的地位、范围以及责任落实缺乏规定，各部门之间的协调机制和责任范围也不明确。由于缺乏法律上的依据，综治活动开展面临诸多障碍。第一，参与主体的合法性和正当性受到质疑。实践中，如何规范辅警、治保会成员等人员面临着较大的困惑。非国家主体参与治安工作的范围和界

---

① 王文华. 社会管理创新与刑法理念的发展 [J]. 东方法学，2011 (6)：61.

限容易产生争议。国家主体对非国家主体参与犯罪治理活动承担什么样的责任，是否需要为非国家主体造成的损害承担责任等问题有待解决。第二，社会治安综合治理活动的效果受到制约。国家法律没有明确非国家主体的犯罪治理主体地位，也没有明确地方创新治理的范围和空间，实践中地方开展综治活动创新往往受限于法律依据的缺失。而由于法律没有对国家主体职责进行明确规定，各部门容易仅围绕综治委下发的任务被动开展工作。

另一方面，刑事法律实效不佳。"法律规则要对某特定目标产生影响，那么规则要传递给对象，对象必须能够做，由于愿望、恐惧或者其他动机，对象有做的意愿。"① 根据弗里德曼的观点，法律要产生实效，使得文本上应然的规定转化为行动上实然的效果，必须具备两个条件：一是法律规定的权利、义务和禁令能够传递给普通民众；二是民众内心接受、服从和履行法律的规定。当前，农村普法教育形式简单，多采取发放资料、开设讲座等传统方式。农民群体忙于外出打工或者农务工作，对普法教育参与热情不高、参与程度较低。农村普法教育有时缺乏针对性和渗透力，这种普法活动显然难以起到良好的效果，普法效果不佳导致的直接后果是农村村民对刑事法律的认知不足、信仰缺失。"国家有关刑事案件的法律调整是失效的。不管是初级有效还是初级失效，村民对法律规定的了解是模糊的，但是国家的权威并没有因此丧失。因为国家的制裁对于村民而言是具有决定意义的，只不过这种权威更多是一种武力的表现，而缺少几分内心信念。"② 村民对于行为的违法程度和社会危害性认知不足，诸如在进行赌博、造假、买卖儿童等行为时，无法认识到自己即将或者已经触碰刑事法律。个别农村地区出现了赌博产业、造假产业等"集体违法"现象，更使村民对其行为的社会危害性认识淡薄。受传统习俗和思想的影响，村民实施了诸如重婚、干预婚姻自由、收买儿童等行为，内心违法犯罪自我谴责意识不足。邪教势力、传销组织也会有意地选择拉拢法律认识不足、文化水平不高的村民加入其组织。由于村民法律知识不足、农村法律援助缺乏、偏远乡镇律师缺失以及经济实力不足，村民在解决矛盾的时候，可能会采取过激的方式，导致违法犯罪行为的发生。国家需要采取更加有效的普法方式，使刑事法律真正走进村民内心，引导村民采取合法、和平的手段解决矛盾纠纷，维护自身权利。

① 弗里德曼. 法律制度：从社会科学角度观察 [M]. 李琼英，林欣，译. 北京：中国政法大学出版社，2004：65.
② 王国骞. 国家法实效问题研究 [D]. 北京：中国政法大学，2006：115.

五、农村犯罪发展态势不容乐观

2023 年，最高人民法院调研福建、广东两地农村犯罪后发现：两地农村刑事案件总体稳中有降，近十年两地法院审理的农村犯罪案件比城市犯罪案件数量少，这是目前能得到的官方数据。农村社会在转型背景下发展差异较大，各地犯罪形势也有所不同，如何更加客观真实地呈现农村犯罪图景，是一大难题。关于农村犯罪状况学界有不同的论断。有的结论认为农村犯罪总数已经大于城市，"改革开放肇始于农村，农村活跃起来以后，农村犯罪也开始增加，从 1982 年开始，农村犯罪总数开始超过城市地区。但就犯罪率来说，农村地区仍然低于城市。"① 有的结论则认为农村犯罪总数和比例低于城市。还有学者选择东部、中部、西部不同地区作为统计数据，以达到结论的相对准确。本书认为，农村犯罪的真实情况是难以全面掌握的，造成这一难题的原因是多方面的：第一，农村社会有私了的情况发生，导致许多犯罪数据无法进入官方系统。第二，许多刑事案件在民众看来仅仅是普通的行政案件或民事纠纷，不会主动报案或提起自诉。第三，一些刑事案件被基层派出所视为民事案件予以处理。第四，农村犯罪侦查难度大。第五，囿于农村犯罪治理技术水平有限，统计难免有所遗漏。实际上，不管是在东部、中部还是西部地区，不同市、不同县的农村犯罪状况各不相同，甚至相邻两个村庄的犯罪情况差异很大。有些地方农村犯罪率很低，有些地方农村犯罪却极其严重，甚至有的地方出现了犯罪防控体系崩塌的局面，成了"问题村"。当一个现象难以通过小范围调研得出准确的结论时，最佳的办法是进行必要的实证调研，整合大量二手调研资料，在此基础上做出谨慎的判断。本书为了结论的严谨性，选择了经济发展处于全国中等水平的 A 市六县作为主要实证调研对象，并对广东、四川、重庆、福建等地的农村进行实证调研，对 A 市六县五年来的检察院刑事案件②、国内实务部门和理论界的调研数据以及国家官方文件对

---

① 卢建平. 中国犯罪治理研究报告 [M]. 北京：清华大学出版社，2015：56.
② 本书运用"统计产品与服务解决方案"（SPSS 数据分析系统）中的描述分析法对 11282 名嫌疑人的籍贯、民族、职业、年龄、文化程度、共同犯罪情况、犯罪前科、吸毒情况、累犯与再犯、刑期等共变量进行统计分析。

农村犯罪态势的判断等进行整合、分析。①

1. 农村犯罪整体占比需警惕

唐皇凤教授使用"组织化调控"一词概括了通过组织机构建立和组织网络融合实现社会控制的治理模式。②"组织化调控"是国家开展社会治理的运行逻辑。然而,我国社会治理的巨大成就显然不局限于组织功能的利用,更重要的是党对民众基本安全诉求的回应。近几年我国公安机关受理治安案件数量在减少,刑事案件立案数和每万人发案率也保持较为稳定的状态。然而,不能忽视的是总的犯罪体量仍然比较大,且从各级人民法院一审判决结果来看,妨害社会管理秩序和危害公共安全的犯罪案件呈现出较快速度的增长趋势,社会安全仍存在较大的不稳定性。2011~2020年,危害公共安全的犯罪案件分别为119659件、175439件、193275件、219894件、247795件、271877件、346856件、340629件、417017件、365228件;危害社会管理秩序的犯罪案件分别为171840件、183841件、201688件、228684件、279822件、254357件、55179件、283126件、309166件、250895件(见图2.6)。从整体数据上可以窥探出我国社会治安压力仍然较大,亟待健全公共安全和社会安全体系,党的二十大报告也为此提出了专门要求。而各种实证、调研数据显示,我国农村犯罪在整体上占据一定的比例,③一些地方农村犯罪占比呈现上升趋势,甚至超过城市。本书调研了A市六县检察院五年的刑事案件情况,在此期间,A市共有涉案犯罪嫌疑人11282人,其中农民3395人,占比30.09%。范儒统计了某市中级人民法院刑事判决数据,发现农村犯罪一直保持较高比例(超过60%),2007~2011年罪犯总数分别为2732人、2231人、2837人、3321人、3678人,农民数量为1672人、1910人、

---

① 需要特别强调的是,即便本书收集和分析了大量关于农村犯罪的统计数据,同时实证调研了A市六县刑事案件数情况,也需要承认无法给出我国农村犯罪具体占比多少的数据,也无法作出农村犯罪情况比城市犯罪情况严重或不严重的论断。然而,这并不影响本书的研究价值,只要农村犯罪情况越来越复杂,犯罪情势不容乐观,农村犯罪治理能力有待改善,农村犯罪治理依然具有特殊性,构建一个符合农村特点的犯罪治理模式就具有必要性。

② "组织化调控"即充分利用执政党的人事控制权,在党内设立新的综合协调机构,或者利用和强化原有机构的功能并提升其政治地位等方式来实现体制内资源的集中与动员。唐皇凤. 社会转型与组织化调控——中国社会治安综合治理组织网络研究 [D]. 上海:复旦大学,2006:1-2.

③ 最高人民法院关于印发《全国法院维护农村稳定刑事审判工作座谈会纪要》的通知指出:我国刑事犯罪案件中的农村犯罪、农民犯罪和刑事罪犯中的农民罪犯比例逐年增加,特别是在杀人、抢劫、盗窃、伤害案件中,农民罪犯占了大部分,所占比例连年上升。在被判处死刑的罪犯中,农民罪犯所占的比例近年来也呈上升趋势。

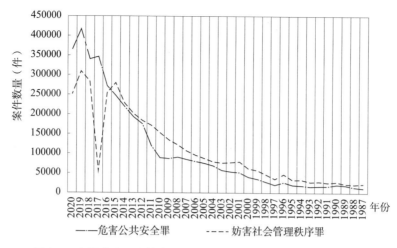

图2.6 全国法院一审妨害社会管理秩序罪和危害公共安全罪情况

1727 人、2001 人、2877 人，占 比 为 61.2%、85.61%、60.87%、60.25%、78.22%。①一些数据还显示有些犯罪类型在农村高发，远超城市。②据山东省蒙阴县公安局指挥中心统计数据显示：2013~2015 年山东省蒙阴县农村的发案率明显高于城区，如入室盗窃案件和牲畜盗窃案件的农村发案率占了 90% 以上，机动车盗窃案件农村占 78%，其他案件农村占 50% 左右。③此外，一些地方农村犯罪的占比逐年攀升，农村犯罪治理面临越来越大的挑战。承德市农村刑事立案比重呈逐年上升态势，2009~2011 年分别为 40.8%、63.1%、63.9%。④近年来相关调研数据较少，应当说，在近年对农村黑恶犯罪、腐败犯罪等的打击和整治，农村犯罪形势有所改观，但社会环境没有发生巨大改变的前提下，犯罪数据不可能实现瞬间大幅度下降。实际上，虽然抢劫犯罪等呈现下降态势，随之而来的网络诈骗等新型犯罪呈现上升态势。

2. 农村犯罪类型日趋复杂化

传统社会里，农村社会人口流动不大、社会结构稳定、重大利益冲突较少，

① 范儒. 海口市农村社会治安问题研究 [D]. 南昌：江西农业大学，2013：11.

② 中央综治委 2006 年第二次全体会议指出："当前中国农村治安问题呈现出暴力犯罪突出、侵财犯罪多发、部分地区社会丑恶现象蔓延、制贩危险物品严重等'四大特点'，全国农村地区共发生杀人案件 8031 起、伤害案件 5.9 万起，均高于城市。"

③ 李同. 从刑事技术看农村侵财类犯罪案件的现状及对策——以山东省某县为样本 [J]. 法制博览，2015（11）：213.

④ 高李冀，魏兰涛. 关于农村社会治安问题的调研 [J]. 公安研究，2012（12）：12.

农民群体思想淳朴、邻里之间和睦相处，加之农村社会存在大量的内部规范和行为规则，农村社会秩序相对稳定。传统农村社会具有内生的稳定机能。随着社会快速发展，农村社会秩序发生巨大改变，若停留在原有观念上，农村治理效能提升就会受到制约。农村并非都是静谧田园，改革开放之后犯罪情况逐步复杂化，全国农村出现了一些相对严重且较为集中的犯罪类型，给社会秩序管理和国家治理带来挑战。侵财和人身犯罪、黄赌毒、交通肇事、非法经营、生产销售假药、生产销售有毒有害食品、伪劣商品等传统犯罪问题一直困扰着农村社会；群体性事件、村霸和宗族恶势力犯罪、网络诈骗犯罪不容忽视；容易被"隐藏"的迷信犯罪、环境犯罪日趋严重；村干部腐败犯罪、留守青少年犯罪和流动人员犯罪等特殊群体犯罪也相当棘手。①

一是侵财和人身犯罪居高不下。由于农民经济收入较低、农村犯罪治理措施不足以及因外出打工、田里务农而无人看守房屋等原因，农村财产犯罪特别是盗窃犯罪频发。与此同时，近年来诈骗犯罪高发，老人、妇女等成为诈骗的易受对象。农村社会是熟人社会，其内部成员之间交往频繁，容易因为各种民间纠纷引发刑事案件，因而故意轻伤害犯罪率很高。从全国各地农村犯罪类型的比例来看，财产、人身此两大类犯罪占了农村犯罪绝大多数，而盗窃、故意伤害在其中占比最大。A市六县农民涉嫌犯罪中，排在第一、第二位的即是盗窃罪和故意伤害罪，涉案人数分别为648人、283人，占比为22.7%、9.9%。"2005年，江西省农村的盗窃、抢劫、伤害等传统型犯罪分别占犯罪总数的21.1%、1.8%、1.6%。"② "安徽省2008年公安机关立案数中，盗窃案件和八类严重暴力案件，分别占农村地区全部刑事案件的71.0%、9.6%。"③ "山东省阳谷县公安局寿张派出所分析该镇2009年数据得出，农村发生的侵财案件占了农村刑事案件总数的60%以上。"④ 2014～2016年重庆农村犯罪部分数据分析显示，盗窃和故意伤害犯罪占比高达50%。⑤ 刘振华等人对2013年湖南省五个乡镇派出所刑事案件总数进行分析后得出，侵财案件在刑事案件中占绝大多数，五个乡镇侵财案件占

① 2006年《关于深入开展农村平安建设的若干意见》给出了农村总的形势是好的，农村社会稳定的形势依然严峻的论断，之后的一系列文件对农村重点犯罪打击类型进行了规定。关于农村犯罪重点打击范围，本书第一章已经进行了详细分析。这些重点打击对象，往往就是具有全国性和严重性的犯罪类型。

② 朱同友. 强化社会治安工作，为社会主义新农村建设服务 [J]. 公安研究，2006（3）：83.

③ 耿旭. 安徽省农村地区刑事犯罪现状 [J]. 中国刑事警察，2009（3）：26.

④ 其中盗窃家禽家畜，盗窃、破坏农电设施，盗窃机动车案件分别占农村刑事案件总数的20%、13%和10%左右。参见：高博，董纯朴. 当前农村治安问题分析及对策 [J]. 黑龙江史志，2009（8）：125.

⑤ 贾健，查一凡. 城乡统筹背景下的农村留守犯罪问题研究—以重庆市为典型分析 [J]. 河南警察学院学报，2017（3）：46.

比分别为 97.5%、92.5%、98.0%、97.0%、92.9%。[①] 影响村民基本安全感的侵财和人身案件依然高发，[②] 这将影响到村民的治安满意度，基层政权需重点加强对此类犯罪的防范工作，真正保障农民群体的基本利益。

二是群体性事件仍然不容忽视。群体性事件是由人民内部矛盾引发的，一定数量的群众为了切身权益、某种意愿或者情感需求而聚集在一起，直接向党政机关、国家工作人员表达诉求、意愿、不满，或者以间接方式引起党政机关的重视和社会大众的关注，其中全部或部分人员采取了违反法律的行为方式，最终给国家管理秩序造成一定影响的群体行为。群体性事件中的行为人不一定是违法犯罪之人，但是由于群体性事件给社会治安带来较大压力，加之群体性事件可能演变为较大规模的混乱事件甚至恶性事件，因而是地方社会治安防控的重点。社会转型期，利益纠纷和社会矛盾案件快速增加，对国家和基层政权的治理能力提出了考验。

三是村霸和宗族恶势力犯罪不容忽视。"乱政、抗法、霸财、行凶是'村霸'的四大典型特征。"[③] 党的十八大以来，特别是从 2017 年最高检下发打击村霸、恶势力文件以来，各地对农村进行了严厉整治，打掉了大量村霸和恶势力，维护了农村社会稳定。村霸和恶势力的出现，凸显了农村犯罪防控力量存在真空困境，这已经严重危害到农村社会稳定，国家应通过社区警务等方式延伸到农村内部，为村民提供安全保护。2021 年，国家严打"乡霸""村霸"，打掉农村地区黑社会性质组织 30 余个、恶势力犯罪集团 180 余个。[④] 与村霸相关的是村干部腐败问题严重。对村干部缺乏有效的监督机制、相关法律规制不到位、村民之间彼此顾及面子等现实因素，容易引发针对扶贫项目、征地补偿款、村庄公共设施建设、国家惠农强农资金的贪污腐败现象。国家应该加大打击力度，农村内部也应积极开展监督活动。

四是特殊群体被害和犯罪增多。改革开放以来，城镇化进程提速，人口流动加快，许多农村的青壮劳动力到城市打工，导致农村出现"空巢现象"，只留下

① 刘振华，等. 湖南省农村社会治安问题调查与防治对策思考 [J]. 山东农业工程学院学报，2014（3）：5.

② 如"2013 年穆棱市农村共发生案件 369 起，其中重大案件 18 起、命案 5 起、抢劫 4 起、强奸 1 起、伤害 56 起、诈骗 14 起、盗窃 220 起、其他各类案件合计 51 起，治安形势比较严峻。"参见：刘大鹏. 穆棱市农村治安问题探析 [D]. 长春：吉林大学硕，2014：18；（2）"2005 ～2010 年宁安农村涉案人员总数分别为 1014 人、1004 人、1047 人、1521 人、1320 人、1013 人。盗窃、抢劫、诈骗涉案人员总数分别为 853 人、856 人、900 人、1371 人、1243 人、901 人，占比在八成以上。"参见：李文涛. 黑龙江省宁安市农村治安问题探析 [D]. 长春：吉林大学，2012：10.

③ 突出打击充当"保护伞"的职务犯罪 [N]. 太行日报·晚报版，2017 - 02 - 13（12）.

④ 邵磊. 常态化扫黑除恶斗争取得显著成效 [N]. 人民公安报，2022 - 03 - 02（2）.

大量老弱妇孺。2016 年，民政部等部门调查数据显示，全国农村留守儿童人数约 900 万人。留守儿童缺乏父母的关爱和保护，容易走向违法犯罪道路或成为被害对象。全国各地青少年犯罪数据显示，农村青少年犯罪占比高，而农村犯罪青少年又是全国青少年犯罪的主要人群。2002 年《关于加强新阶段农村青年工作的意见》指出，农村青年占全国青年总数的近 70%。各地青少年特殊群体犯罪也呈现持续增多的态势。另外，留守未成年人自我保护能力差，且保护意识薄弱，容易遭到强奸、猥亵等犯罪侵害。2013 年以来，江苏省检察机关审查起诉的涉罪农村留守未成年人是城市相应人群的 6.95 倍；被侵害的农村留守未成年人是城市相应人群的 5.04 倍。[①] 老年人特别是留守老年人因为精神空虚、法律意识淡薄、思想固化等原因，容易实施强奸、嫖娼、容留、介绍卖淫、故意伤害、迷信等违法犯罪行为。2013 年以来，沭阳县检察院受理的介绍、容留卖淫案件近 2/3 涉及 55 岁以上农村空巢老人。[②] A 市六县农民犯罪中，25 岁以下青少年、妇女、60 岁以上老年人也占据了一定比例，人数分别为 1063 人、295 人、241 人，分别占总人数的 31.31%、8.69%、7.1%（见图 2.7、图 2.8）。从各地数据来看，我国农村特殊群体被害和犯罪逐步增多，这给犯罪治理提出了新的要求。在犯罪治理上，我们要加大"人防"力度，加强对特殊人群的保护。2023 年中央一号文件指出：依法严厉打击侵害农村妇女儿童权利的违法犯罪行为。

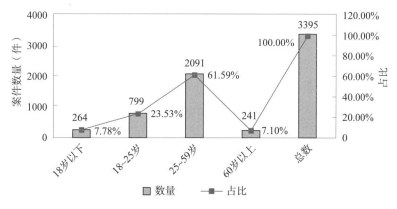

图 2.7　A 市五年农民刑事案件年龄段情况

---

① 江苏省检察机关审查起诉留守未成年人犯罪案件共计 513 件，涉案 676 人；侵害留守未成年人犯罪案件 225 件，涉案 286 人。留守未成年人犯罪集中在盗窃、聚众斗殴、寻衅滋事、强奸、抢劫等常见犯罪。侵害留守未成年人犯罪案件中，强奸、猥亵等性侵案件占比超过 70%，明显高于其他侵害案件比例。卢志坚，等. 侵害留守未成年人案件呈下降趋势 [N]. 检察日报，2017 – 06 – 07 (4).

② 高改芹. 遏制农村老人犯罪须打防结合 [N]. 法制日报，2015 – 11 – 15 (3).

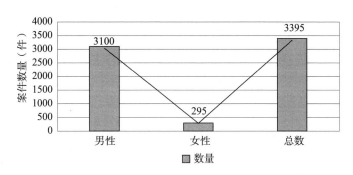

图 2.8　A 市五年农民刑事案件性别情况

五是传统常见犯罪未能得到真正治理。第一，黄赌毒犯罪。农村娱乐文化资源不足、农民生活单调以及农村地区违法查处力度不够，造成"黄赌毒"高发。一个值得关注的现象是：一些城市的赌博场所、卖淫嫖娼场所、吸毒场所向农村转移。"2015 年，蕉岭县公安局短短 10 天内抓获涉赌人员 18 名。"① A 市六县数据显示，走私、贩卖、运输、制造毒品罪排在农民犯罪数量的第三位，共 261 人涉案，占比 9.15%。另有 97 人犯容留他人吸毒罪，占比 3.40%；17 人犯非法持有毒品罪，占比 0.60%。5 人犯窝藏、转移、隐瞒毒品、毒赃罪，占比 0.18%。涉黄案件也占一定的比例，其中 25 人犯引诱、容留、介绍卖淫罪，1 人犯强迫卖淫罪，1 人犯组织卖淫罪。共 38 人犯开设赌场罪，排在农民犯罪数量的第 15 位。第二，非法生产销售有毒有害商品，生产销售伪劣商品，生产销售假药，生产销售伪劣农药、化肥、种子等一系列扰乱市场经济的犯罪。在许多农村，农民群体开设小作坊生产商品、药品，也有些城里人将企业转移到查处力度较小的农村从事经营活动。由于农村地理位置相对偏远，极易滋生违法犯罪行为。第三，交通肇事行为。由于农村道路崎岖，农民又缺乏正规培训，交通肇事案件占比一直较高。A 市六县农民犯交通肇事罪的人数为 216 人，排在农民犯罪数量的第四位。第四，迷信犯罪。农村犯罪防控体系薄弱，加之村民法律知识不足、传统思想根深蒂固，容易走上迷信犯罪的道路。A 市六县农民犯利用会道门、邪教组织和迷信破坏法律实施罪的人数为 62 人，在农民犯罪中占据一定比例。

3. 未来农村犯罪治理压力大

随着城镇化快速发展，我国村庄数量和农村人口数量同时下降。截至 2019

---

① 肖旭威，李舒. 蕉岭警方"严打"农村赌博犯罪 [J]. 梅州日报，2015 – 03 – 20 (2).

年，全国村委会总共有 53.3 万个，相比于 2008 年的 60.4 万个，总共下降 7.1 万个（见图 2.9）。2021 年，农村人口 4.9835 亿人，比例降至 35.28%，城镇人口 9.1425 亿人，比例升至 64.72%（见图 2.10）。[①] 虽然我国农村常住人口和户籍人口比例在双双下降，但是总体数量依然很大。近几年，我国城镇人口比例增长速度变缓，即便再过十年，我国农村人口体量依然庞大，农村治安压力仍然较大。部分研究显示，妇女、儿童、老年人犯罪与被害问题严重，农村人口下降的同时犯罪率并不一定下降。张海鹏等人对中国村级面板数据进行实证分析后发现，"农村外出就业劳动力每增加 1%，将使农村刑事犯罪率和违反治安管理条例案件发生率分别增加 0.28% 和 0.62%。"[②] 未来农村犯罪防控压力不容小觑，除了农村常住人口的犯罪问题、犯罪后回到农村的矫治问题，还包括回流农村人员产生的犯罪问题。随着农村经济不断发展，特别是农村企业的创办，导致部分地区出现农民工回流较为严重的现象，部分农民工因无法适应生活而成了犯罪的主体。另外，还有一个值得注意的问题，由于农村村民受教育程度较低，而教育程度往往与犯罪有着紧密关系，从 A 市涉嫌犯罪的农民的文化程度可以看出，初中及以下文化水平占了 93.41%（见图 2.11），因此，文化教育程度较低这一制约因素将对今后犯罪治理继续产生影响。有项目组组织开展了 2016 年 "农村社区治理现状综合调查"（该调查共涉及 1235 个农村社区），调研发现农村社区治安还存在以下问题：（1）治安防范教育缺乏。调研中有 921 个社区需加强治安防范教育工作，占比为 74.6%。（2）治安防控设施建设不健全。822 个农村社区需

图 2.9 自组织情况统计

① 数据来源：2022 年《中国统计年鉴》。

② 张海鹏，陈帅. 劳动力外出就业与农村犯罪——基于中国村级面板数据的实证分析 [J]. 劳动经济研究，2016（4）：98.

加强村治安防控设施建设，如监控、门禁等基础设施，占比为66.6%。（3）"三留守"问题凸显。有716个农村社区需加强留守儿童与青少年犯罪的治安防控，占比为58%。农村社区"三留守"问题亟待解决。（4）警民关系紧张。424个农村社区需加强改善警民关系工作，占比为34.3%。（5）宗族矛盾冲突。有181个农村社区需加强宗族矛盾冲突的治理工作，占比为14.7%。①

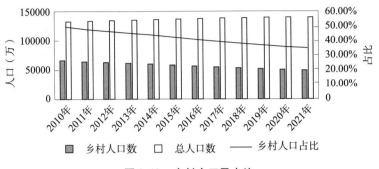

图 2.10　乡村人口及占比

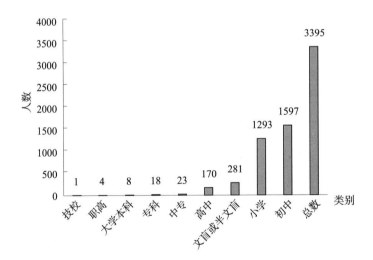

图 2.11　A市五年农民刑事案件教育程度情况

① 王杰秀. 中国城乡基层社会治理研究［M］. 北京：人民出版社，2019：423.

第三章 农村犯罪治理困境成因与出路：宗族型犯罪解剖

"当前农村社会治理模式普遍存在后续发展乏力的问题，亟须破解以下难题：管控型治理理念根深蒂固，部门联动长效机制难以建立，平台建设与基层自治组织难以兼容，社会内生治理资源匮乏造成自治能力不足。"① 那么，影响农村犯罪治理效果的因素究竟有哪些？回答这个问题，需要基于农村特殊背景进行实证考察和理性分析。国家多次开展黑恶犯罪整治活动，从"打黑除恶"到"扫黑除恶"再到"常态化治理"，其历史过程具有典型参考价值。宗族型犯罪作为农村传统文化影响下的特殊犯罪类型，更能凸显农村犯罪治理效果的影响因素。本书以宗族型犯罪为例，全面剖析具有农村特色的这一犯罪模式，特别是宗族恶势力犯罪，"以小见大"，从中窥探农村犯罪治理效果的影响因素，进而为寻求农村犯罪治理中国方案找到方向。所谓宗族型犯罪是指与宗族组织、宗族文化有关的犯罪，具体包括利用宗族势力谋取非法经济利益、影响基层政权、组成黑恶势力而构成的违法犯罪；为维护宗族名誉、利益等而引发的违法犯罪；纠结宗族人员进行斗殴等违法犯罪。

① 徐炜，陈民洋. 农村社会治理案例比较与难题：政策话语转变的视角［J］. 武汉大学学报（哲学社会科学版），2015（5）：123－129.

第一节　宗族文化下的犯罪现象和治理

作为个体的人，通常会受所在群体的文化影响。个体在集体活动中逐渐产生一种趋于一致的判断与认知，而这种一致性在每一次群体活动中不断得到加强和巩固，进而形成了集体文化的内容。个体往往将群体的信仰、态度和价值观等作为自己的参照标准和榜样，加以认同和模仿。[①] 宗族文化是农村集体文化的典型。宗族成员间通过个体的互动，确立了一定的标准，继而形成了自己的文化规范。"文化或文明，从其广泛的人种史意义上说，是将知识、信仰、艺术、伦理、法律、风俗囊括在内的，是包括一个人掌握的任何能力和习惯在内的复杂整体。"[②] 部分宗族文化在经济条件、环境制约等因素的影响下，异化为"撕裂"社会治理稳定结构的负面产物，最终成为滋生犯罪的温床。要想防范宗族文化的负面功能，就必须结合时代语境对宗族文化与犯罪之间的互动关系进行分析。本部分将从宗族文化与整体犯罪、类型犯罪的关系，展开对宗族文化与犯罪的关联性分析。

一、宗族文化影响下的犯罪案件特征

宗族型犯罪产生的原因是综合的，但是宗族文化影响是其重要方面。作为一种集体文化，在一些地区，宗族文化未能成为改革开放后支撑社会迅速发展的基础，反而在社会治理方面衍生出负面作用，破坏法治理念和法律制度的建设，甚至成为影响乡村犯罪的不稳定因素。宗族型犯罪成为乡村发展的重大阻力。现代社会对乡村个体生活方式和行动逻辑影响深刻，传统行动逻辑发生了诸多变化。

---

① 吴宗宪. 西方犯罪学 [M]. 北京：法律出版社，2006：375.
② 泰勒. 原始文化 [M]. 连树声，译. 柳州：广西师范大学出版社，2005：15.

个体企图通过宗族寻得优势、谋求私利的心态并不鲜见。宗族文化与社会一般越轨行为相结合的负面效应被进一步扩大，甚至衍生出一系列基于宗族文化观念形成的严重犯罪。法治与乡村既有的思维观念、传统风俗、人际关系未能完全实现良好配合，法治也未能阻断宗族文化的负面影响。"下力气解决诱因相当于严厉打击犯罪。"① 民俗学方法论学者哈罗德·加芬克尔强调对行为人言行背后所隐含的社会规则的研究。坚持犯罪三元理论的菲利认为，需要关注犯罪者所处的社会环境是否有造成犯罪的易发因素。学者们的观点为提出更为符合社会治理一般规律和社会总体安全形势要求的合理化理论范式提供了理论支撑。下文将挖掘宗族型犯罪相关要素，揭示宗族文化与相关犯罪基于互动关系而表现出的整体性特点，探索宗族文化与关联犯罪之间的整体运行逻辑。本研究在"中国裁判文书网"搜集带有"宗族""亲族""族人""族长""氏族"等关键词的刑事案件裁判文书，并对与主题无关或者关联度不高的案例予以剔除。分析发现：近年来有关宗族型犯罪的案件数量和被告人数量总体呈现上升趋势。特别是在国家严厉打击宗族恶势力犯罪的背景下，2017～2020 年宗族有关犯罪人数增长速度较快，宗族犯罪具有地域性、多样性、群体性、隐蔽性等特点。

1. 宗族型犯罪具有地域性

样本案例显示：宗族型犯罪呈现出一定的地域分布趋势。从整体数据来看，南方宗族犯罪在数量上总体大于北方。究其背后的原因，很大程度上是因为我国南方地区宗族文化留存的完整度较高。由图 3.1、图 3.2 亦可知，样本案件中，广东共 71 件，占比为 19%，广西共 46 件，占比为 12%，湖南共 41 件，占比为 11%，江西共 39 件，占比为 10%，加起来共占总数的 50% 以上。近年来，随着乡村经济不断发展，一些地区特别是南方农村出现了重建宗族祠堂、赓续传统习俗的热潮，究其原因既有文化认同感的加深，又有光宗耀祖的情绪需求（见图 3.3）。不可忽视的是，国家层面的法治秩序与宗族内生的非正式秩序并存于乡村社会，两者均对村民的行动逻辑产生影响。然而，在传统文化保留较好的地方，传统文化的影响力是不容忽视的，如果公共权力无法引导宗族文化等传统文化与主流价值观、现代法治观交融，宗族文化等传统文化可能陷入野蛮生长的状态，其不良文化元素容易被放大，成为危害社会稳定的因子。"中国传统的文化中，具有以家庭为基础向外推，从而划定群己、人我边界的文化观念，正是文化观

---

① 沃勒. 有效的犯罪预防：公共安全战略的科学设计 [M]. 蒋文军，译. 北京：中国人民公安大学出版社，2011：19.

念，构成了人们行动的下意识基础，构成了人们身体无意识的一部分。"① 在一些村庄，传统文化深刻影响着村民的行动，但由于当下经济利益增多、社会关系复杂化，宗族文化成为群体联合谋求利益的连接点，传统文化在逐利过程中变味。因此，想改变宗族文化对农村犯罪的整体影响，仅凭外部发力远远不足，还需要宗族内部成员间的行为自律、道德自省共同作用，在法治文化引领下，实现内部自觉和外部引导间的良性互动，进而有效抑制宗族文化中不安分因素的活动。

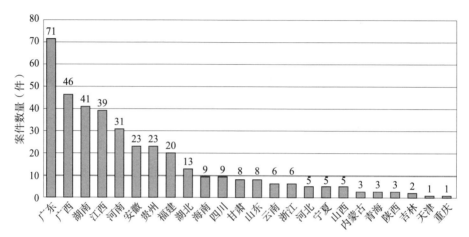

图3.1 2015～2020年各省（市、自治区）宗族犯罪案件数量

数据来源：根据中国裁判文书网公开案例统计而成。

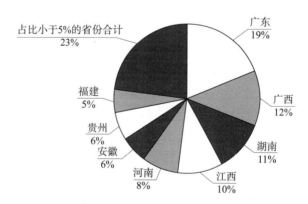

图3.2 2015～2020年各省（市、自治区）宗族犯罪案件数量比例

数据来源：根据中国裁判文书网公开案例统计而成。

---

① 贺雪峰. 农民行动逻辑与乡村治理的区域差异 [J]. 开放时代, 2007 (1): 105 – 121.

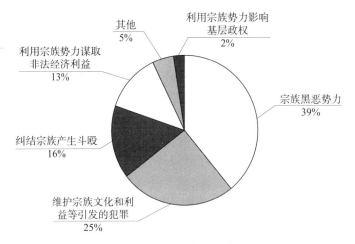

图 3.3　因宗族引发犯罪的原因

数据来源：根据中国裁判文书网公开案例统计而成。

2. 宗族型犯罪具有多样性

其一是宗族黑恶势力犯罪。宗族黑恶势力犯罪是指宗族成员之间因血缘和熟人关系经常纠集在一起，以暴力、威胁或者其他手段，在一定区域或者行业领域内多次实施违法犯罪活动，为非作恶，欺压群众，扰乱社会秩序、经济秩序的违法犯罪行为。农村黑恶势力犯罪主要以恶势力犯罪为主。如 2009 年吴某某被假释回通城县后，以同宗兄弟、姻亲、朋友等关系为纽带纠集何某甲、何某、何某乙等人，依仗家族势力，通过拉拢腐蚀公安机关执法人员，有组织地多次实施开设赌场、寻衅滋事等违法犯罪活动，逐步形成了以吴某某为首要分子，何某甲、何某、葛某等为骨干成员的犯罪集团。该犯罪集团多次作案，为非作恶、横行乡里、欺压群众，在当地造成了恶劣的社会影响，严重破坏了社会生活秩序。[①] 在段某某等人组织、领导、参加黑社会性质组织一案中，段某某利用宗族组织长期侵蚀基层政权，操纵破坏农村基层换届选举，垄断农村资源，侵吞集体财产，同时利用手中权力操纵段庄民生福利，增强宗族地位，在精神上给受害群众形成巨大的心理压力。[②] 宗族恶势力对乡村社会的破坏是系统而深入的。由于农村基层犯罪治理资源的匮乏和对农村犯罪情势的误解等主客观原因，乡村宗族恶势力并

---

① （2020）鄂 12 刑终 83 号。

② （2020）豫 16 刑终 522 号。

未受到严厉打击而长期在乡村地区存在。随着宗族恶势力问题逐步严重，实务界和学界意识到宗族恶势力对乡村社会和谐的严重破坏，针对此问题开展的政策探索和学术研究被提上议程。2017 年最高人民检察院《关于充分发挥检察职能依法惩治"村霸"和宗族恶势力犯罪积极维护农村和谐稳定的意见》和 2018 年中共中央、国务院发出《关于开展扫黑除恶专项斗争的通知》直指农村基层宗族黑恶势力，将打击宗族黑恶势力犯罪和反腐败、基层"拍蝇"结合了起来。至此，农村黑恶势力特别是宗族恶势力问题得到了广泛关注，全国掀起了一场扫黑除恶专项行动，一大批农村基层黑恶势力被"秋风扫落叶"般击垮。黑恶势力阻挠村级组织开展村民自治组织建设，部分黑恶势力甚至操纵选举，联合基层工作人员，侵占农民群体合法利益，破坏了农村民主进程发展、国家惠农惠民政策。在乡村振兴的大背景下，面对农村黑恶势力愈发猖獗的现状，一场专项治理重构乡村秩序的行动十分必要，各级相关部门也充分意识到"扫黑除恶"的时代意义，在法治框架内瞄准农民深恶痛绝的黑恶势力，全面准确进行整治。2018 ~ 2020 年，打掉把持基层政权、欺压残害群众的"黑村官"和"村霸""乡霸"等农村黑社会性质组织 1289 个、恶势力犯罪集团和团伙 14027 个，依法严惩"村霸"3727 名。① 截至 2020 年 11 月底，全国共排查出 101621 个软弱涣散村（社区）党组织，已整顿转化 92896 个，占 91%，其中涉黑涉恶 5579 个，已整顿转化 5424 个，占 97%。② 2021 年 2 月，中央全面深化改革委员会第十八次会议强调："要总结吸收党的十八大以来扫黑除恶专项斗争整治'村霸'等突出问题的成功经验和有效做法，坚持打建并举、标本兼治，严格落实各级党委特别是县乡党委全面从严治党的主体责任，从组织上推动形成防范和整治'村霸'问题长效机制，为全面推进乡村振兴创造安全稳定的社会环境。"会议审议通过《关于持续防范和整治"村霸"问题的意见》。2021 年 5 月，中共中央办公厅、国务院办公厅印发的《关于常态化开展扫黑除恶斗争巩固专项斗争成果的意见》提出："不断夯实基层组织，持续防范和整治'村霸'等黑恶势力干扰侵蚀、家族宗族势力影响严重等问题。"

其二是利用宗族势力谋取非法经济利益。行为人利用宗族人多势众，临时纠结宗族人员，采取围堵、威胁等方式，谋取非法经济利益，尚未构成恶势力的犯罪行为。如 2015 年 4 月，龙源公司委托河北建设勘察研究院在同心县下马关镇王古窑村大郎顶实施黑山墩风电项目的风机基础工作。被告人杨某甲、杨某乙、白某甲、犯罪嫌疑人白某乙多次带领家族人员到王古窑村大郎顶处黑山墩风电项

---

① 龚平. 攻坚克难 夺取荡涤黑恶新胜利［N］. 人民公安报，2021 - 03 - 28（A1）.
② 熊丰. 重拳打击"村霸"、巩固执政根基［N］. 人民公安报，2020 - 12 - 19（A1）.

目施工现场将龙源宁夏风力发电公司工程挡停，致使工程无法按时进行。同年10月23日，龙源公司黑山墩风电项目负责人张某某到杨某甲家找到杨某甲、杨某乙、白某甲，并给其三人做工作要求不再阻挡工程，杨某甲、杨某乙、白某甲对张某某索要50万元，最终三人因为谋取不法利益构成敲诈勒索罪。① 相较于宗族组织，镇政府与村民间存在隔阂感和距离感，这会使一些村民更加倚重宗族组织解决问题。

其三是利用宗族势力影响基层政权。大宗族利用人数优势，在选举过程中实施强拉选票、阻碍选举进行等破坏活动，系典型行为样态。2018年6月20日上午，蒲城县尧山镇某某村村委会准备召开换届选举大会，担心自己一方候选人不能顺利当选的某某村村民何某甲、何某乙、王某某、王某、史某某、朱某某等何姓族人，蓄意破坏、阻止选举正常进行，并将王某某、何某杰、孙某甲、孙某乙以及何某某本人等人的五辆车辆开至该村村委会大门口，将村委会大门堵住，意图阻碍选举人员进出。后经到场的尧山派出所民警督促，何某某将自己的车辆挪开，腾出通道。选举工作人员陆续到场后，何某某、王某、曹某某、史某某、朱某某等何姓族人，不听有关人员劝阻解释，以选举委员会成员选举程序不合法等问题为借口，采取抬桌子、纠缠等方式，阻止选举大会召开。②

其四是为维护宗族名誉、谋取宗族利益等而引发的违法犯罪。在此类案件中，行为人常常因为殡葬习俗、坟地、祭祀、宗祠原因产生纠纷，进而发生打架斗殴、敲诈勒索等违法犯罪行为。通常这种因宗族利益而引发的纠纷，容易牵动众多宗族成员，最终因打架斗殴造成扰乱社会秩序等严重后果。2014年10月开始，被告人江某甲、江某乙、江某丁、江某丙等人在无合法报建手续的情况下，组织江氏族人非法施工建设位于汕尾红海湾经济开发区东洲街道的"江氏祠堂"，在汕尾红海湾经济开发区东洲街道办事处工作人员多次制止及同村黄氏族人强烈反对下，仍继续施工。2015年8月底，汕尾红海湾经济开发区管委会组织相关部门依法拆除属于违章建筑的"江氏祠堂"，被告人江某甲、江某乙、江某丁、江某丙等人为此多次组织江氏族人到汕尾红海湾经济开发区东洲街道办事处、汕尾红海湾经济开发区环保和建设局等政府部门上访、静坐，并对汕尾红海湾经济开发区环保和建设局局长沈某在等相关工作人员进行质问、辱骂、恐吓，破坏社会秩序。③ 再如陈某城、陈某坛、陈某立所犯的聚众斗殴一案中，以被告人陈某城为首的一方陈氏族人在山上修建坟墓，遭到以林某团为首一方的阻

---

① （2015）韶乳法刑初字第63号。
② （2019）陕0526刑初151号。
③ （2015）莒刑初字第392号。

挠，后镇政府通知陈氏族人停止修建坟墓。翌日，陈氏族人聚集起来，带上各类器械仍然继续修建坟墓，林氏族人也在祠堂中聚集，携带器械并前往事发地查看，后双方相遇，发生打斗，造成多人受伤。① 在王某等故意毁坏财物案中，王某等人以朱某的围墙占了祖坟为由，伙同几十人来到朱某承包地，强行将围墙拆掉。数日后，王某等人在祭祖后又来到朱某楼房院子中，用砖头敲打门窗，造成了较大的经济损失。②

其五是纠结宗族人员进行斗殴、非法聚集等犯罪。此类犯罪指的是行为人与他人因民间纠纷而非宗族事务发生冲突矛盾，进而纠结宗族人员与他人进行打架斗殴。五华县梅林镇福塘村昌大塘的李姓村民因李某某在本村用水田建房的事遭到同村吴姓村民的阻挠，便由李姓宗族长者组织并商议由全体在家的李姓村民持锄头柄等工具围守着继续建房，防止吴姓村民再次阻挠。2014 年 10 月 1 日，五华县梅林镇人民政府得知该无证施工正在进行，便派出工作人员前往制止，吴姓村民吴某乙、吴某某、吴某甲等人见此便也去阻挠李姓村民施工，双方因此引起冲突并发生打架。③ 此外，为了某些不法目的，行为人非法聚集宗族人员，扰乱国家机关工作秩序，要求实现其不法诉求，也可以归类为此类犯罪。

当然，有些案例中宗族问题看似案件的焦点，但实则是当事人制造矛盾冲突的借口。2015 年 8 月，广西西江油品有限公司在武宣县黔江河三里镇旺村村民委马王村河段建设一个水上加油站平台。为了方便油料运输，该公司租用该村部分农户的土地准备修建一条石渣路通往水上加油站平台。被告人潘某甲、潘某乙、潘某丙、潘某丁等潘姓族人有一座祖坟坐落在被租用的土地附近，祖坟的"后龙"位于被租用土地的田埂上，"后龙"与主坟之间被一条宽约 2.5 米的蔗基泥路隔开。2015 年 10 月，西江油品公司动工修路后，被告人潘某甲、潘某乙、潘某丙、潘某丁等人以西江油品公司修路损坏他们祖坟"后龙"为由，多次用车辆、巨石、树枝堵路，阻拦西江油品公司正常施工，并向西江油品公司索要赔偿款 5 万元。④

3. 宗族型犯罪具有群体性

"了解一个群体所特有的生活方式是理解其群体成员行为模式的必要条

---

① （2015）汕陆法刑初字第 246 号。

② （2017）粤 0891 刑初 196 号。

③ （2015）梅华法刑初字第 82 号。

④ （2016）宁 0324 刑初 147 号。

件。"① 宗族型犯罪多以群体犯罪的形式进行。在宗族氛围中，群众在处理人际关系时通常呈现出对内包容、对外排斥的特征。宗族成员之间具有较强的纽带关系，宗族成员在对外交流时将宗族利益作为行为的首要考量因素，尤其强调宗族利益至上。村民对本宗族的高度认同也促成了村社间、宗族间的竞争关系。在争夺资源和应对外来威胁时，其内部成员只有采取一致对外的合作策略才能达到目的。② 在程某利故意伤害案中，宗族成员因在建宗祠是否占用公共用地一事与村干部产生争执。一开始，村干部与宗族中的几人发生口角。随着紧张氛围的加剧，村干部意图离开，此时更多宗族成员到达现场并发生了围殴村干部的群体性事件。③ 由宗族引起的群体性事件并非个案，类似的案例还有很多。宗族成员之间高度依赖，倚仗着宗族人多势众的优势，往往在关涉集体或个人利益的事件时"倾巢而出"，从而给对方带来压迫感，迫使对方做出让步，以此攫取额外利益。宗族犯罪的群体性，还体现在领头者的存在，出于对宗族的认同感与归属感，长辈、精英往往具有较大的号召力。不管是勒庞的《乌合之众》、让·梅松纳夫的《群体动力学》，还是莫斯科维奇的《群氓的时代》，都专门论述了群体中领袖的组织力、感染力和号召力对推动群体行为发生的重要影响。"群体中的领袖人物具有极强的号召力和感染力。而且，可供传染的东西那样多，它的速度又那么快，而智力却很难在民众身上起到免疫的作用，任何人都逃不掉传染。"④ 群体中的成员容易在基于宗族精英号召形成的共识中失去个体理性的判断，盲从集体命令和暗示，无视社会规制实施越轨行为。孔夫子言："与不善人居，如入鲍鱼之肆，久而不闻其臭，亦与之化矣。"⑤ 一旦越轨人员增加到一定的数量，形成的越轨亚文化将制约乡村主流文化的发展，使得主流文化丧失"发言权"，村民内心赞同违法的理由就会越充分。在此情景中，公权力成为事实上的外来者而难以介入，发案难、侦查难、治理难等问题层出不穷。也正因如此，表面上团结一致的集体容易在一念之间共同走向违法犯罪的道路。

　　与之相关的是，宗族型犯罪中行为人绝大多数无前科记录。一些宗族型犯罪的案件当事人并没有强烈的主观恶意，其主观动机往往具有冲动性。在乡村地区，宗族组织内部重义气、讲情义的氛围会对村民的价值判断和行动逻辑产生一定的影响。乡村群众作为宗族集体的一分子，与宗族"一荣俱荣，一损俱损"。

---

① 贝克尔. 局外人：越轨的社会学研究 [M]. 张默雪，译. 南京：南京大学出版社，2011：80.

② 闭明雄，张琦. 封闭均衡与社会道德：传统与现代的冲突——对"整村行骗"的思考与治理 [J]. 天府新论，2017（1）：82-89.

③ （2017）粤 5224 刑初 9 号.

④ 勒庞. 乌合之众：大众心理研究 [M]. 戴光年，译. 北京：新世界出版社，2010：113.

⑤ 王国轩，王秀梅. 孔子家语 [M]. 北京：中华书局，2009：198.

宗族名誉、宗族地位、宗族理法成为宗族成员判断自身行为合理与否的标准，有时感性凌驾于理性之上，这使得乡村群众在应对矛盾冲突时容易意气用事，进而引发矛盾冲突，导致事件升级。孙某侠寻衅滋事案中，涉案双方仅因车辆占车道挡路一事产生冲突，发生言语纠纷后一方当事人随即向宗族人员求助，宗族成员赶到后现场追赶另一方当事人，因而构成寻衅滋事犯罪。① 游某甲等聚众斗殴案中，涉案双方当事人因车辆碰撞而引发冲突，随后双方各自叫其宗族成员帮忙，双方宗族成员随即赶到，互相争吵并扭打，给社会秩序造成严重影响。② 上述案件都由日常生活中的小摩擦引发，但由于涉案人员具有较强的宗族意识，认为自己可以通过宗族获得额外优势，继而放任矛盾的延续甚至企图激化矛盾以达成不合理、不合法目的。而当事人向本宗族人员求助，将事件上升到宗族层面的事件，被求助的宗族成员与事件本身无关，但他们基于宗族身份的认同和对宗族名誉的维护，本着本宗族成员"吃亏"等同于宗族"吃亏"的朴素逻辑，为了维护宗族往往会全力相助。由此，原本可以化干戈为玉帛的小事，有时却在两大集体的参与下，特别是个别人员激烈的言语下，逐渐激化为群体对峙、斗殴。宗族群体性犯罪中当事人普遍没有前科，却在群体的渲染下实施了激情犯罪行为，群体对于身处其中的个体的影响可见一斑。

4. 宗族型犯罪具有隐蔽性

样本中，行为人多次实施违法犯罪占了较高的比例，从侧面印证了宗族犯罪的隐蔽性。宗族对声誉的重视和宗族恶势力形成的压迫是宗族犯罪具有隐蔽性的主要因素。在涉宗族犯罪案件中，多数当事人于较短时间内报警，但也存在延迟报警、不敢报警的现象，导致行为人并未在首次犯罪后立即被告发。宗族犯罪案件发生后未被告发的原因主要有：第一，为了保护本宗族的声誉和顾及宗族成员的面子，宗族、家族核心成员会集体达成"远离"法律的默契。宗族文化影响下的乡村社会，村民的交往过程就是对"人情"理念讲究和实践的过程，规则和制度有时"让位"于以血缘亲疏远近为基础而建立起来的关系圈。冲突双方会在宗族权威人士的主持下，基于血缘、裙带关系的"以和为贵"理念私了与讲和，从而放弃举报，在客观上形成对犯罪人的包庇，其他宗族人员自然也就不会再去举报。第二，在宗族犯罪案件中，被害人身处相对封闭的社交环境，可能会忌惮宗族认为他"得理不饶人"，或者由于对方家族、宗族势力较强，而在受

---

① （2020）皖 0421 刑初 231 号。
② （2016）湘 11 刑终 500 号。

害后选择沉默。被害人为了以后能在熟人社会中和谐相处，出于"多一事不如少一事"的心理而忍气吞声，做出不报案的决定。"如果不顾全乡土社会中的人际关系及与之紧密联系的人情面子，却要冒着'撕破'平时维持的面子的风险，而这种风险既有可能是村干部在后续村庄互动中的刁难，也有可能是其他村民的闲言碎语、'评头论足'。"① 第三，宗族黑恶势力形成的压迫感，是宗族犯罪难以被发现的最重要原因。由于大宗族人力财力占据优势，并且他们还会将乡村内部敢打敢闹的人员"纳入麾下"，犯罪分子"利用宗族、家族势力横行乡里，称霸一方，导致被害人不敢反抗、不敢报警"②。宗族恶势力不仅对公安机关侦查工作的展开造成了巨大的阻碍，更是对法治精神的强烈侵蚀。"在现代民主法治权威尚未基本建立的条件下，传统治理规则中的良性方面在丢失，而其负面性却在滋长，极端者甚至走向丛林法则，或者表现为金钱暴君横行的所谓市场规则，或者表现为赤裸裸的强人活动和恶势力治村。"③

二、宗族文化影响下的典型犯罪类型

为了更加深入剖析宗族与犯罪之间的关系，本部分选取宗族文化与腐败犯罪、"问题村"、黑恶势力犯罪等典型犯罪现象的关系进行研究，并且选取典型个案，基于"事件—过程"进行细致分析，揭示宗族文化对犯罪的影响机理。这是减少宗族文化负面功能影响的基础工作，也是发现乡村社会特殊文化结构对犯罪与治理关系的有益尝试。当然，不能夸大宗族文化对犯罪的影响，其仅是一个因素，且在各地的影响大小不一。

1. 宗族文化和基层腐败犯罪

宗族型村庄里，宗族文化形成的内生秩序令乡村治理制度偏离了设计的初衷，村民借助宗族势力操纵选举、联合上台，使乡村既有治理制度成为部分犯罪分子谋取权力和非法利益的工具。以"乌坎事件"和乡村反腐为视角，可以揭开宗族文化对村干部腐败犯罪作用机制的"神秘面纱"。广东汕尾发生的"乌坎

---

① 蒋旭峰. 抗争与合作：乡村治理中的传播模式 [M]. 杭州：浙江大学出版社，2011：97.

② (2020) 川 08 刑终 90 号。

③ 肖唐镖. 宗族政治——村治权力网络的分析 [M]. 北京：商务印书馆，2010：281 – 282.

事件"，曾引起国内外媒体的广泛关注。大宗族的村党支部书记薛某、村委会主任陈某把持村治大权 40 余年。他们联合其他村干部实施非法处置土地、虚构村账务、侵吞村集体财产和控制村民选举等违法犯罪行为。2011 年 9 月 21 日，该村青年庄某某、杨某某等组织该村村民集体上访。在乌坎村内，由 47 个姓氏按比例推选出 13 名村民代表组成的村民临时代表理事会，在宗族权威人士林某某的指挥和协调下，积极与政府有关领导沟通、商讨。此外，该村还成立了妇女联合会、老年人联合会，积极配合乡村维权。2011 年 11 月 1 日，有关部门免去薛某的村书记职务，同意陈某辞去村主任职务。然而，政府的处理结果和承诺条件未能满足村民的要求。2011 年 11 月 21 日，村民再次集体上访并采取维权行动，事件进入白热化阶段。广东省工作组及时介入事件，大宗族薛某、陈某借助宗族势力影响或操纵村民选举，长期担任村书记、村主任并共同进行腐败的行为逐渐浮出水面，相关涉案人员也受到处理，事件得到较为完满的解决。①

（1）宗族意识主导下的选举结果为乡村腐败埋下隐患

在宗族型村庄里，村民选举有时会演化成为各宗族势力之间互相制衡和博弈的活动，导致选举行为与民主选举的理念产生偏差。在宗族观念影响下，血缘亲疏成为村民投票的重要判断标准，不支持本族人可能会带来冷眼、排斥、谩骂等不良后果。村民选择"自家人"也是出于理性选择的结果，村民一些日常生活行为离不开村干部的帮助，个人私念会使村民偏向选择本族人为村干部。部分大宗族、大房族的村民借助宗族势力，获取本族人选票、强制他人违反意愿投票，从而当选村干部，甚至运用同样的手段和村干部的职权优势连选连任。由此可见，大宗族、大房族的村民在选举中具有天然优势。虽然在推行村政中，大宗族、大房族的村民也会和其他宗族、房族的人员合作，但掌握重要职位和话语权的仍然是大宗族、大房族的村民。宗族文化形成的乡村内生秩序，一旦被村民利用来操控选举过程，就会使得选举结果偏离民主和公平理念，损害其他村民的权利。宗族文化也可能导致村民代表、理财小组成员、出纳、会计等人员更多集中

<hr>

① 关于"乌坎事件"的论述参见以下权威媒体报道，下文不再特别标注：武孝武，唐逸如. 乌坎僵局 [J]. 社会观察，2013（4）：30 - 37；李昌金. 乌坎僵局如何解套 [J]. 社会观察，2013（4）：41 - 42；清华大学公共管理学院社会管理创新课题组. 乌坎事件始末 [J]. 中国非营利评论，2012（2）：01 - 67；蔡文晖. 省工作组进驻陆丰解决乌坎事件 [N]. 汕尾日报，2011 - 12 - 21（1）；李松. 乌坎事件折射出什么 [N]. 人民日报，2012 - 01 - 10（17）；张铁. "乌坎转机"提示我们什么 [N]. 人民日报，2011 - 12 - 22（9）；马九器. 乌坎选举民主细节下的改革张力 [N]. 民主与法制时报，2012 - 02 - 13（A05）；沈安贝. 乌坎村经济 50 年 [N]. 第一财经日报，2011 - 12 - 27（A01）；黄昉苨. 乌坎事件官民妥协 外媒惊呼不寻常 [N]. 青年参考，2011 - 12 - 28（A24）；龙树. "法律至上"就没有迈不过的"乌坎" [N]. 新京报，2011 - 12 - 22（A2）.

在某一宗族、房族中，影响民主监督制度的运行效果。现实中，村支书、村主任和出纳、会计之间存在亲缘关系的现象并不少见，村支书、村主任所在宗族、房族的村民代表占村民代表总数最高比例也屡见不鲜，村民监督小组、村民理财小组的成员也多与村支书、村主任有着千丝万缕的关系。"一切有权力的人都容易滥用权力，这是一条万古不易的经验。有权力的人使用权力一直到遇有界限的地方才休止。"① 村委会成员、村民代表、村民监督委员会成员是同宗族、房族成员，甚至具有亲戚的关系，缺乏实质的监督力量，村干部难免在巨大的诱惑下走上腐败犯罪的道路。特别是选举动机不纯的村民借助宗族势力联合选举上台，他们进行腐败犯罪更不足为奇。乌坎村党支部书记薛某、村委会主任陈某所在的宗族都是村里的大宗族，关系密切的两位老搭档能够在乌坎村"执政"40余年，背后的宗族势力是重要原因。在村庄进入高度紧张状态时，薛某、陈某两人仍然违规操控人大选举从而高票当选人大代表。可见，家族、房族、宗族势力的强大，使得民主选举流于形式。长期掌握乡村经济和管理大权，也越来越懂得如何在各种村务事务中获取利润。根据广东省工作组调查结果，薛某、陈某利用手中权力从事多项违法违纪的贪污腐败行为，他们和其他同流合污的村干部受到不同程度的处罚。村干部腐败形式多样和腐败数额较大的特征与宗族文化不无关系。

（2）宗族文化影响下的"人情"和"互助"因素助长腐败

族人间讲究互相包容、友爱共处，但这种良善品质有时也会异化成基层干部不顾是非对错、借助手中"权力"为本族人谋取利益的缘由。同时，由于亲缘关系的存在，为了避免受到族人的指责，民众往往会包庇本族人的违法犯罪行为，而非对此行为进行揭露。族人间的"人情"和"互助"助长了乡村贪腐的滋生。"人情秩序从根本上说是人与人间的社会关系秩序，它决定了村庄政治的表达方式、政策的实践逻辑、经济的实现形式以及文化的表现形态。人情成为乡村治理的手段，但是人情也把乡村干部的工作'化公为私'，甚至导致纵向的'庇护主义'网络的形成。同时，在乡村干部那里，人情是公私不分的，人情出现异化。"② 族人间撕破脸揭露腐败犯罪不仅得不到任何实质的个人利益，还可能被归类为"好事之徒"，影响族人间的情分，甚至遭到村干部打击和排挤。因此，捍卫权利在族人看来并不经济，"自扫门前雪"和"搭便车"成为利弊权衡后的最佳选择。一般情况下，本族人即使觉得村干部行为不妥，也不会倾向于规劝和举报，而是选择与村干部保持良好关系，希冀通过维持良好的宗族关系在日

---

① 孟德斯鸠. 论法的精神 [M]. 张雁深，译. 北京：商务印书馆，1995：154.
② 宋丽娜. 熟人社会是如何可能的 [M]. 北京：社会科学文献出版社，2014：233－235.

后获得帮助。而外族人员由于村干部的势力或认为举报也无济于事，只能忍受腐败犯罪行为继续蔓延。即使偶尔有民众公开反抗或者匿名举报，也可能因为村干部的势力或者上级政府的纵容无果而终。更有甚者，有些村干部与黑恶势力相勾结。乌坎村党支部书记薛某是省人大代表，薛某、陈某两家关系极为密切，副书记薛某乙是东海镇原党委书记黄某的舅父，薛某、陈某、薛某乙均来自大宗族，他们在村里拥有较高的"地位"，弱小的农民个体只能屈服于"权威"，民主监督最终流于形式。据媒体报道，小宗族的村委会副主任邹某在会议上表达对薛某的不满，结果刚走到村口就遭到殴打。村干部存在非法转让土地、公款私存、公款私用、收受贿赂、随意决策、操纵选举等多种滥权腐败犯罪行为，然而，很少有村内人员与村干部发生正面冲突。"乌坎事件"中，率先带头维权的积极分子并非居住在村里的村民，而是在外的年轻商人和打工族。宗族文化以及宗族势力的失衡，使得共同生活的村民一般不会率先去揭露村干部的腐败犯罪行为。

2. 宗族文化与村庄集体越轨

在法治建设的宏观背景下，部分地区的宗法、族规并未完成现代化改造，有时还凌驾于法律之上。村民通过宗族优势并以非正当手段为本族牟利，无疑是对社会管理秩序的挑战和威胁。当宗族文化向极端不良方向转化，甚至可能会出现整村大规模违法犯罪的现象，俗称"问题村"。"问题村"的形成过程中，宗族、房族、家族关系在其中产生了微妙的影响。

（1）宗族关系为越轨行为扩大提供基础

在村民的个体心理和生理情况、乡土社会的特殊社会结构、转型期村民价值观念的异化、越轨时的具体环境等因素综合作用下，越轨肇始者出现了。越轨肇始者影响与其接触的熟人，而且往往是家族、宗族的人员，部分村民无法克制内心私欲走入越轨泥潭。随着越轨行为浮出水面并逐步扩散，越轨行为的习得途径更加多元，村民从事越轨行为更加容易，越轨行为的扩散速度逐步加快。因此，早期越轨追随者的零星出现可以细分为两个小阶段进行剖析。一是在差异接触、理性计算、本我显露中陷入越轨泥潭。差异交往理论认为，犯罪是人们在社会交往过程中习得的，与越轨者越熟悉、交往越频繁，习得越轨的可能性就越大。越轨肇始人作为初涉越轨的人，对越轨行为不会予以公开化，越轨行为在遮遮掩掩中展开，与越轨肇始人具有家族、宗族等亲密关系的村民才比较有机会习得越轨行为。村民在与越轨肇始人接触、交流后，对越轨行为可能产生排斥、中立或积极态度。如果村民对越轨持认可态度，接下来就会权衡越轨可能带来的收益和风险，顾及乡民的看法、家庭的态度。只有村民不断突破道德底线、做人准则、外部约束等一切妨碍，本我显露，才会真正走向越轨泥潭。简单地说，村民在与越轨肇始人互相交流后萌发越轨思想，经过一番成本计算，觉得有利可图，再进一步突破内心的妨碍，最终涉入越轨行为，是这一时期越轨行为发生的总体路径。二是在浮出水面、相安无事、诱惑吸引中越轨逐步散开。随着部分早期越轨追随者的加入，越轨行为从"遮遮掩掩"逐步"浮出水面"。然而，为什么越轨行为并没有受到举报和打击？村民彼此间"抬头不见低头见"，因此，"自扫门前雪"，做一个"老好人"成了一种相处之道。村干部出于乡村名声的考虑，也会"睁一只眼闭一只眼"，甚至帮助村民"大事化小"。越轨者攫取利益后全身而退，成本低、收效可观的赚钱渠道的确是不小的诱惑，因而更多村民加入了越轨行列，越轨扩散速度至此逐步加快。在越轨早期，陆丰本地因毒品行为被判刑的人员少，且刑罚轻，这在一定程度上加速了越轨行为的大面积散开。正是越轨者越轨后能平安无事或者仅仅受到轻微惩罚，导致了村民胆子逐步变大，在利益面前迷失了自我。

（2）宗族关系推动越轨追随者大量涌入

随着越轨追随者的零星加入，越轨人数逐步增加，亚文化和群体心理效应逐步产生，加之乡村宗族文化、村民的崇拜心理以及乡村关键人物的带领等乡村社会特有因素的影响，越轨行为由此大规模蔓延开来。其中，宗族文化形成的群体环境不容忽视。第一，血缘地缘加速越轨扩散。传统的乡土社会里，宗族文化强大的凝聚力和独特的约束力发挥着约束族人遵守乡村秩序的重要作用。如今，宗族文化逐步变味，反而成了加速越轨追随者大量涌现的重要原因。宗族成员彼此熟悉、交往频繁，"传染病"可能使一个人导致整个家庭走入越轨泥潭，而一个家庭又可能导致一个家族、房族，甚至宗族更多成员走入越轨泥潭。毗邻乡村的村民缔结婚姻，还可能导致越轨行为从一个乡村扩散到另一个乡村。正是以家庭为中心向外扩散的家族、房族、宗族关系网构成了"越轨共同体"的基础。而且，一旦由血缘亲疏远近建立起来的各房族、宗族之间实力失衡，大房族、大宗族中越轨者的人数和力量足以控制乡村时，越轨行为将成为乡村的"事业"，遵纪守法的村民将被看成"局外人"。越轨群体成员间互相暗示和感染，内心生成一套自身的道德判断标准，并强势地驱逐主流价值观。陆丰"雷霆扫毒"中被打击的18个制贩毒小群体，多是由家庭、家族或房族里彼此熟悉的成员组成的，而且这些人员多来自大房族，村民不敢对他们进行公开指责，所谓的规劝也仅仅是对牛弹琴。团林村的诈骗团伙大多也是由家庭、家族成员组成。该村的李某某联合夫家一起实施诈骗活动，李某某扮演香港富婆，丈夫假装律师博取被害人信任，同时骗取律师代理费，父亲和弟弟负责发送短信等工作，公公负责到银行取走诈骗款项。短短的三个月，该家族骗取约 500 万元，原本两个美好的家庭因此受到法律的制裁。第二，宗族精英越轨引发模仿效应。在具有浓厚权威思想和崇拜主义的农村，村民常常在宗族精英者的影响下，丧失个人理智而盲目跟从。而当农村精英者和国家工作人员共同从事越轨行为时，越轨行为必将朝着专业化、规模化和公开化的方向恶性发展。不管是精英者从事越轨行为，还是实施包庇行为，都会树立起不良榜样，并引起不可小觑的模仿效应和传染效应。而且，精英者越轨是非常危险的，因为精英者可以利用自己的关系网降低越轨风险，利用自己的财力物力做强越轨"事业"。博社村参与制毒贩毒的人员不仅有"房族"核心人物，还有乡村书记蔡某某、副书记蔡某丁，这些人物的号召力和影响力自然大大加剧了越轨行为的蔓延。第三，宗族内攀比加剧群体追随效应。在物质追求较为强烈的地区，看到同宗族越轨者发家致富，有人就难免产生不平衡心理，甚至质疑守法是否理智。"有些人看到和他们相等的他人占着便宜，心中就充满了不平等情绪，企图同样达到平等的境界。另一些人的确有所优越，看到那些不能和自己相比拟的人却所得相等，甚至反而更多，心中也就激起了不平情绪，企图达到优越（不平等）的境界。"① 在穷乡僻壤的博社村，一栋栋豪宅拔地而起，一辆辆豪车摆放路边，这些赤裸裸的物质让村民们羡慕不已。第四，宗族越轨人数众多降低心理妨碍。"当个体被群体淹没时，体验到的是一种不易被人识别并且不用对自己行为负责的感觉。"② 换句话说，个体处于群体之中，容易产生法不责众、责任转移的心理，并且还会对自身行为的风险性、危害性和破坏性产生偏差认识，对于自身的危害行为表现得无所顾忌，做出平常做不出的事情。"拥有独立意识的老实人，在群体中会表现得蔑视法律，我行我素。"③ 越轨群体中不同的人员负责越轨行为的不同部分，而正是分工配合才使得越轨行为得以顺利进行。然而，由于核心人物的教唆和欺骗，以及分工后自身行为与最终后果之间的距离被拉开，部分村民无法认识到自身行为的危害性。在违法犯罪中负责放风、搬运或者加工等环节的最底端角色，常常会认为自己只是众多越轨者中不起眼的人物，应负责任非常小，甚至认为自己的行为不属于犯罪行为，对自己行为的责任和后果无法产生正确认识。在制毒贩毒高发的博社村，部分村民低估了制

---

① 亚里士多德. 政治学 [M]. 吴寿彭，译. 北京：商务印书馆，1965：236.

② BARTOL C R, BARTOL A M. 犯罪心理学 [M]. 杨波，李林，译. 北京：中国轻工业出版社，2009：141.

③ 勒庞. 乌合之众：大众心理研究 [M]. 戴光年，译. 北京：新世界出版社，2010：17.

毒、贩毒极大的社会危害性，特别是在越轨核心人物的作坊中打工的老少妇孺，对自己从事制毒行为的危害性没有清晰的认识。

3. 宗族文化与基层黑恶犯罪

传统农村社会里，有限的国家治理资源难以延伸到乡村的每个角落，乡村精英的存在，实现了政权权威的间接渗透，维持了基层社会的总体稳定。宗族的基层性使其在一定程度上替代公权力的治理角色，成为基层治理的有益补充，维持乡村社会的基本稳定。如今，部分乡村宗族尚未实现现代化转变，在经济浪潮和社会改革中，偏离了其应然使命，成为诱发黑恶犯罪的原因之一。部分农村地区宗族势力重本族利益，强调宗族本位。[①] 宗族成员为了进一步谋取利益或巩固宗族地位，主动参加、发展、培养、扩张涉黑涉恶组织，形成宗族黑恶势力。随着治理体系与治理能力现代化改革深入乡村，农村基层黑恶势力受到的关注与日俱增，宗族型黑恶势力走入大众视野。在农村快速发展的转型期，人性的贪婪和畸形的宗族文化为基层黑恶势力的滋生和发展提供了便利。由于宗族组织在乡村中或多或少地参与到村民自治和基层管理中，部分人员借此便利，以宗族组织之名行违法犯罪之实。一些地区的大宗族人员联合起来，"团结互助"，利用宗族文化"熟人无原则互助"形成的势力欺压其他村民。一些宗族权威人士借助宗族势力拉拢人心、操控选举，并进一步为族人和宗族组织谋私利、贪赃枉法，大大妨害了农村治理，损害了法治权威，腐蚀了基层政权。一些宗族成员为了进一步谋取利益或巩固地位，主动拉拢一些混混，发展、培养涉黑涉恶组织，利用宗族组织本身的优势实施违法犯罪行为。新型的基层黑恶势力逐渐呈现出一些区别于传统黑恶势力的特点，有的出现了以威胁、恐吓等软暴力来实现压制的现象，有的借助公司的合法外壳非法攫取暴利，总结起来就是更具手段隐秘性和方式多样性。广东汕尾"乌坎事件"除了腐败问题，同时还涉嫌黑恶犯罪。薛某、陈某两人借助背后宗族势力操纵村民选举、破坏基层民主，成为村党支部书记、村委会主任，担任村干部40余年。在职期间，又利用职务权力侵占民众土地、侵吞共有财产，将乡村视为私人领地，横行乡里，发展为典型的村霸。

综上，当下一些地区，宗族文化的凝聚功能反而成为乡村地区部分违法犯罪行为的纽带，不仅加剧了犯罪的传播，更催生了宗族犯罪"共同体"的形成。宗族活动为犯罪群体的形成提供了条件。宗族成员间的裙带关系巩固了集体犯罪行为人以宗族共同利益为由调动宗族成员行动的积极性，而内部一致、协同对外

---

① 康树华. 农村封建宗族势力与黑恶势力的区别及防治对策［J］. 公安学刊，2006（2）：5.

的潜意识使宗族成员失去个体独立理性思考，进而做出激情越轨行动，宗族型犯罪随之产生。宗族文化如果不加以重视并对其进行正向引导，容易在各种不良风气影响下异化成为破坏社会稳定的"绊脚石"。宗族文化的长期存在证明了其生命力，但在历史的变局中，我们必须对宗族文化的负面效应予以限制，尽可能减少宗族文化影响下产生的违法犯罪活动。

三、宗族文化影响下的犯罪治理效果

剖析宗族文化对犯罪产生的负面功能，我们可以初步窥探宗族文化对犯罪治理全过程均可能产生的负面影响。在犯罪预防阶段，宗族文化的消极因素可能导致无法选拔出致力于乡村治理的村干部，也为腐败、恶势力等犯罪营造了更为适宜的生长环境。宗族意识在特定情景下会令基层选举沦为宗族间博弈和相互制衡的工具，导致选举活动偏离民主选举的理念。血缘亲疏、社会关系是否紧密成为村民投票的重要判断标准，在村委会成员、村民代表、村民监督委员会成员是同宗族、房族成员或具备其他亲缘关系时，既有制度就难以充分发挥预设的监督效力。宗族介入的基层自治选举结果为腐败、恶势力等犯罪埋下隐患。在犯罪打击阶段，宗族文化中的"人情"和"互助"文化在某种意义上使得腐败、恶势力等犯罪更为突出。族人间讲究"互相包容""友爱共处"，部分村干部凭借手中"权力"为本族或与本族密切联系之人谋取便利，这又进一步导致宗族成员对腐败等犯罪行为予以容忍。家族成员间形成以亲情、血缘为基础的利益共同体，其成员之间往往会亲亲互助，形成攻守同盟，达成分工协作，进行证据隐匿，最终实现腐败等犯罪行为。在宗族文化影响下，族人之间还可能不情愿进行刑事私了。

1. 宗族文化损害乡村自治

近年来乡村资源市场化开发程度逐渐加深，在为农村经济带来新的增长点的同时，也带来了各种经济利益的诱惑。在市场经济的深度影响下，市场经济的逐利性和流动性与传统乡村社会以土地为中心建构的农耕经济的封闭性和稳定性产生剧烈碰撞，农业生产孕育的宗族道德文化面临基础被破坏的压力。随着社会形态快速变化，既有的部分道德观念和规则理念已经无法适应社会发展出现的新形势、新要求，难以支撑乡村群众对社会现象做出正确理解，也难以形成对自身行

为正确的价值判断，继而使乡村群众暴露在受亚文化感染的风险当中。随着城镇化的推进，大量乡村劳动力转入城市，人口的流动和城镇经济的反哺给乡村带来了城市文化。越来越多的乡村群众脱离农田主动踏入市场，市场追逐利益的氛围对他们形成潜移默化的影响。他们的理念从更多考虑群体逐渐转为考虑自身，在道德方面的自我要求也因获取经济利益而不断降低。个体追求利益的观念影响、浸透宗族文化，宗族维护乡村秩序和促进道德教化的公共责任被淡化。宗族文化在特定环境的影响下，沦为心怀不轨之人争夺权力、污染政治生态的工具。特别是在东南沿海地区，以家族为中心联合起来的宗族势力逐步抬头，不良现象迭出，破坏了法治社会建设的基础。在当代法治社会中，宗族的社会管理功能并未得到良好发挥，反之，其落后消极的一面却长期存在。从根源上看，宗族发源于封建社会，难免存留与当代治理理念和法治思维不相容的地方。一些不合理的族规族约客观存在于宗族及其文化体系当中，在特定情况下它们会越过法治的底线，在社会治理方面发挥反作用。"在改革中由党和政府让渡的空间中，不少消极的力量随之快速渗透，替代党和政府成为社会空间和基层治理的组织力量，甚至个别会发展成为影响政治安全的潜在威胁因素。"① 在宗族文化的负面影响下，我们难以构建一个良好的乡村社会环境，不利于预防犯罪。

在乡村地区，部分宗族利用自身优势笼络人心、操纵选举，将本族利益凌驾于法律之上，最终形成对基层自治的腐蚀。② 乡村群众的日常生活离不开彼此间的社会协作，为了让本族人在社会生活中获得更多便利，集宗族之力助推本族人进入基层权力圈，巩固、提升宗族在本地话语权的现象并不鲜见。部分宗族精英进入乡村权力圈后，在工作安排和职务任免时任人唯亲，从而实现扶持势力、巩固权力抑或是"回馈宗亲"的目的。一些宗族组织为了获取更大利益，横行乡间，寻求具有宗族裙带关系的"保护伞"庇护，编织越轨网络，逐步发展为黑恶势力，非法侵占小宗族成员或普通民众的权益。权力寻租在宗族组织领导者以及宗族精英之间蔓延，利用管理优势地位侵吞财款、中饱私囊的现象不足为奇。宗族文化在此过程中异化为部分群体操纵选举、控制乡村的工具，依据血缘亲疏、利益相关程度行事的族内行为模式渗入基层治理过程。

2. 宗族文化干扰刑事侦查

宗族成员对所属宗族的认同感和归属感在客观上形成了利益共同体。在宗族

---

① 樊鹏，等. 国家治理与制度安全新视野［M］. 北京：中国社会科学出版社，2019：134.
② 康树华. 农村封建宗族势力与黑恶势力的区别及防治对策［J］. 公安学刊，2006（2）：6.

文化氛围较为浓厚的乡村地区，个体的行为与声誉往往会与其所在的宗族联系起来，个体因违法犯罪而受公权力机关惩治往往会被上升为对宗族声誉、村庄形象的败坏。针对个体的负面评价会降低宗族在所处文化圈层中的威信，对宗族存续带来影响。出于维护宗族声誉的考量，部分宗族会沿着亲缘关系动用各种资源，以金钱赔偿、道德绑架甚至威胁等方式与受害人接触，力图以私了的方式包庇违法犯罪分子。而当违法犯罪行为进入追诉阶段，部分宗族甚至会罔顾公正和法治，而对公职人员进行腐蚀。办案人员在处理涉宗族犯罪活动的过程中，不可避免地会接触宗族人员。宗族的封闭性与排外性有时会成为阻碍侦查进程的因素。在宗族文化的影响下，个体与宗族形成了深度绑定的关系。从族内个体看，作为利益共同体的一部分，宗族成员不会选择"出卖"同胞，甚至会自发地包庇或协助违法犯罪分子。而配合侦查机关调查的人反而可能会遭受排挤和非议。从宗族外个体看，其配合办案机关办理案件的行为同样会引起他人的反感。生活在熟人社会中，人际关系处理很重要，为了规避对方打击报复、减少族际冲突、避免矛盾冲突，宗族外人员往往倾向于沉默。当然，部分个体基于宗族间存在竞争关系或者其他原因，选择配合基层工作人员调查。但有时办案人员也很难在走访调查中获取有效信息，甚至在实施抓捕或采取强制措施时会面临来自宗族的压力。基层办案人员在办案的过程中不得不考虑村庄具体情况，实施强硬的抓捕手段可能会引发宗族的反抗，甚至引发群体性事件。实践中因抓捕宗族成员而造成宗族成员纠集冲击基层机关的情况时有发生。有时乡村基层公职人员同那些经过非正当手段上位的"掌权者"打交道，在长期的交互中，部分公职人员被不良文化环境污染和裹挟，沦为一些势力的保护伞和工具。受宗族文化负面影响形成的腐败"关系链"在社会交往过程中潜移默化地延伸开来。

3. 宗族文化强制刑事私了

正如前述，宗族社会作为"熟人社会"的产物和支撑，在聚居生活中以维护相互间的面子与人情成为宗族成员间交往的主要原则。宗族成员之间需要尽量避免利益冲突，实现宗族内部的高度和谐。即使宗族内部成员之间出现了矛盾，宗族也会在追求和睦团结的集体目标下尽快修补内部关系的裂痕。尤其是在厌诉理念的影响下，与族人对簿公堂被认为是伤感情的，这使宗族成员有时不会直接寻求公权力机关帮助，而是通过宗族内部纠纷调解机制达成矛盾双方的和解。宗族内部纠纷调解机制能够有效减少社会矛盾的激化，但其依照主观好恶在调解过程中差别对待的缺陷也埋下了不少治理隐患。在宗族内部纠纷调解机制下，争议双方依照族内长老和精英的劝说对自身利益进行让步，以一种相互妥协的方式达到解决矛盾、定分止争的效果。在实践过程中，有时宗族内部纠纷的解决并非各退一步，而是有赖于主持者的个人价值和朴素观念。主持者依据当事人双方辈分、社会地位高低，结合乡村规范、习俗，并且以追求尽快解决争端为目的进行调解。因此，最终结果可能是矛盾双方做出的妥协并不均衡，辈分较低者通常要做出更大的让步，而且故意伤害、毁坏财物等犯罪可能因私了而被掩盖了。这一调解模式虽然符合讲究人情身份的语境，却难免与法律法规相悖。低身份的一方承受着实然的损失，表面上的和解实质上可能令其积聚了更多的怨气，反而容易引起矛盾的激化。由经济纠纷引起的矛盾，在不恰当的和解模式下，可能转化为情感冲突，形成不断累加的恶性循环，从而埋下恶性事件发生的隐患。

4. 宗族文化影响再社会化

宗族文化的存在使乡村个体常以宗族为依据区分彼此，并以自身宗族为标准评价对方宗族，这种基于宗族身份的特殊评价标准在个体与团体、团体与团体之间的关系评估中占据重要地位。乡村地区基于宗族对个体进行评价，有时不利于矫正个体回归社会。刑满释放人员因令宗族蒙羞，在宗族内难以获得接纳，而族外个体同样将其视为负面形象，这不利于个体的回归与融入。村民处于游离乡村组织、缺乏社会键连接的状态，可能再次走向越轨道路。宗族群体性犯罪对乡村秩序修复同样会产生阻碍，基于宗族集体利益或个别宗族成员利益纠葛产生的宗族之间的对抗会破坏双方宗族的关系，尤其是在对抗行为构成犯罪后，涉案宗族之间产生的积怨会在宗族文化影响下进一步扩大，双方的矛盾在宗族身份彼此对立的影响下难以消解，容易在日后的矛盾摩擦中演化为新一轮的对抗，造成乡村秩序的不稳定，因此，此类案件要实现案结事了，仅依法判决是难以达成的。

第二节　宗族文化正向性与犯罪有效治理

作为在乡村地区广泛存在的基层社会团体，宗族依托成员间基本利益的一致性在维护基层生产生活秩序中发挥着难以替代的作用，其社会管理功能不容小觑。在群体中，每种思想和行为都具有传染性，这种传染性甚至会让一个人随时准备为集体利益牺牲自己的利益。[①] 在宗族文化潜移默化的影响下，个体因对内协作与对外对抗的行为模式形成了道德与价值的共同体，共同体成员在语言、行动、心理上都烙上共同体的标签。[②] 作为乡村秩序的核心，宗族成为稳定地方秩序的工具，长期得到官方的认可。但来源于封建文化的性质定位与不时发生的宗族黑恶势力犯罪，使人们容易对宗族文化产生片面的否定性意见，宗族在现代化进程中屡受偏见。宗族文化与犯罪之间没有必然好或一定坏的联系，宗族文化的社会影响亟待引导。

一、宗族文化在乡村治理中的历史功能

考察宗族的历史演进与乡村治理功能，对反思当下宗族文化中负面因素的显现具有参考价值。宗族制度在我国的发展历史源远流长。宗族是一个极具中国传统色彩的本土文化体系，在中国发展的历史长河中扮演了重要角色。宗族文化的传统性、本土性、民族性并非凭空产生。作为上层建筑的一部分，其来源于广大群众的长期实践与经验总结。在某种程度上来说，古老的宗法制是我国宗族制度

---

① 勒庞. 乌合之众：大众心理研究［M］. 戴光年，译. 北京：新世界出版社，2010：113.

② 闭明雄，张琦. 封闭均衡与社会道德：传统与现代的冲突——对"整村行骗"的思考与治理［J］. 天府新论，2017（1）：82 – 89.

的开端。宗法制是父系氏族社会背景下，统治阶级按照与天子血缘亲疏远近分配权力，权力世袭继承的一种制度。该制度的推行，促进"家国同构"现象的产生，家是小国，国为大家。在家庭内，父亲的权力最大；在国家中，天子的地位最尊贵。伴随着宗法制的发展，祠堂、家谱等宗族现象逐渐出现并延续至今。近代以来，宗族制度已有所改变。清末时期，宗族制度仍为国家所支持，以官方正式的社会组织身份而存在。中华人民共和国成立后，随着土地改革的推行和国家对宗族态度的转变，宗族影响力逐步消解。随着改革开放的推进和家庭联产承包责任制的推行，20世纪80年代起，宗族制度开始回暖，部分地区重新开始建立祠堂，修订族谱。宗族的诞生源于统治者在国家统治、社会治理方面的现实需求，其独特的治理功能是其蔓延至今的重要原因。古代中国社会是乡土性的，人的活动与农业和土地紧密联系。① 在某种程度上，古代中国统治者对社会的统治和治理很大程度上是以乡村宗族为核心展开的。稳定治理秩序、调节社会矛盾、形成集体意识、促进人文教化等宗族所具功能在乡村治理中长期发挥效用。

1. 宗族文化的秩序稳定功能

纵观历史，国家权力长期处于不下乡、不下县的状态，国家意志下沉到乡村主要依靠宗族进行传递，宗族在其中发挥着稳定社会秩序的功能。在乡村治理层面，由于国家意志对利益考量更具宏观性、大局性，国家意志所做出的决策可能会与基层政权、民众个体的意见相左，甚至在基层民众看来，国家意志做出的部分决定意味着对自身权利、利益的限制和侵犯。在此背景下，存在于国家意志与基层民意之间的宗族扮演起了上传下达的角色，成为国家基层治理秩序的稳定器。一方面，国家政策、法令通过宗族向下传达，减弱冲突。国家意志做出的决策沿着国家机构向下传递，到达乡镇层面后往往由宗族继续向下传达。在此传播链条中，法令、政策等国家意志由国家权威的要求转变为宗族权威的号召，个体对政策、法令等的执行与遵守体现为对宗族权威的认可和拥护。乾隆时期，徽州知府要求各县慎举绅士耆老足以典型闾里者一二为约正，优礼宴待，颁发规条，令劝宣化导，② 要求其恭讲宣《上谕十六条》并律例详解，化导愚顽。务须家喻户晓，如遇有雀角细故，该约务须劝释，毋致兴讼，果劝谕有方，定行给匾奖励。倘敢籍端滋事，亦必严查，究革禀道，毋违须至照者③。乡约教官定期周历

---

① 费孝通. 乡土中国 ［M］. 北京：北京大学出版社，2012：6 – 15.
② 卞利. 明清时期徽州的乡约简论 ［J］. 安徽大学学报（哲学社会科学版），2002（6）：34 – 40.
③ 周向华. 安徽师范大学馆藏徽州文书 ［M］. 合肥：安徽人民出版社，2009：172.

各个乡村"宣讲圣谕",形成了较为完善的官方宣教体系,促进了徽州乡约的发展和乡村社会秩序的稳定。① 相较于国家直接向基层个体下达要求、命令的路径,由宗族对国家意志进行转化的路径减少了国家意志下行过程中的强迫感与压迫感,有效缓和了个体对国家政策、法令的抵触情绪,有利于基层治理秩序的维护。另一方面,民意通过宗族达成共识,有助于减少对抗性。个体的利益既有普遍性也有特殊性,由宗族汇集社情民意,使得不同个体的诉求相对达成共识,再与国家权力机关进行沟通、协商。宗族组织以血缘关系展开,团体成员在血缘及地缘上存在一定的共性,利益诉求、行为模式具有趋同的倾向。个性化、差异化的意见经过宗族的整合形成具有共识的民意,个体利益诉求的特殊性与普遍性、个性与共性实现了有机统一。在此模式下,个体的意愿通过宗族得以呈现,满足了其表达欲望。同时,国家权力能够通过宗族的反馈更加准确地把握基层治理中的普遍性问题,有利于更好反映民意、处理问题并减少矛盾激化的可能。

2. 宗族文化的调解矛盾功能

"'自己人'诉诸情感解决内部问题,外部人才诉诸法理。情感有强有弱,依据'自己人'的关系远近而改变,同时也因情境不同而有所不同。"② 宗族在国家与基层之间发挥了社会治理秩序稳定的功能,而在个体间,宗族发挥了社会矛盾调解的功能。社会矛盾是普遍存在的,个体间因劳作、借贷等社会活动而产生的矛盾层出不穷。个体间矛盾通常需要第三方介入以实现调停。在厌诉的乡村地区,个体间、小群体间的矛盾冲突往往在宗族层面得以调停解决。③ 一方面,宗族借助非正式规范减少社会矛盾的产生。乡村是"差序社会",个体对宗族常有较高的归属感和荣誉感,为了保障自身或本群体的声誉、地位,往往会依村规族约、伦理道德行事。个体间的互动通常以宗族规约和道德准则为价值判断,个体所做出的行为会在道德层面受到评价。乡土社会可以被理解为一个不同的"司法"场域,当然,更可以被理解为一个特殊的"冲突解决场域"或"社会治理场域"。在这个场域之中,存在不同的惯习和资本,这不但影响着权威的类型与结构,更为重要的是,也决定了"基本规则"的生成。④ 当其行为在道德、精神层面的代价大于个体间、群体间利益的冲突,个体间的矛盾往往能在自主性的利

---

① 宋杰,刘道胜. 乡约与清代徽州基层社会治理 [J]. 原生态民族文化学刊,2020 (3):80-89.
② 杨华. 陌生的熟人:理解 21 世纪乡土中国 [M]. 桂林:广西师范大学出版社,2021:236.
③ 丁建军. 农村调解机制的语境化解读 [J]. 社会科学辑刊,2008 (4):32-35.
④ 刘志松. 系统与场域:中国基层社会治理中的纠纷解决原论 [M]. 北京:法律出版社,2021:253.

弊权衡下被缓和，一定程度上抑制了社会矛盾的产生和激化。另一方面，宗族在国家权力的授权下消化社会矛盾。宗族规约不仅具有道德束缚力，在特定时期还获得国家权力的授权和认可，对国家乡村治理政策法令形成有益补充。宗族依靠乡规民约、道德戒律对族内成员进行管控并对既有矛盾进行调解。基于宗族在乡村地区的权威地位，个体间、群体间矛盾的解决通常会由宗族主持进行调解而不会直接诉诸公堂。即便个体间、群体间的矛盾激化，国家权力也可能会指定宗族进行最终处理。宗族在乡村治理格局中独特的地位与较完善的行为规范能够有效吸收、转化、化解社会矛盾，其社会矛盾调解功能至今仍存在。

3. 宗族文化的集体认同功能

小农经济是中国社会重要的经济模式，在此模式下，生产者以家庭为单位，依靠自己所掌握的生产资料，以满足自身消费为主而进行劳动。小农经济的分散性、封闭性、自主性、脆弱性使参与其中的生产者处于一种原子化的状态。[①] 宗族的存在为零散的个体提供了合作与聚合的平台，基层个体通过宗族形成了某种默契，最终促成了集体意识的形成。一方面，宗族活动构建了实然的集体。如前所述，宗族通过修族谱、建祠堂、祭祀等方式开展各式活动，将具备血缘关系的个体纳入宗族这一团体中来。随着历史演进，宗族囊括的主体越过了"五服"的界限，具备较强地缘关系、社交关系的个体也被纳入其中。宗族通过各式活动怀念先祖，在吸纳新成员的同时不断给予族内个体以集体认同，进而生成一种共同体意识和互助意识。[②] 另一方面，宗族通过再分配的方式强化集体意识。尊老爱幼，扶弱济贫是乡规族约的共性内容。宗族文化中的扶弱济贫、互助思想，经过族约族规或者约定俗成的道德传承，一直在宗族内部发挥着十分明显的作用。[③] 在小农经济环境中，孤、寡、老、幼、残、贫等弱势个体的出现会给"小家"造成较大的生存负担，而国家往往难以及时提供充分有效的救济，此时寻求宗族的庇护是个体寻求救济的基本范式。同时，乡村独特的区位往往会造成信息闭塞问题，国家难以在第一时间感知现状并做出行动，而宗族这一距离基层个体最近的社会团体成为良好的补充。灾祸发生后，宗族因其荫庇同族的道义责任，凭借强大的集体行动能力和既有的共有田产对个体施以援助，确保族人在面临灾

---

① 王海娟，贺雪峰. 小农经济现代化的社会主义道路 [J]. 中国乡村研究，2018（1）：374 - 393.

② 丁惠平. 社会组织的历史形态及其运行机制——以宗族组织为例 [J]. 学术研究，2019（12）：67 - 72.

③ 蒙枝茂. 宗族文化对农村基层民主政治建设的影响 [J]. 学理论，2011（13）：25 - 26，35.

祸时仍能保留一定的生产和生活能力。① 宗族从道德层面引导并要求族内强者扶助弱者、富者救济贫者，实现族内资源的重新分配，使弱势群体获得最基本的生存保障和发展条件。给予者在资源的再分配过程中得以提升族内地位，而受帮扶者因其处境的改善而提升了对宗族这一团体的认同，两者的集体意识均得以强化。宗族依靠血缘形成了相对紧密的集体，同时个体在宗族的引导下有序活动，不断提高对集体的认同，从某种程度上讲，宗族实现了原子化个体的有机聚合，令基层个体有了集体意识。

4. 宗族文化的人文教化功能

中国是一个注重伦理道德的国家，而在以宗族为核心的地区，这一点则体现得尤为明显。② 在社会环境允许的情况下，宗族不断强化对伦理道德的凝炼和施行，在加强自身号召力的同时也实现了对群众的教化。宗族对族内个体的教化有赖于伦理道德，通过各式观念、器物、活动潜移默化地对个体进行感化，教化功能与人文色彩浓厚。宗族对群众的教化是乡村治理的重要支撑。乡村地区的越轨行为在宗族对群众的教化下得到某种程度上的抑制，有效控制了乡村治理的成本。第一，宗族通过助学提升乡村个体素质。在传统社会，入仕做官是重要的宗族荣耀，也是宗族成为名门望族的重要指标。通过兴办学塾、资助寒门、引荐后生的方式为族内个体提供受教育环境与上升渠道成为宗族普遍共有的行为。宗族对教育的推动一定程度上促进了乡村地区的文化建设，促进群众文化素质的提升。第二，宗族通过礼俗提升乡村个体道德水平。在乡村地区，婚丧嫁娶等重大事件或特定节日常会由宗族牵头举行各式民俗活动，而这些活动常常包含着尊卑、祭祀等"礼"的色彩。乡村群众在各式礼仪、习俗的引导下不断践行既有道德观念。经历行为与思想取向被双向增强，忠、孝、善等道德品质被厚植于个体的价值观中，个体的道德水平在此过程中得到提升。第三，宗族通过演绎道德改善人地关系。在漫长的历史演进过程中，道德被不断演绎而超脱了调控人与人之间关系的范畴，涉足了人与自然的领域。宗族根据时令形成了"打锣封山""杀猪封山""轮作休耕"等一系列生态保护习俗，为乡村群众植入一种人地共存的观念。③ 例如，乾隆年间，休宁县霞瀛朱氏宗族为保护村前率水河，以宗族

---

① 吴天慧，沈昕. 乡村治理现代化视阈下宗族"善治"资源的重构 [J]. 齐齐哈尔大学学报（哲学社会科学版），2017（5）：17 – 20.

② 陆辉. 历久弥新的徽州山林生态保护习俗 [J]. 安徽林业科技，2015（3）. 63 – 65.

③ 陆辉. 历久弥新的徽州山林生态保护习俗 [J]. 安徽林业科技，2015（3）. 63 – 65.

名义制定村约"税河内任意取鱼，赤身跣足叫喊"上呈官府获准，此后族人严格遵守禁约客观上令率水河生态状况得以改善。① 宗族对个体的教化既存在于其规约，也体现于其活动。个体在宗族的教化下，人文素养得以增强。

当然，宗族的效能并非总是正向的，在特定的条件下也可能成为国家进行社会治理的阻碍。社会现实中，宗族引发群体事件、隐瞒包庇犯罪、侵蚀腐化官员等现象并不鲜见。但宗族的效能并非无序失控的，宗族的社会治理功能在不断演进中形成并受多方因素影响。首先，宗族与国家权力的互动关系是宗族功能能否发挥的首要因素。古代社会，国家不直接干预乡村基层运转，"皇权不下县"的状态给予了宗族较大的自由发挥空间。不同历史时期国家对宗族的授权程度不同，但宗族的"代理人"身份给予了宗族在乡村群众心中的第三方权威地位与自身活动的自由度，蕴藏在宗族行为背后的治理功能得以充分发挥。② 其次，个体对宗族的信任程度是宗族功能能否发挥的心理基础。思想意志的发挥需要通过具体实践来实现。族内个体的行动往往遵循着"认知—情感—行为"这一范式展开，而对宗族组织、宗族制度、宗族观念等宗族要素的认可与信任是贯通认知与行为的重要情感。最后，乡村群众与土地的固定关系是宗族功能能否发挥的客观限制。在传统社会中，以土地为基础的农业生产是民众生存繁衍的主要经济来源。个体与土地深度绑定，形成了费孝通所建构的"生于斯、长于斯、死于斯"的乡土社会。在人口流动较少的社会中，宗族得以对个体进行长期的管控和影响，继而形成对乡村群众的治理。近代以来，生产方式不断革新，非农业的生产方式涌现，个体不再被绑定在土地上而是出现了自由流动的可能性。而宗族的影响半径有限，一旦个体脱离了宗族的影响范围，其对宗族的服从性就可能会受到削弱，宗族的治理效能也自然而然地走弱。

二、宗族文化在犯罪治理中的正向功能

宗族文化中，身份认同、人情关系、宗族规范等因素本身是中性的，在不同环境中可能发挥出截然不同的作用。宗族文化独有的号召力能够给予乡村群众行为引导，进而在群体无意识中对社会秩序产生影响。在恰当的引导下，宗族文化

① 宋杰，刘道胜. 乡约与清代徽州基层社会治理［J］. 原生态民族文化学刊，2020（3）：80－89.
② 寇翔. 宗族势力复兴在乡村治理中的作用分析［J］. 中南民族大学学报（人文社会科学版），2005（3）：23－26.

对其成员的道德要求往往能帮助乡村地区形成和谐的文化风貌与社会状态，展现出正向功能。

1. 宗族文化有利于减少犯罪

乡村宗族对族内个体的道德教化有利于减少越轨行为的发生。宗族文化及其衍生物对乡村秩序有着独特的影响。"生于宗族文化世家，自幼无时不感受着优秀家传文化精华的熏陶，这对个体的成长、成才、成就的意义无疑都是巨大的。"[1] 宗族文化的感召力和凝聚力唤起广大族人的历史感、认同感和归属感，影响族人的行动逻辑，血缘亲近的成员相互扶持、集体行动，在历史上发挥了团结村民、弘扬美德、传承文化、践行国家政策的作用。而传统宗族文化重视家庭成员的道德修养，严格要求成员恪守宗族礼仪，这有利于宗族内部成员形成积极向上的风貌和良好的社会道德良知。[2] 在熟人社会中，良好的风评是宗族得以被乡村接纳的要求，各宗族对自身的名誉极其重视。通过道德教化规训宗族成员是宗族维护自身名誉的重要手段。贯穿乡村群众成长始末的道德教化能够形成一种长期的警醒，从思想本源上遏制了违法犯罪邪祟思想的产生，有效减少越轨行为的发生。同时，宗族道德作为宗族文化的一部分，能在一定程度上弥补法律惩戒与教育的不足。相较于法律的惩戒和司法机关的教育，来自宗族的惩戒更易触及违法犯罪分子的内心。对生活在浓厚宗族氛围中的个体来说，有时公权力的惩治只是一时之苦，而背负宗族的骂名则是伴随终生的。在乡村治理过程中，强调当事人违背宗族道德规约的后果，能够提升个体的道德羞耻感，形成警示作用。

2. 宗族文化有利于犯罪治理

在宗族文化的凝聚作用下，宗族成员相互熟识、彼此认同，具备深厚的信任基础，利于形成治理犯罪的合力。宗族一体、共同行动、尊老敬长等宗族文化传统理念，使得宗族成员自觉听从长辈的意见，形成一种由宗族掌握下的民间权力。此种权力虽未经法律授权，却在乡村地区具备十分广泛而坚实的群众基础。在宗族掌控的话语体系中，由宗族精英发出的号召能够得到较好的传播和执行，信息传递具有独特的优势。在犯罪治理方面，宗族精英能够借助宗族文化充分发

---

[1] 王健康，王炳熹. 宗族祠堂的当代文化价值 [J]. 前进，2019（6）：35.

[2] 刘丽. 官治与自治之间——宗族复兴与乡村治理的理性审视 [J]. 华中师范大学研究生学报，2006（6）：91.

动宗族内部成员，形成共同意识，统一行动。无论是对犯罪的预防或是对犯罪的打击，宗族的号召在犯罪治理中都能起到良好的效果。以乡村反腐为例，当乡村腐败行为超出村民忍受度时，宗族文化特有的认同感和凝聚力助力各宗族精英迅速召集族人开展集体反腐行动。宗族精英借国家保护农民权利、惩治腐败犯罪的法律和政策，积极进行维权，并力求取得实质性结果。① 适逢祭拜、文化活动等集体行动时，看似交际有限的村民都会在各族精英人物的号召下加入乡村活动。"许多村庄看似杂乱无章，实际上却被宗族关系连接为一个感应强烈的心理引力场。"② 乡村群众对宗族的认同感在反腐行动上起到举足轻重的作用。由于宗族的存在，群众能够迅速推选出代表自身利益且有较强行动力的代表，这些人会成为带领民众维权的中坚力量。宗族文化所特有的凝聚力恰好成为壮大维权力量和声势的基础。宗族精英具备推进集体反腐进程的组织谈判才能，他们懂得如何在法律的框架内持续调动民众的情绪，借助宗族获取社会资源与违法犯罪行为做斗争，令村民个体式的维权转化为群体性的斗争力量。"底层行动要想有所成就，就既要壮大自己的规模和声势，以便引起来自社会和政府的关注，又要小心翼翼地注意自己的节奏和策略，在与被抗议方情境性互动中时刻避免被打压或压制的可能。"③ 当村干部的腐败犯罪行为触及村民根本利益，超过村民容忍程度，个体可能会通过乡村宗族获取影响力，调动宗族力量将独立的维权事件上升为集体的维权运动。此时村民"消极避世"就不再是私人选择，而是没有责任意识、没有担当、没有集体观的表现，一意孤行甚至可能会走到宗族的对立面，得不偿失。由于群体活动的感染性，村民因而自觉不自觉地加入抵制村干部腐败犯罪的行动中去，维权之路不会被轻易阻断。在"乌坎事件"中，正是因为乌坎各族精英人物组成的村民临时代表理事会进行积极组织和协调，帮助乌坎村民在维权中坚持并得到省党政部门的关注。村民推选宗族权威人士林某出来主持大局，积极收集村干部犯罪证据，制订缜密的计划和方案，在维权阻碍面前步步为营，最终使得包括惩治乡村干部腐败在内的诸多合理诉求得到落实。

---

① 余杰新. 乡村治理中宗族文化的两面性及其应对——基于"乌坎事件"和乡村反腐视角 [J]. 湖南农业大学学报（社会科学版），2016（2）：43－49.

② 李远行，朱士群. 自治性与徽州村庄 [C] //李远行. 中国农村社会学研究（第一辑）. 苏州：苏州大学出版社，2011：73.

③ 孔卫拿. 群体性事件的后果及治理意义 [C] //肖唐镖. 群体性事件研究. 上海：学林出版社，2011：78.

3. 宗族文化有利于严密惩罚范围

"中国人在私德社会里自行其乐，隔着公德社会。遥望着远处的法治社会。传统道德重整和现代法制的兴建，必然要以公德社会的践行为开端。"[1] 在大多数时候，村民会遵守乡村的习俗、约定和规则以获得群体的认同和地位。如果宗族规约能在有效引导下与当下社会公德和社会法治有机融合，那么乡村治理机制将得到进一步优化。宗族规约是宗族文化的产物，脱胎于宗族长期共同生活实践中总结的道德准则，具有深厚的礼治与德治色彩。作为宗族内部制定的对所有宗族成员具有普遍约束力的行为规范，宗族规约是承接社会公德和国家法律精神的最好选择。由于宗族规约极具地方特色，天然适配一定地域范围内的乡村治理，尤其是某些地区的宗族规约已然成为制定村规民约的样本，集中体现了乡村社会公德、风俗习惯，具有较高的使用价值。曾在历史上发挥道德教化作用、作为纠纷解决依据的宗族规约不应该被束之高阁，而应该在新时代发挥新的作用。宗族规约规定的道德惩戒机制，能够在法律之外给予宗族成员压力，有效约束宗族成员的行为，督促他们自省，形成良好的行为习惯，塑造健康的人格，减轻基层政府的治理压力。例如，陆丰市政府工作人员蔡水宝临危受命担任博社村党支部书记，其中一项工作就是主持各房老制定族约，借助各房族的能人力量开展扫毒活动，将法治精神和族约礼治紧密结合，形成了较为完备的规范体系，在毒品犯罪斗争中取得了良好效果。如果由相关部门引导宗族组织更新和完善宗族规约，将宗族规约进行创新性改良，使其契合时代发展要求和法律精神，剔除不合法和不道德的规约，就能够有效"缝补"国家法律规范、社会公共美德和乡村内部规范间的"断裂"，进而通过情理法的有机统一，纠正村民因各种不同价值观念冲突而陷入行为导向模糊的现状，使得村民在遵守本村道德义务的同时，又遵守社会公德和国家义务，营造出宗族成员重道德、守法律的良好氛围，形成良好的乡村治理环境。

---

① 皮艺军. 越轨［M］. 北京：北京大学出版社，2013：5.

第三节　农村犯罪治理效果制约因素评估

相对于城市，我国农村综治体系现代化相对滞后，快速转型期引发的诸多违法犯罪问题尚待解决。一直以来，国家高度重视农村基层治理，同时严厉打击农村违法犯罪行为。2006 年底，中央综治委发布《关于深入开展农村平安建设的若干意见》，旨在推动农村治安防控措施的完善。2017～2018 年两年内，国家相关部门多次发文要求严厉打击村霸、黑恶势力、赌博等违法犯罪行为。近年来的中央一号文件，多次强调农村治安防控体系的完善问题。然而，从我国农村治安防控体系建设的历程来看，我们的建设速度较慢、成果不显著。部分农村基层社会的犯罪治理资源匮乏，民间力量未能得到充分利用，化解矛盾和防范犯罪的机制尚不健全，司法警力资源下沉不足。在农村基层政权司法资源不足、疲于应对上级下发的各种任务的背景下，预防犯罪和修复秩序的目标很容易被忽视。总而言之，目前国家尚未设计出更具针对性的农村治安治理方案，农村治安防控体系现代化相对滞后。村民自发组织治安防控力量的源动力不足，基层政权又缺乏资源投入以加强治安防控体系建设，这容易导致农村秩序走向失范，甚至个别地区出现了"制毒村""赌博村""诈骗村"等"问题村"。究竟何种原因制约了犯罪治理效果？本书为了避免空泛、简单下结论，通过"事件—过程"分析方法、案例分析法、实证分析法等方法，结合犯罪学、社会学理论，逐步揭开宗族文化对乡村犯罪作用机理的"神秘面纱"，明确宗族文化影响乡村犯罪治理的机理。宗族型犯罪及其治理给农村犯罪治理提供诸多启示，也为上文关于农村犯罪治理整体困境找到原因。一是宗族文化与犯罪现象关系密切，否定宗族文化，简单采取打击宗族犯罪的做法并不可取，不仅无法标本兼治，也无法实现效益最大化。农村犯罪治理需要充分考察农村社会背景、犯罪原因，寻求科学性指导思想和指导理念。社会治安综合治理试图调动社会力量和社会资源对犯罪进行综合性治理，以期实现治理模式由运动化向日常化转变，治理主体由国家一元化向社会多元化转变，治理手段由单一刑事化向打防综合化转变等愿景。然而，实践中部分农村地区在以往的惯性下依然简单以打代替治，以运动式打击代替治本性治理，这很大程度也在于理念上存在偏差。二是宗族文化作为农村社会独特文化，对犯罪发生机制产生了特殊作用，并且对犯罪治理产生了正反向功能。解剖"乌坎事件""博社村制毒贩毒事件"以及新近"扫黑除恶"典型案例，身份认同、人情关系、宗族规范、组织力量等因素是宗族文化能够作用于乡村犯罪的重要因素，并且可能形成正向和反向两种形式的作用机理。农村社会具有独特的社会结构、文化因子，这不能被忽视，需要构建符合农村特质的犯罪治理方案。我们习惯于把城市运用效果较好的治理措施推广到农村适用，忽视了农村社会秩序、社会结构、治理资源的特殊性，农村治安治理"城市样板化"使得社会治安综合治理策略面临诸多障碍。三是宗族、族规、族约等多元主体、多种手段并存是不争的事实。提倡农村力量自控和国家力量下沉，这方面做的事情还远远不够，两种力量的协同相生更为关键，这要求国家力量以一种更为平和的态度去尊重农村的权力文化网络[①]，实现资源利用的最大化。因此，能否实现农村犯罪治理理念的现代化、治理方案的本土化、治理资源利用的最大化，是影响农村治理效果的三大因素。

一、农村犯罪治理理念的现代化水平

理念是犯罪治理实践的方向、目标，只有在正确理念的指导下，犯罪治理实践才能够真正达到治本的目的。通过对我国应对黑恶势力和宗族恶势力的历史考察可以发现，我们很长时间采取以打为主的措施，直到近年来扫黑除恶才开始注重"打建结合"、黑恶犯罪常态化治理，逐步注重预防性、整体性治理理念。从上文综治实践考察可以看出，我国综治实践越来越重视预防、矫正和修复工作，

---

① 杜赞奇对20世纪初期的华北农村进行调研后深刻指出："现代化过程中的国家政权完全忽视了文化网络中的各种资源，而企图在文化网络之外建立新的政治体系，这不仅带来地方权威基础的侵蚀，还可能培养被村民们称为'无赖'或'恶霸'的营利型经纪人。""文化"指扎根于乡村社会组织之中而为人们认同的象征和规范，主要指宗教信仰、家族条规、乡村规约等。"权力"是指个人、群体和组织通过各种手段获得使他人服从的能力，这些手段包括暴力、强制、说服以及对原有权威和法统的继承。乡村组织关系很少是同晶结构的，而是以各种形式错综交织，形成一个个权力关系网络，汇聚了基层政权、家族、宗教、农村组织等权力主体，村庄平面上的权力斗争以及国家政权企图深入乡村社会内部加强社会控制的努力都是以这些网结为中心而展开。参见：欧阳爱权."权力的文化网络"视域中农村社区治理逻辑研究[J].湖北行政学院学报，2011（5）：23-28；杜赞奇.文化、权力与国家：1900—1942年的华北农村[M].王福明，译.南京：江苏人民出版社，2010：208-211.

从威慑刑罚理论指导下的重于打击、依赖刑罚转为由犯罪治理理念指导下注重打防结合、标本兼治。然而，目前农村犯罪治理的整体性治理理念和思维仍然欠缺，一些基层干部和基层组织未能从国家治理体系和治理能力现代化高度去整体思考。农村犯罪治理理念的现代化水平是制约犯罪治理效果的一大因素。

1. 农村整体性犯罪治理理念不足

长期以来，国家对黑恶势力保持着严厉打击的力度，不定期展开集中式治理的"打黑除恶"运动，摧毁了一大批黑恶势力，犯罪治理成效颇丰。1983年、1996年以及2001年三次全国性"严打"，团伙犯罪和黑恶势力都是重点打击对象。随后国家还专门就黑恶犯罪开展了专项打击行动。然而，社会转型期，犯罪产生的原因复杂化，黑恶犯罪的领域不断扩大，犯罪手法不断变化，"严打"暴露出局限性。从以往与黑恶势力斗争的经验来看，部分地区在扫黑除恶专项行动中不注重治本工作的展开，运动式打击方式产生了治理资源不足、治理手段单一、治理效果持久性不足等问题。为此，2018年中共中央、国务院发出《关于开展扫黑除恶专项斗争的通知》（以下简称《通知》），不仅明确了扫黑除恶专项斗争的总体要求、目标任务、具体要求，而且将"打黑除恶"改为"扫黑除恶"。从"打黑除恶"到"扫黑除恶"，一字之差，看似简单，却旗帜鲜明地展示了国家打击涉黑涉恶违法犯罪行为在思想层面、政策层面上的提升。《通知》明确提出黑恶势力犯罪防控的主体更加多元、方法更加丰富、程序更加规范的要求，以追求更精确、更良好的打击效果。可见，本次扫黑除恶专项行动不仅规格高、力度大，而且更加重视综合治理、源头治理，把扫黑除恶和加强基层组织建设相结合，体现出国家针对黑恶势力更具广度、深度的治理策略。[①] "扫黑除恶"专项行动强调"打建相结合"，强调打击的准确性，实现办案质量和办案效果的统一，是对以往部分地区"打黑除恶"过程中存在的偏重于打击、事后修复不足问题的反思。2021年5月，中共中央办公厅、国务院办公厅印发了《关于常态化开展扫黑除恶斗争巩固专项斗争成果的意见》，更强调黑恶犯罪治理要夯实基层基础，从根源上防范黑恶势力犯罪。常态化治理必然需要更加重视社会资源的善用，更加重视基层治理举措的创新，更加重视铲除黑恶犯罪生成的社会根源。

黑恶犯罪治理不能头痛医头、脚痛医脚，必须秉持整体治理理念，即将黑恶犯罪治理与农村犯罪治理、社会治理统筹考量，否则就可能出现犯罪转移或者卷

---

① 曾亚. 黑恶势力犯罪的治理模式构建［J］. 中州学刊, 2018（5）: 64 – 67.

土重来等问题。黑恶势力犯罪治理一次次反思和升级，是犯罪治理理念上的进步。农村犯罪是多种原因综合的结果，包括农村犯罪指导理念的落后，农村经济发展与文明建设的不协调，农村治安防控体系尚未健全，农村正式资源有限和非正式资源利用不到位等等。农村犯罪治理具有深厚的经济、社会、文化原因，黑恶犯罪治理需要从根本上挖掘其背后产生的原因，进而站在整体思维的角度，以黑恶犯罪治理作为突破口、切入点，开展治本性治理工作。如此，也可以避免城市和农村在黑恶犯罪治理上一刀切、同质化的问题，强化农村扫黑除恶效果。

近年来，农村犯罪态势呈现好转，但犯罪的复杂性值得高度关注。长期以来，在一些农村地区，未能真正打破依靠政治权威的运动式治理、责任制压力的暂时性治理、刑罚重刑打击的治标性治理的僵局。当然，"严打"的意义不容否认。学界对"严打"有诸多批评或反思，其中最为重要的理由是"严打"过后犯罪案件数仍然不断增加。犯罪总数和犯罪率攀升往往是一个社会转型期必会面临的问题，希冀通过"严打"降低犯罪数量本身就是一种错误的观念。改革开放以后，我国面临的整体社会环境发生了巨大的变化，如人口流动加速，利益冲突陡增，民众思想更加多元，国际环境异常复杂，而彼时社会保障制度、分配机制、纠纷解决机制并不完善，社会管理出现真空地带，因而犯罪数量持续增长是难以避免的。社会格局大转变，社会规范供给严重不足，犯罪总数和犯罪率持续攀升，犯罪治理资源匮乏的年代，"严打"自然成为一种快速解决犯罪问题的做法。"严打"有助于暂时减轻犯罪率大幅度增加给国家治理带来的巨大压力，避免社会秩序严重失控。三次"严打"期间，刑罚威慑功能有所体现，犯罪情势有所改观。第一次"严打"过后的 1984～1987 年，公安机关刑事立案数保持在50 多万件的稳定状态，从 1982 年的 748476 件、1983 年的 610478 件下降到 1986 年的 547115 件、1987 年的 570439 件。"仅 1983 年 8 月至 1987 年 1 月的'严打'战役，全国公安机关共破获各类刑事案件 164.7 万多起。人民群众发挥了重要的作用，检举犯罪线索 317 万条，向司法机关扭送违法犯罪人员 33 万多名。"①1996 年和 1997 年第二次"严打"期间，公安机关的立案数同样有所下降，从1995 年的1690407件降低到 1996 年的1660716件、1997 年的1613629件。2001 年第三次"严打"行动，社会治安同样有所好转。2002 年全国刑事立案数比 2001 年有所下降，从4457579件下降为4336712件。在常态社会里，我们应主要采取预防性、常规化的手段治理犯罪，但不能完全否认刑罚的威慑功能以及运动式治理的即时性效果。运动式"严打"或运动式项目打击，是对常规化打击的补充。

---

① 中央社会治安综合治理委员会办公室. 中国社会治安综合治理年鉴（1991—1992）[M]. 北京：法律出版社，1996：29.

社会发展过程中，犯罪发展态势超过预判，特别是特定种类犯罪的异常增多时有发生，运动式"严打"或运动式项目打击借助威慑力强大的刑罚手段，有助于控制快速增长的犯罪趋势。为了配合"严打"，地方会投入更多的警力，加大基层基础设施建设，开展治安防范活动，组织混乱地区社会治安整治活动，全面展开矛盾纠纷排查活动，加强对刑释人员的排查和管理工作，这客观上对于社会治安防控水平的提高起到了一定的作用。运动式治理的场景效应在一定程度上还实现了"普法"的效果，民众在各种引人注目的宣传标语、不绝于耳的电视报道中强烈感受和敬畏刑罚。2001 年"打黑除恶"斗争之后，全国公安机关共打掉黑社会性质组织 553 个，抓获组织成员 1.3 万人，打掉恶势力犯罪团伙 1.1 万个，抓获团伙成员 6.2 万人。截至 2003 年 1 月，全国法院一审共审理涉及黑社会性质组织犯罪案件 482 件 5259 人。全国排查出 6 万余个治安混乱地区和部位，85% 得到整治和改善，人民治安满意度有所提高，84.1% 的群众认为社会治安环境很安全、安全或基本安全，比 2001 年增加了 2.7 个百分点。①

然而，运动式打击容易产生"治标不治本"的问题。首先，运动式治理会陷入治理资源不足的困境。运动式治理是国家试图集中动用体制资源实现快速降低犯罪目标的一种国家主体中心主义犯罪治理方式。以国家正式组织机构为主导力量来维持社会稳定，会因资源紧缺而产生治理空间有限、力度不足、深度不够等缺陷。"严打"具有工具主义色彩，依然是一种国家主体中心主义犯罪治理观，国家试图集中动用体制内资源快速实现降低犯罪的目标。公民缺乏参与治理的实践能力，久而久之，国家将会陷入犯罪治理任务越来越多、治理难度越来越大的循环之中，不得不开展一次又一次的"严打"。其次，"严打"是一种非常规化、非治本性的治理方式，过于强调公共秩序控制目的，可能导致公安司法机关为了政绩而过严适用法律。三次"严打"期间，重刑比例较高。1983 年 8 月至 1986 年年底第一次"严打"期间，"全国法院共审结刑事案件 140 万余件，判决人犯 1721000 多名，其中判处五年以上有期徒刑直至死刑的占 39.65%。"②1996 年第二次"严打"期间，最高人民法院判处五年以上有期徒刑、无期徒刑和死刑（包括死缓）的 265293 人，占总数的 43.18%。③ 最后，运动式治理时效短暂，且具有边际效应。犯罪饱和理论提醒我们，犯罪产生具有深刻的社会原因，并非简单的打击可以解决。单一重复使用重拳出击手段会出现边际效应，无

---

① 中央社会治安综合治理委员会办公室. 中国社会治安综合治理年鉴（2003）［M］. 北京：中国长安出版社，2004：12–13.

② 1987 年《最高人民法院报告》。

③ 1997 年《最高人民法院报告》。

法真正达到标本兼治的效果。从三次全国性"严打"期间案件总数下降情况和"严打"过后效果持续的时间看，依靠刑罚打击形成的威慑力维持社会秩序稳定的效果具有边际效应。地区局部"严打"可能使得部分类型的犯罪由一个区域流向另一区域。①

维稳思维和惯性，是农村整体性犯罪治理实践不足的重要原因。维稳思维和惯性容易使得犯罪治理更依赖刑罚打击和暂时性解决问题。"社会公共秩序稳定"作为治安好坏考核的核心内容，指引着基层各级部门在维稳工作上花费了大量的人力物力。"当下的农村治理格局，已把各种纠纷解决方式'焊接'到'维稳'目标中。"②责任制落实成为综治最为重要的制度，不仅各个综治相关文件对此予以强调，而且国家为此专门制定了两个文件。责任制的落实是综治工作的重要内容，国家通过责任分配实现政令通畅，保证综治工作的快速、深入推进。"一票否决制"意味着区域内发生特定种类的治安事故，综治评估整体不合格，负责人和主管人员也会被追究相应的责任。条块结合的行政管理方式以及领导责任制、一票否决制、目标管理责任制的建立，使得党政领导班子和领导干部保持高度的责任感和危机感，竭尽全力完成治安任务，一定程度提高了工作效率，带来农村社会秩序的基本稳定。然而，恰恰是因为部分农村地区治安治理活动将维稳作为首要甚至根本目标，给农村治安治理的长远发展带来了障碍。第一，维稳导向容易导致基层停滞于传统的"打""堵"老路，忽视治本工作的开展。基层治理资源是有限的，治理资源过度投入维稳，必然会影响到农村治安基础设施的投入、人身财产犯罪的治理。在农村基层政权司法资源不足、疲于应对上级下发的各种政治任务的背景下，农村社会"不出事"，成为农村基层政权治理犯罪的主要目标，犯罪治理预防和修复的目标很容易被忽视。基层政权缺乏开展治本性工作，依靠运动式治理治安，难以维持持久性效果。而民间治安力量长期游离于治安治理体系之外，因而其参与治安治理的能力也未能在治安实践中得到锻炼和提升。2016 年《健全落实社会治安综合治理领导责任制规定》在一定程度上完善了责任制的内容，要求地方党政部门既要加强治安基础工作的建设，也要回应民众安全诉求。然而，从内容上看，追责的内容主要还是针对发生治安秩序严重混乱、治安问题反弹、重大群体性事件等公共秩序混乱问题。如若政绩考核和奖惩机制没有更为合理的评判标准，基层政权着手从根本上治理犯罪问题的动力不足。第二，维稳导向容易导致基层忽视村民切身安全诉求的保障，相关部门与村

---

① 当然，本书并不认为"严打"完全不具有消除部分人的犯罪动机、降低某些类型犯罪发生率的效果。

② 温丙存. 中国乡村纠纷解决方式调查手记［M］. 北京：人民出版社，2016：198 – 199.

民的距离难以拉近，介入农村开展合作治理的难度也会提高。而且，以维稳为中心的治安权力网络里，国家力量和村民之间自然难以形成一种平等的协商合作的格局，村民在预先设计的框架下被动参与治理，参与治理的能动性自然难以真正提高。最后，维稳目标导向必然需要凸显公安机关在治安治理活动中"严打""严防""严管"的作用，这会在一定程度上影响其他部门主动寻求合作共治的积极性。在实践中，看似环环相扣、层层衔接、上下贯通的治安治理格局，会因为村民参与热情和能力不足而无法长效推广。

综上，农村犯罪治理效能提升，必然需要跳出"严打"窠臼和维稳思维，寻求一种更为总体性、治本性、预防性、修复性、多元性的犯罪治理理念。我国犯罪治理实践，如黑恶犯罪治理实践已然意识到这种变化的重要性，未来需要寻求进一步的升级和突破。"面对转型期日益复杂多变的犯罪新态势，传统的'压力维控型'犯罪治理模式在总体上难以适应社会发展的需要。"[①]

2. 犯罪治理理念亟待创新

我国综治实践在治理理论（也是一种理念）指导下展开。治理理论强调主体多元性、手段多样性，各治理主体间相互影响、互相合作，其深入到犯罪治理实践，形成犯罪治理理念，打破威慑主义为核心的犯罪打击理论的桎梏，有助于犯罪治理主体更加多样化、治理手段更具多元性。由于犯罪治理理念符合犯罪治理实践的发展趋势，更能提升犯罪治理实践的效果。

犯罪治理理论/理念作为综治实践的指导理论，不仅与综治的实质内涵契合，而且能够更好地促进综治策略的完善和发展，对走出"重刑主义"和"严打思维"具有重要价值。然而，有的地方在犯罪治理实践中仍然存在事前预防举措不到位、国家主体在利用民间资源和市场资源上并不充分、多元主体协商合作机制不够健全等问题。宗族犯罪治理问题上，我们长期以来也存在重视与预防不足，未充分借助农村犯罪治理资源，未引导宗族文化、宗族组织良性发展，没有在减少宗族文化负面影响的同时弥补国家治理资源有限性等问题。

实际上，此类问题很大程度来源于对犯罪治理理念的理解和贯彻不足，也在于理念本身存在问题。一是对现存的犯罪治理理念的内涵理解不足，未能真正将犯罪治理理论的有益内涵融入犯罪治理实践之中[②]。"由于对犯罪治理语境中治

---

① 周建达. 转型期我国犯罪治理模式之转换——从"压力维控型"到"压力疏导型"[J]. 法商研究，2012（2）：59－68.

② 当然也有犯罪治理理论研究和总结不足的客观原因。

理的深厚理论基础之忽视，造成了犯罪治理与应当作为其理论支撑的治理理论相互脱节"①，犯罪治理活动仍然具有旧治理方式的缺陷。实践中我国对治理理念的有益内涵挖掘远远不够，落实也远远不足，一些地区犯罪治理实践在主体和手段上仍然较为单一，未能完全摆脱以公共政治秩序稳定为中心目标的惯性思维，仍然过度依赖刑罚功能来实现犯罪预防的目的。特别是农村地区尚未完全摆脱运动式治理的窠臼，面临犯罪治理"内卷化"困境。② 二是犯罪治理理念自身存在不足，制约了犯罪治理实践的进一步发展。治理理论并非完美无缺，格里·斯托克对此作了深刻论述："治理承认集体行动中对权力的依赖，意味着所接受的意图未必和结果相一致，这会导致种种形式的玩把戏、搞破坏、捞好处的机会主义行为屡见不鲜。"③

（1）犯罪治理理论之生成背景

一般认为，治理理论起源于西方国家 20 世纪八九十年代。"治理"一词最早含义是控制、引导和操纵，主要用于与国家公共事务相关的管理活动和政治活动中，"governance"的治理与"government"的统治在混淆着使用。④ 随着国家管理事务的多样化和复杂化，国家中心主义面临治理资源不足和治理效果有限的困境，同时民间力量也在不断壮大，这要求重构国家治理格局，从政府一元治理走向多元合作治理。治理理论在批判以往国家中心主义中逐步形成。1989 年，世界银行首先将治理理论引入经济领域⑤，而后政治学家、经济学家和社会学家开始青睐该理论，将治理理论运用到各学科领域中加以具体化。治理理论指出了国家、社会、市场和公民等多元主体要协商合作、上下互动，这有利于弥补国家治理上资源不足的缺陷，实现社会资源利用的优化。与以往的统治观不同，"治理过程的基础不是控制，而是协调。"⑥ 具体而言，第一，治理活动并非国家专属。治理主体包括了国家主体和非政府组织、企业、市场等其他非国家主体。国家需要积极寻求和非国家主体的合作。第二，治理主体间的关系是平等的。治理理论下主体之间的关系不是自上而下单向的命令，而是国家主体和非国家主体之间平

① 卢建平. 中国犯罪治理研究报告 [M]. 北京：清华大学出版社，2015：11.
② 余杰新. 农村治安善治方案研究 [J]. 中国人民公安大学学报（社会科学版），2020（4）：140 – 148.
③ 斯托克. 作为理论的治理：五个论点 [J]. 华夏风，译. 国际社会科学杂志（中文版），1999（1）：25.
④ 俞可平. 治理与善治 [M]. 北京：社会科学文献出版社，2000：1.
⑤ 1989 年世界银行作了《撒哈拉以南的非洲：从危机到可持续增长》的报告，提到"治理危机"一词，一般认为其是治理理论的最早实践.
⑥ The commission on global governance. Our global neighbourhood [M]. Oxford：Oxfor University Press，1995：1 – 23.

等开展合作，从而形成一张纵横交织的关系网和责任网。"网络结构是不同节点之间相互依赖、共同合作而形成的联结关系，是宽泛的使命与联结及策略性的相互依赖行动的典型。"① 第三，各治理主体间相互影响、互相合作，非国家主体并非被动完成国家主体安排的治理任务②。

20世纪90年代开始，多元主体和多种手段合作的治理理论得到了更多国家的关注和重视。1995年，联合国召开了"犯罪预防与犯罪治理"会议，使用了"犯罪治理"一词。各国在犯罪治理实践过程中，越来越接受资源整合的治理理念，诸如警察与民间力量配合的社区警务理念一直延续至今。实践中，各国也采取各种方式实现多元主体参与犯罪治理。本书将犯罪治理领域多元主体合作、多种手段并用的指导思想，以及由此产生的一系列观点、对策、建议等称之为犯罪治理理论，以区别古典犯罪学派着重研究如何配置刑罚实现威慑效果的犯罪打击理论（刑罚威慑主义）。治理理念被犯罪治理实践接受并非偶然，而是其符合了犯罪治理的历史规律和经验总结。回溯犯罪治理历史可以发现其发展规律，威慑性犯罪预防模式逐步衰落，社会化犯罪预防手段进而兴起，国家中心犯罪治理模式逐步衰落，多元治理主体协作模式兴起。19世纪上半叶，面对越来越严峻的犯罪问题，特别是累犯和惯犯数量居高不下，古典犯罪学派主张依靠合理设置刑罚产生威慑效果以降低犯罪率的理念遭遇现实困境，刑罚打击的局限性凸显。此时，实证主义哲学兴起，生物学科快速发展，生物进化论的提出，推动了实证犯罪学派的产生。以龙勃罗梭、菲利、加罗法洛为代表的犯罪学家从人类学、心理学和社会学等角度寻找犯罪发生的原因。至此，学者们从犯罪行为转向犯罪人来寻找犯罪原因，从刑罚角度转向医学、心理学和生物学角度探寻犯罪原因，犯罪治理措施也由注重刑罚设置、监狱建设、警察巡逻转向心理矫正、医学治疗、刑罚替代性举措的运用。20世纪30年代以来，学者们运用生物学、精神病学、社会学、心理学、遗传学等学科解释犯罪原因，推动了当代犯罪学发展；其中，既有从遗传、基因、染色体、月经、性激素等剖析犯罪的生物学原因；也有借助精神分析学、精神病理学、社会心理学和普通心理学等剖析犯罪的原因，如精神分析理论、反社会人格障碍、偏执型人格障碍、挫折攻击理论等；而社会解组理论、社会控制理论、紧张理论、相对剥夺理论、学习理论等犯罪社会学理论则尝试从社会结构或社会环境角度出发，分析社会是如何形塑个体心理，并导致个体走向犯罪的。20世纪后半期，犯罪学家们认为犯罪原因是多种因素系统作用的

---

① ROBYN K, MYRNA M P, KERRY B, GEOFFREY W. Network Structures: working differently and changing expectations [J]. Public Administration Review, 2004 (3): 364.

② 罗茨. 新的治理 [J]. 木易，译. 马克思主义与现实，1999 (5): 45.

产物，单一原因论无法解释犯罪发生的复杂机制，从而提出综合犯罪原因理论或原因整合理论。这些研究不再以某一种学科的理论和方法为基础进行，而是综合应用多种学科的理论和方法，对犯罪进行综合性的研究和探讨，此基础上提出了包含多种学科成分的理论观点，试图更全面、更准确地认识客观现象。如格卢克夫妇的犯罪学学说、杰弗利的多学科型犯罪行为理论、詹姆斯·奎因·威尔逊和理查德·朱利叶斯·赫恩斯坦的犯罪的社会生物学理论、特伦斯·索恩伯里的相互作用理论[①]。

与犯罪原因变化相对应的是：越来越多的犯罪学家批判重刑主义和报应主义，走出依靠刑罚威慑效果来预防犯罪的思想禁锢，犯罪预防手段越来越多样化。20世纪80年代至90年代，英国率先开始了多机构协作犯罪治理模式，随后美国、加拿大等国家也开展了多主体合作共治的探索。犯罪三级预防、构建安全社区、发展性犯罪预防等都具有综合性犯罪预防特点，国家和民间多元主体的配合更加紧密，国家力量的渗透更加深入。现代国家治理包括犯罪治理，国家权力向社区不断延伸的过程就是一个国家和社会力量相互协作的过程。国家的基础性权力在这个渗透过程中得到加强，国家权力的适度让渡并非削弱国家的控制力，而是汲取社会的有益资源，并在这个过程中实现民主理念的推行以及权力使用的正当化。近现代社会控制网不断扩张和拓深，社会控制已经深深地嵌入我们的日常生活习惯中，渗入社会生活的细枝末梢。"明显不同的社会控制的机构和制度开始融合，形成新的控制机器。这个新的控制机器包含了相互交错链锁的控制措施、控制机理和控制目标。社会控制机器日益膨胀，同时社会控制程度也更为增强，社会控制领域出现了压枝生根繁殖。"[②] 我国在应对严重的青少年犯罪时，也萌芽了综合治理思想，国家倡导各方力量加强对青少年的教育和帮扶。治理理论多主体合作、多手段并用的精髓越来越被引入到犯罪治理实践中，影响着国家犯罪预防设计方案。越来越多的学者使用犯罪治理代替犯罪打击、犯罪预防、犯罪控制表达，综合治理措施成为犯罪学论著的潮流[③]。

（2）犯罪治理理论之时代价值

犯罪治理理论与犯罪打击理论之间具有实质性区别。第一，犯罪治理主体是多元化的。除了国家作为犯罪治理主体之外，社会组织、市场和公民也是犯罪治

---

① 张远煌，吴宗宪，袁林. 犯罪学 [M]. 北京：法律出版社，2020：57 – 58.
② 吴宗宪. 西方犯罪学史 [M]. 北京：中国人民公安大学出版社，2010：1295.
③ 当然，由于犯罪学学科发展得缓慢，对于治理理论如何引入到犯罪治理实践的研究也很缺失，更多的文章只是提出多主体、多手段的治理思想和理念。

理的主体，多元主体在各个领域内各司其职、互相配合。第二，治理手段是多样的。社会良好秩序的形成不再仅仅依靠刑罚的威慑力。公民和社会组织等作为犯罪治理的主体而非治理的对象，形成多种治理手段并存的局面，诸如社区警务等国家主体和非国家主体协商合作的方式会越来越常见。犯罪治理理论主张多方主体通过采取多种手段来预防犯罪、矫正犯罪，是对威慑性犯罪预防模式的超越，是对犯罪打击理论的扬弃，有助于摆脱犯罪打击理论的局限性，是提升犯罪治理效果的必然选择。"将治理理论引入犯罪控制领域符合中国的传统和现实。"①"治理理论基本意涵在于政府、市场与社会组织合作管理公共事务。这一理论对我国现阶段的犯罪控制实践有很强的指导意义。"②

因此，我们需要挖掘犯罪治理理论关于主体多元、手段多样等有益内核加以运用，推动犯罪治理朝着多元主体合作共治、多手段齐力出动的局面发展。可惜的是，实践中我国挖掘犯罪治理理论的内涵远远不够，落实也远远不足。

（3）犯罪治理理论指导下之实践困境

治理理念受到质疑的原因之一是：其未强调多元主体为了共同目标、共同利益而互相合作及在民主的决策下制定合作方案，这容易引发利益之争或责任推诿。治理理论未能明确多元主体合作过程中的注意因素，如增进社会公共利益的良善目标、贯彻公平和公正的理念、重视国家公共责任的履行、及时回应民众的治理需求、提高治理过程的透明性、注重治理方式的法治化等，治理过程缺乏良善目标作为行动导向，缺乏贯彻民主的实质内涵，容易回到管理老路。第一，治理理论缺乏良善目标作为行动导向。治理理论强调多元主体为了共同目标、利益而互相合作，可能引发利益之争、责任推诿。第二，没有强调国家主体和法治重要性的多元主体合作容易损害国家和法律权威。社会一直在变化，制度和法律需要不停更新和完善以满足社会的需要。民间社会规范的灵活性、及时性、针对性有利于弥补国家正式规则的不足，可一旦治理主体轻易以正式制度和法律存在瑕疵为名，另立规则、"各自为政"，可能导致国家权威和制度的旁落。第三，治理理论容易走向另一个极端，即国家主体以治理主体多元为名，推诿自身责任，或者强加责任于民众。治理理论强调调动社会主体、利用民间资源，民间规则过剩可能挤压国家法律制度。

治理理论引入犯罪治理活动中，形成犯罪治理理论同样可能产生上述类似问题：首先，犯罪治理理论没有强调犯罪治理活动的良善目标，犯罪治理实践容易

---

① 焦俊峰. 犯罪控制中的治理理论［J］. 国家检察官学院学报，2010（2）：100.
② 黄石. 治理视域下的犯罪控制［J］. 江汉论坛，2012（6）：128.

陷入维稳窘境。现代犯罪治理活动的首要目标应是保障民众的安全需求，一旦忽视这一根本性的良善目标，我们就可能再次回到以维护公共秩序稳定为首要目标并重点依靠刑罚手段治理犯罪的老路。犯罪治理的最佳途径是通过不断满足人民群众的安全需求，使民众信任政府管理，从而实现社会公共秩序稳定。其次，犯罪治理理论未强调国家主体的重要责任。"治理理念在实践中会变成一面宣称'做得更好、成本更少的政府'的旗帜，导致政府的空心化。治理过程一旦没有良好的体制机制跟进，也往往会导致在主体集体行动过程中出现公共责任缺位，偏离公正、公平的民主政治轨道。"① 法律机制未明确非国家主体的职权，未强调国家主体的重要责任，个别地方的综治实践便出现多元主体各行其是、多种手段各自运行的现象。最后，犯罪治理理论未能阐明多元主体合作方式，治理资源未能充分整合。治理理论未明确民间主体参与治理的具体规则，一旦民间习惯不当使用，有可能挤压国家法律制度，损害法治权威。国家主体缺乏对非国家主体有效的制约和指导，非国家主体可能滥用手中权力，实践中发生了非国家主体在治理过程中采取了不当手段侵犯民众权益即为例证。而且，非国家主体参与综治的合法性和正当性也会受到质疑。国家主体委托非国家主体协助、参与综治实践，是对群防群治方针的贯彻和落实。然而，由于国家主体和非国家主体间的权责不明确，非国家主体参与治安工作的范围和界限何在就容易产生争议。

综上，在宗族型犯罪治理中，如何遵循符合法治精神和公共利益的利益，合理利用宗族力量，既非一味否定也非全盘接纳，既避免宗族文化负面影响滋生犯罪，同时又能防止宗族文化过度与非法介入治理实践从而损害法治精神。可见，农村犯罪治理实践需要寻求一种新的理论或理念为指导。

二、农村犯罪治理方案的本土化程度

从宗族型犯罪中，我们可以看出农村犯罪的产生具有深刻的社会背景，农村犯罪治理资源也具有特殊性，宗族文化对犯罪及其治理产生了复杂的作用机理。无法充分意识到乡村文化与犯罪之间的关系，就难以真正解决犯罪问题。面对宗族恶势力犯罪、宗族腐败甚至是"问题村"，我们必须反思：乡镇政权为何放任农村失序不管？惩恶扬善的乡规民约为何不起作用？村民的负罪感哪里去了？其

---

① 金太军，张振波. 乡村社区治理路径研究：基于苏南、苏中、苏北的比较分析 [M]. 北京：北京大学出版社，2016：26.

他村民为何没有站出来防止越轨行为的发生？农村社会秩序、社会结构、治理资源的特殊性，如何影响犯罪及治理？遗憾的是，我国社会治安综合治理策略没能给出农村犯罪治理的具体思路和方案，在诸多犯罪治理上无法体现农村的特点。现有的农村犯罪治理方式未能充分反映农村秩序变动情况，未能契合农村社会结构变化情况。我们亟须重视农村社会秩序的变迁情况，注重农村社会结构的变动情况，构建一个符合农村特点的犯罪治理方案，从而实现犯罪治理方案的本土化。

1. 社会秩序快速变迁增加治理困境

随着农村社会秩序的快速变迁，部分农村基层政权逐渐"悬浮"，国家力量难以有效下沉，为农村构建起强大的外部支撑力量。农村犯罪情况越发复杂，治理要求越来越高，当前简单依附于综治的农村犯罪治理方式难以走出犯罪情势较为严峻的困境，未来犯罪治理方案的构建需反映社会秩序变迁情况。

（1）国家力量未能有效下沉

社会秩序快速变化，我国不同地域农村治安情况各具特点，不仅中东西部之间农村治安情况各不相同，同一地区不同农村治安情况也有所不同，各地治安治理资源的可利用度不尽相同，治安治理的重点也千差万别，部分基层政权面对愈发困难和复杂的治安问题无从下手，介入农村创新治安治理的积极性不高。而且，因土地征收不当、贪污腐败等原因导致部分基层政权权威下降，不被村民信任，难以有力扎根到农村社会，为农村提供正式的秩序力量保障。

改革开放以来国家权力在延伸到农村层面时面临诸多困境。1980 年，国家开始推行村民自治制度，标志着基层社会进入"乡政村治"的治理模式，基层政权不再直接派驻工作人员对农村进行直接管理，而是给予村民进行自我管理的权利，这是一项具有特色的制度。然而处于探索中的村民自治制度出现了诸多问题，地方实践偏离制度的预设目标。一些地方，农村秩序缺少了国家力量的直接管理，农村内部自我维持秩序的力量不足，一些不良因素又不断冲击着农村社会秩序，因而出现了较为严重的失序现象。特别是后农业时代的到来，村民和乡镇权力机关的联系越来越少，部分地区的基层社会出现了"权力悬浮"现象。基层政权难以有效渗透农村社会，乡治对基层政权产生了不信任感，基层政权在管理和动员乡治上明显存在心有余而力不足的情况，农村秩序外部保障力量显著减弱。更为严重的是，部分基层政治组织和农民群体之间因土地征收、税收等引发利益矛盾，基层政权难以有力扎根于农村社会，并不断涌现群体性事件。由于监督机制不完善、惩罚力度不强，我国贪污腐败犯罪，特别是基层贪污腐败现象较为严重，基层政权权威下降，民众的信任感降低。2000 年以来的很长时间里，贪污贿赂犯罪案件几乎保持在 2 万件以上，并呈现略微增长的态势（见图 3.4）。基层政权和村民之间的关系产生的一些不和谐因素，使得两者间的合作显得更加艰难，基层政权在提供秩序保障上也显得不足。在犯罪治理领域，国家推行的犯罪治理策略在基层实践中无法全面贯彻推行，基层政权难以和农民建立起良性合作关系，无法为农村秩序提供充足的秩序力量保障。试想，当村民对基层政权缺乏足够信任，如何能积极参与犯罪治理？当村民认为农村派出所作出的行政处罚行为仅仅是为了罚款创收，又如何达成合作？如今，国家通过创新治理术把权力延伸到了农村社会，这些方式包括设置"村官"、第一书记等，对国家力量下沉起到了一定的作用。特别是党和国家全面反腐、全面乡村振兴战略的推进，基层权威逐步建立，官民一家关系逐步形成，农村犯罪治理效果明显好转。

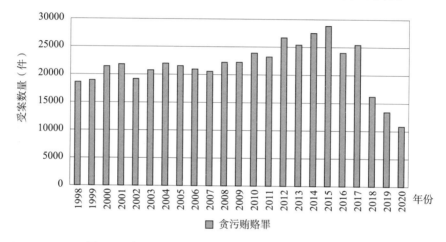

图 3.4　全国法院审理刑事一审案件贪污贿赂案件情况

回顾历史，如果基层政权无法与乡村之间建立良好的沟通机制，农村社会失序现象就随之发生。解决基层政权悬浮问题，需要从根本上转变基层政权的治理理念，通过优化农村服务提升民众的信任感。唯有如此，综治策略才能有效推进，国家力量才能真正延伸到农村社会，与村民展开协作，共同维护农村社会治安。

（2）农村犯罪情况渐趋复杂

在农村社会快速变迁的大背景下，农村和城市之间存在较大的社会秩序差异，犯罪情况各不相同，而且，不同地域农村犯罪情况各具特点，农村社会治理难度越来越大，此外，农村淳朴风气逐渐受到社会转型期的负面信息影响。农村社会秩序变迁产生的犯罪问题，验证了社会结构理论关于"社会越松散，秩序越混乱"的观点，只有从农村社会秩序入手，寻找引发犯罪的社会根源，才能从根本上修复受损的农村秩序。

第一，农村各不相同的犯罪情况，加大了犯罪治理的难度。犯罪治理要获得成效首先需对社会状况和犯罪情况具有较为客观的认识。随着社会快速发展，各地农村的发展出现了不平衡的现象，一个区域内部也各有不同，农村社会的客观现状及农村犯罪的现实情况错综复杂。我们以全国农村固定观察点调查系统的数据为例，通过比较中东西部犯罪数据不难发现，西部农村的犯罪率一直相对较高，这一现象很有可能是受西部经济落后的影响，由犯罪治理手段相对滞后所致。1993 年全国调查点平均发生刑事案件数为 6.18 起，东中西部分别为 0.87起、1.02 起、18.23 起。① 社会秩序变迁下，不仅中东西部之间农村治安情况各不相同，同一地区的内部犯罪情况也有所不同，各地犯罪治理资源的可利用性不尽相同，犯罪治理的重点也千差万别，这些导致农村犯罪的预测和治理难度大大增大。

第二，受到社会转型期的负面信息影响，农村淳朴风气逐步消散，部分村民价值观念发生偏差，从事越轨行为的"推力"大大增强。在经济快速发展的背景下，农村地区的共同体结构逐步松弛，用以规范村民行为的传统道德约束规范效力逐步下降，一些增进村民社会联结的传统农村文化活动不复存在，部分农民群体陷入空虚或困惑之中，继而转向黄赌毒等越轨活动寻求快感。随着网络时代的到来和社会流动的加速，多元文化不断冲击着村民朴素的价值观，以金钱为本位的价值观在部分村民内心逐步形成，原本安分守己的部分村民在金钱和道德之间徘徊，最终抵不住金钱的诱惑而迷失了自我。"以利益博弈为核心的裂变和聚合带来的不只是社会的进步与发展，还有犯罪率的增长、犯罪类型的增加、犯罪危害的加剧，以及对犯罪这一社会越轨行为控制难度的加大。"② 如果社会治安综合治理策略仅专注于提升社会防控的技术化、信息化，而忽视农村道德、风气的改善，难以达到根本上的好转。如何纠正村民错误观念、改善农村社会风气、重拾乡村传统规范、形成积极向上的乡村风气，是摆在农村治理面前的一大难题。

---

① 数据来源：《全国农村社会经济典型调查数据汇编》《全国农村固定观察点调查数据汇编》。全国农村固定观察点调查系统是 1984 年经中共中央书记处批准设立的，于 1986 年正式建立并运行至今。1990年后，全国农村固定观察点的工作由中央政策研究室和农业部共同领导，由设立在农业部农村经济研究中心的"中央政研室、农业部农村固定观察点办公室"负责组织实施。统计制度 1990 年由国家统计局正式批准。至 2010 年，调查农户 23000 户，调查村 355 行政村，样本分布在全国除港澳台外的 31 个省（区、市）。

② 焦俊峰. 犯罪控制模式研究［M］. 北京：中国人民公安大学出版社，2012：2.

第三，城乡社会差距的客观存在，对村民心理调适工作的缺失，提高了农村社会犯罪的发生率。城乡经济发展不平衡、城乡二元结构分层、社会分配机制不健全等农村深化改革过程中出现的问题，影响着农民群体的思想。农民群体价值观念持续受到冲击，不均衡的文化教育亦不能为村民提供足够的自我调适能力去调整这种冲击带来的内心失落和思想偏差。法治化要求公民遵守越来越多的规定，部分农民群体的规范意识还较差，这就出现法治意识供给不足、法治规范遵守要求过剩的矛盾。该矛盾的直接表现就是国家自上而下发布的各种规范和命令与村民长期形成的价值观念产生了碰撞和冲突。在农村社会这个特殊空间，有些农民群体在这种矛盾中选择了他们更为倾向的传统观念，甚至没能意识到自身已游走在犯罪的边缘。社会秩序变迁下城乡之间客观存在的差距，给农村犯罪治理带来了许多棘手的难题。

传统文化、观念、习俗等并非一夜之间被抹去，恰恰相反，它们有的成为这场社会改革的有力支撑因素，有的在这场社会改革中博弈后转变形式，有的也挤压新事物出现的空间。现代化给农村社会带来巨大改变是事实。而传统文化、观念、习惯的延续性和生命力也不容忽视。农村社会夹杂着现代和传统双重因素。农村的社会环境、村民的思想观念、农村权力文化的网络等发生了巨大变化，这导致农村犯罪情况不断变化，也导致各地犯罪情况复杂化，如"空心村"出现了留守人群犯罪现象，而传统村庄演化成"问题村"。人口流动密度较大的农村、留守人群较多的农村以及传统习惯保留较完整的农村，在犯罪治理上皆有不同。农村社会是犯罪治理活动展开的中心场域，如果不反映农村社会秩序变迁，未能对农村资源充分利用，也没能尊重农村各种组织形成的权力网络，那么有效治理犯罪就无从展开。简单依附于社会治安综合治理或者把城市社会治安综合治理措施运用到农村社会都可能遇到障碍。

可长期以来，我国农村犯罪治理并未形成一个独特的方案，我们总是习惯于把城市运用效果较好的治理措施推广到农村适用，而没有全面考虑农村社会秩序的特殊性。理论研究通常借助社会结构理论、社会控制理论、遏制理论等理论，剖析农村具体某类犯罪现象发生的原因，在此基础上提出要大力发展农村经济、加大农村社会控制、增加农村警力投入、提升村民道德观念、加大对村干部的惩罚力度等综合措施，以实现农村社会和谐稳定。这种无所不包、近乎雷同的犯罪治理建议，最大的缺陷在于缺乏针对性，没能真正站在农村社会的真实状况、农村特殊的权力文化网络以及犯罪发展态势的基础上，来构建一个有效的犯罪治理方案。农村犯罪的现状和趋势缺乏统计和分析，这使得国家治理措施往往难以在农村社会奏效。农村基层政权在犯罪问题上缺乏足够的能力去创新治理方式或者灵活变通上级下发的治理任务，缺乏根据本地区犯罪态势、国家和民间犯罪治理资源丰富程度，去采取不同的治理策略，造成治理效果不佳。"现代国家野心勃勃，为了推行宏大的社会改造工程，无视底层社会自发形成的'地方性知识'，肆意摧毁社区既有的社会合作网络，最终导致了治理危机。"①

综上，农村犯罪治理不能再简单依附于社会治安综合治理策略，更不能照搬城市犯罪治理策略。农村和城市之间的差异，要求我们置身于国家创新社会治理、完善社会治安体系大背景中，从农村秩序变化和农村犯罪趋势入手，构建一个符合农村社会状况的犯罪治理方案，实现国家力量的下沉，并与民众展开有效的合作。不同地区的农村社会犯罪情况并不相同，民间犯罪治理资源也各不相同，这需要基层政权根据犯罪情况严重程度和民间治理资源丰富程度，采取不同的对策和策略。社会秩序变迁导致农村犯罪情况更加复杂，增大了犯罪治理的难度，这对农村犯罪治理提出了新的要求，国家既要根据农村的特殊社会秩序寻找具有针对性的犯罪治理对策，各级基层政权也需要根据自身区域的情况采取具有创新性的犯罪治理方式。

2. 社会结构日益复杂提升治理难度

在不同时期，宗族组织在乡村治理体系中的地位不同，发挥的作用不同，农村社会结构是不断变化的，需要加以关注并构筑合理的治理体系。

(1) 犯罪治理主体成分复杂

城镇化快速推进，我国农村社会结构不断变化，农村权力文化网络发生变动，农村人员结构成分更加复杂，一是企业、民间组织、治安公司、社会志愿者等新生治理主体增多，农村犯罪治理主体会更加丰富，二是一些传统治理精英逐步流失严重。农村各主体在犯罪治理中的地位和作用发生了深刻变化，我们并未根据农村社会结构变化情况，及时调整犯罪治理主体的工作格局，这导致新出现的治理资源未得到善用，而传统治理资源的负面因素却在显现。农村社会结构复杂化，农村权力文化网络变动，普通民众与村干部的关系、村民与宗族等农村组织的关系都在发生变化，影响着犯罪治理主体的工作格局，提升了犯罪治理难度。农村内部结构不断变化，新生治理主体不断出现，传统治理精英逐步流失，村干部出现腐化现象，犯罪治理主体成分复杂，而综治策略并没有为农村犯罪治理提供具体的思路和方案，我们需要根据农村社会结构情况，调整犯罪治理主体的工作格局。

---

① 斯科特. 国家的视角 [M]. 王晓毅，译. 北京：社会科学文献出版社，2004：6.

首先，改革开放以来，农村企业的逐步出现、农村组织的大量组建以及部分市场化治安公司、社会志愿者、非官方组织进入农村社会，使得农村犯罪治理主体形式更加丰富。"截至 2016 年底，全国共有各类社区服务机构和设施 38.6 万个，其中社区服务指导中心 809 个（其中农村 27 个），社区服务中心 2.3 万个（其中农村 0.8 万个），社区服务站 13.8 万个（其中农村 7.2 万个），农村社区服务中心（站）覆盖率 14.3%。社区志愿服务组织 11.6 万个。"[1] 五年之后的 2021 年底，全国共有社区综合服务机构和设施达 56.7 万个，农村社区综合服务设施覆盖率 79.5%。全国共有社会组织 90.2 万个。[2]

其次，农村社会精英逐步流失，一些地方出现了民间犯罪治理主体严重缺失的现象。2005 年、2010 年、2015 年、2020 年我国流动人口分别约为 1.47 亿、2.21 亿、2.47 亿、3.76 亿，流动人口数额大，增长速度快。随着城镇化的进程以及社会流动的加速，农村青壮劳动力外出打工、经商，还有一些人员落户到城市。生活在农村里的妇女、儿童、老人等特殊群体缺乏防御能力，容易成为犯罪的受害者。

最后，部分村干部实施违法犯罪行为，无法成为带领农村有效开展犯罪治理的主体。基层政府征地等任务的完成，有时不得不借用村干部的力量，基层政府和村干部之间的特殊利益关系，有时会加剧村干部牟利的欲望，同时降低民众的信任感。本来村委会作为基层最末端的组织应该能够有效化解社会矛盾，现实却出现村干部的不当行为引发了群体性事件。特别是由于农村精英人物的流失，农村社会结构失衡，无法达成制约和被制约状态。在犯罪治理领域，村干部和民众关系恶化的结果是综治策略无法在农村地区有效推行，因为综治策略最核心的目标，即动员多元主体参与犯罪治理这一目标无法实现。

（2）农村组织功能正负兼有

农村资源往往具有两面性，如何扬长避短，发挥正面作用，助益犯罪治理，考验着国家的犯罪治理能力。宗族组织和宗族文化的复兴具有不可逆性，宗族文化凝聚民心、团结力量，有效维护了农村社会秩序稳定。我们同时也应看到宗族文化的负面性，宗族之间因利益冲突而发生的斗殴事件、利用宗族势力侵犯他人权益的行为、聚集宗族人员共同从事违法犯罪行为等。国家应引导宗族组织等民

---

[1] 2016 年社会服务发展统计公报 [EB/OL].（2017 - 08 - 03）[2023 - 01 - 01]. https：//www. gov. cn/xinwen/2017 - 08/03/content_5215805. htm.

[2] 2021 年民政事业发展统计公报 [EB/OL].（2022 - 08 - 26）[2023 - 01 - 01]. https：//www. mca. gov. cn/images3/www2017/file/202208/2021mzsyfztjgb. pdf

间组织朝着良性的方向发展，发挥民间组织特有的凝聚力和号召力，在犯罪治理领域积极带头开展犯罪治理活动，为基层政权和村民搭起一座互相沟通的桥梁。①

1979 年村民自治制度正式实行以来，国家希冀于村民自治委员会这一半官方组织来实现对村民个体的管理。"国家—社会"两分法无疑是我国研究社会和国家两者之间既逐步分离又相互影响格局的一种主流研究范式。"既象征着'国家淹没社会'的'全能主义'国家时代的终结，亦代表着传统中国'家国一体'国家形态的没落。"② 村民自治是"国家—社会"研究范式的应用和实践。"20世纪 80 年代实行村民自治以来，我国形成了'乡政村治'这一独具特色的农村政治模式。国家与社会关系理论逐步被援引并运用农村研究领域，'社会'的范围被锁定在农村，'国家与社会'转变为'国家与农村'研究。"③ 而农村组织（村民自治组织为中心）无疑是农村社会层面的典型代表，农村组织积极调动村民参与村庄治理，极大地推动社区治理活动的开展。因此，实际上，"国家—社会"的两分法研究框架在农村基层实践被转为"国家机构—农村组织"的治理实践。

在犯罪治理领域，国家借助农村组织特别是村委会、治保会等开展犯罪自我防控，一定程度上弥补了国家犯罪治理资源不足的局面。然而，"国家机构—农村组织"的研究框架还不足以为我国构建一个民众广泛参与的犯罪治理模式。新中国成立以来，在城市的社会治理且包括犯罪治理在内，国家为了实现对社会的有效控制，采取了单位制的管理方式，国家通过把城市人员的管理转化为对单位的管理，通过单位负责制实现对社会的管理。在公有制占绝对主导的年代，通过单位自身严格的管理制度以及个体对单位的依附关系，"单位负责制"有效实现对个人的管控。在农村社会，国家通过公社制度实现对个体的管控，"生产小队—生产大队—公社"的制度把农民群体牢牢捆绑在一起，农民群体的日常生活围绕该制度进行，国家对社会个体的管理只需通过公社这个"平台"即可以实现。与公社或单位相比，农村组织在管理上显得更为柔性，加之民间群众性自治组织出现的异化现象，使得农村治理上产生了困境。在犯罪治理领域，我们既看到宗族权威人士和村干部实施越轨行为，同时也看到许多村庄治安良好，而正是有赖于农村组织的积极参与。农村社会结构具有复杂性，农村组织并非一定代表着广大村民的意愿，社会需要细分为农村组织以及村民个体两个层级，犯罪治理

---

① 佘杰新. 乡村治理中宗族文化的两面性及其应对 [J]. 湖南农业大学学报，2016 (2)：43 - 49.

② 丁惠平."国家与社会"分析框架的应用与限度——以社会学论域中的研究为分析中心 [J]. 社会学评论，2015 (5)：22.

③ 权丽华. 国家治理能力现代化背景下的乡村治理研究 [M]. 北京：光明日报出版社，2016：34.

既要依赖农村组织的中介功能，也要广泛调动村民参与犯罪治理。一方面，赋予农村组织犯罪治理主体地位，同时规范和引导农村组织健康发展。现代化催生陌生社会的到来，有些农村出现了较为严重的"原子化"现象，内部人员凝聚力大大下降，"分散的马铃薯"如何组织起来参与犯罪治理，考验着国家的治理智慧。国家通过对农村组织的接纳和利用，借助这一中间力量，实现与国家抓手难以触及的广大村民连接。一旦农村组织得到规范引导，由贤德之人担任带头人，协同国家采取犯罪防控战略，可以减少农村犯罪的发生，使得农村朝着良好面发展。同时，我们应意识到农村组织具有两面性，一旦异化，其不仅难以承担犯罪治理的功能，而且还可能导致犯罪行为，损害国家和村民的利益。因此，国家需要对农村组织形成制度化管理，把其纳入犯罪治理的主体，赋予其权利的同时明确其义务和责任。另一方面，调动村民参与犯罪治理的积极性。国家一味依赖农村组织，可能严重削弱广大村民参与犯罪治理的热情。农村精英主导着农村的发展，使得普通村民失去参与农村治理的热情，村民存在假性参与和搭便车的问题，有时地方实践所宣扬的国家机构和民间有效合作，实际上仅仅是国家机构借助民间精英推行活动而已。农村组织的异化，农村组织主要人员参与犯罪，更是反向凸显了村民广泛参与犯罪治理的重要性。如若村民法治意识提升，犯罪揭露渠道畅通，村民便拥有了制约权威人士违法犯罪的能力。

三、农村治理资源整合的最大化效果

社会治安综合治理是在保持原有国家主体中心地位不变的前提下，试图把社会资本、市场资源、技术要素、法治因子等一切可用要素纳入治理体系之中，从而弥补国家犯罪治理资源不足的缺陷，实现社会秩序稳定。能否整合农村治理资源，实现犯罪治理效果最大化，是影响农村犯罪治理的又一重要判断因素。

1. 基层政权犯罪治理资源有限

各个部门以完成自己分割配置的任务为目标，也难以实现目标的最优化。制约社会治安综合治理形成齐抓共管格局的原因有三点：第一，人力、物力、财力不足，无法保证联动机制的常态化，一些地方基层治安组织人员不足，又缺乏资金保障，联动机制开展有心无力。第二，社会治安联合治理、矛盾纠纷联合调解、重点工作联勤联动、突出问题联合治理等合作机制缺乏明确规定。缺乏规范

性指导，基层综治部门在多部门合作的问题上陷入困境，因此"联席会议"开完之后，又在各自领域"单打独斗"，难以达成协作共赢。第三，各个部门负责任务分解不具体，交叉领域的分工合作机制也不完善，这导致公安机关专注于犯罪打击，司法机关负责追诉和审理案件，对其他治理活动的重视不够，特别是多部门都需要负责的任务，更容易被搁置或忽视。由于各部门之间缺乏实质性的协作，缺乏开展预防性、前置性、根源性犯罪治理措施，犯罪问题仅仅会暂时性减少，并未得到实质性的解决。另外，社会治安综合治理联动机制往往还局限于工作例会、情况报告上。对如何利用技术手段、网络平台实现资源共享、互通有无、及时交流、快速联动缺乏实践探索。因此，犯罪治理方案的构建，要在强调"谁主管谁负责"原则的基础上，健全和完善多地区多部门共同参与的犯罪治理机制，形成齐抓共管、互相协调的治理格局。

2. 农村犯罪治理资源未被善用

信息化和技术化的进步，容易使我们过度相信增设治安机构和增加治安装备能快速改变治安态势，而忽视民间主体培育和民间资源整合的重要性。农村犯罪治理资源未能善用，表现为对民间资源的挖掘力度不够和对民间资源的融合度不足。首先，农村社会是一个熟人或半熟人社会，拥有许多独特的犯罪治理资源。从犯罪治理主体上看，有宗族组织、老年人组织、妇女组织、治保会等农村组织，而且，还存在宗族长老、知识分子、党员等精英人物，这些组织和人物都是维持农村社会稳定的重要主体资源。这些主体如何在犯罪治理上发挥独特功效，仍然缺乏明确的法律赋权和积极的实践探索。许多文件更多停留在"专群结合、依靠群众"的社会治安综合治理方针上，缺乏更为详尽的具体机制来实现国家力量和民间力量的配合、国家资源和民间资源的共治。其次，农村社会形成的道德规范、乡规民约、宗族族约等规范，对约束村民越轨行为具有重要的作用。由于对非制度性规范、道德约束力重视不足，这些资源在逐渐流失，实现"法安天下、德润人心"的目标还需要更多的努力。最后，农村具有自身独特的内部纠纷解决方式。农民群体财力不足、知识欠缺，他们内心无法确信是否能够得到预期答案，甚至生怕司法不公出现，而且，农村社会具有自身的运行逻辑，村民需要尊重农村社会的一些规则，顾及村民之间彼此的情面和感情，即便法律方式可以获得最大的利益，也并非其最优选择，因而村民往往首选农村自治方式。在国家治理创新中，要克服"一管就死，一放就乱"的困境，处理好治理理论的"公共性"和中国传统行政思维的关系，平衡好国家权力嵌入其他社会组织网络治理的关系。① 如何构建符合村民需求的纠纷解决机制，需要法律对农村运行逻辑的尊重，也需要司法工作者运用地方性知识寻找最佳的解决方式。一旦矛盾纠纷得不到妥善解决，可能会带来更大的冲突，甚至引发刑事案件，也可能导致民众直接绕过法律渠道，采取私力救济手段。

犯罪治理方案构建需善用农村犯罪治理资源。"目前一些地方政府习惯于对社会组织和社会成员采取自上而下任务下达与政治动员的刚性工作方式，注重对社会组织的防控要横向到边、纵向到底，将社会组织和社会成员视为社会治理的对象而非合作伙伴。"② 在善用乡规民约、风俗习惯等其他民间资源方面，仍然处于探索阶段。党的十八届三中全会以来，国家多次强调发挥社会规范和社会力量在社会治理中的积极作用。受经济条件制约，基层政权对农村犯罪治理资源的投入少，农村派出所、司法所、社区警察等国家力量难以为农村社会构筑起一道防范犯罪的强大法网。"1976 年，英国警察理论学家、警务改革的积极倡导者约翰·安德逊基于'增长的极限理论'，结合警务改革，提出了'无增长改善论'。警务工作的财政需求就像无底洞，无法完全满足，为此，根据产生犯罪的根源在社会，解决犯罪的力量也来源于社会，必须调动社会公众参与警务活动，通过无增长性警务解决警务资金的瓶颈问题。"③ 国家绝不可能无一遗漏地把所有犯罪治理问题纳入自身的治理范围，唯有的办法便是利用好农村秩序资源，构建一个内部自控有力、国家力量在场提供秩序保障的农村犯罪治理方案。社会力量参与犯罪治理，彰显了民主理念，也弥补了国家犯罪治理能力的不足。因此，未来我国犯罪治理最核心的任务之一是寻求国家资源和非国家资源的合作。

① 国务院参事室国家治理中心，山东大学国家治理研究院. 国家治理研究论纲 [M]. 北京：人民出版社，2021：323.

② 徐炜，陈民洋. 农村社会治理案例比较与难题：政策话语转变的视角 [J]. 武汉大学学报（哲学社会科学版），2015（5）：123 – 129.

③ 王彩元，曹春艳. 改革与建设：我国社区警务理论与应用之基础研究 [M]. 武汉：武汉大学出版社，2017：32 – 33.

第四节　探寻农村犯罪治理困境应然出路

　　社会治安综合治理自身存在缺陷，直接把城市犯罪治理举措推行到农村加以运用，自然无法使农村犯罪问题得到有效治理。2006 年国家提出平安农村建设时，就提出要建立健全适合农村特点的治安防控网络体系。迄今为止，我国仍未真正形成具有本土特色的中国式农村犯罪治理方案。构建符合农村特点的犯罪治理方案是应对当下不容乐观的农村犯罪情势的必然要求。从上文农村犯罪治理困境整体研究、宗族文化考察下犯罪治理效果影响因素的整体考察，我国农村犯罪治理要走出困境，需要构建中国式现代化农村犯罪治理方案。第一是更新犯罪治理的指导理论与理念，从以犯罪打击为主走向预防性、治本性、综合性、社会性、智能化治理，实现农村犯罪治理的现代化。第二是根据农村特点创新犯罪治理实践，否定全盘照搬城市或国外的做法，实现农村犯罪治理的本土化、中国化。第三，为了实现现代化、本土化、中国化，必须充分调动农村一切可利用的资源，将农村治理资源利用实现最大化效果。为此，本书认为，以总体国家安全观作为指导，犯罪善治理念作为追求，结合农村犯罪发展态势和现实社会状况，构建一个中国式现代化的农村犯罪善治方案，是走出治理困境的最佳选择。中国式现代化农村犯罪善治方案是指在总体国家安全观指导下，打破"严打"和重刑僵局，通过关注农村社会变化的实际状况，充分利用农村资源，尊重农村权力文化网络，构建一个村民自觉维护秩序和农村自治系统强劲、国家力量有效融入和国家治理权威扎根的农村，"国家主体—农村组织—村民个体"间互促增效的治理方案，实现犯罪治理的社会化、法治化、智能化、专业化，从而有效预防犯罪，迅速打击犯罪，矫治犯罪人，修复破损秩序，最终实现村民基本安全诉求获得满足、农村安定有序、国家政治稳定的目标。在此之前，我们需要回答总体国家安全观的指导意义、犯罪善治理念的时代价值以及在我国构建农村犯罪善治方案是否具有可行性等一系列问题。

一、农村犯罪善治方案的核心内涵

方案是一种能够给人们实践活动提供指导和方法的具有抽象性、概括性的指南。方案构建不是简单重复照搬一些地方做法，而是对既往实践和经验的广泛考察，归纳出造成实践问题的关键原因，提出解决问题的主要措施，使得方案可以被推广使用。农村犯罪治理方案的构建，就是为农村社会犯罪治理提供一套具有指导价值的方案。这套方案必须具有高度的概括性，而非仅仅适合于个别地方，也必须具有一定的前瞻性，而非现有做法的简单总结。同时，这套方案不能脱离农村社会现状，需具有可操作性。农村犯罪善治方案的基本内涵，是指导农村犯罪治理实践的高度概括，应包括方案的目标、主体、手段。根据善治理念、农村社会现状、农村犯罪情势、犯罪治理的实践经验和犯罪治理的现实困境等，结合"方案"应具有前瞻性、能动性、复制性、可操作性等特点，本书提出农村犯罪治理的基本内涵。

1. 总体国家安全观下走现代化道路

2014 年，习近平总书记在中央国家安全委员会第一次会议上正式提出了总体国家安全观，其基本内涵为"以人民安全为宗旨，以政治安全为根本，以经济安全为基础，以军事、文化、社会安全为保障，以促进国际安全为依托，走出一条中国特色国家安全道路"。[①] 社会稳定是国家强盛的前提。社会安全给人民安居乐业和国家政治稳定提供有力支撑，因而国家和地方要打击危害社会安全的不法分子，防范化解重大风险，避免普通的社会问题演变成为社会安全问题和重大政治问题，进而损害民众的利益。人民安全是根本，是出发点和落脚点，不管是政治安全还是社会安全，最终都在于保障人民安全。总体国家安全观清楚地阐明人民安全和社会安全的关系，有助于指导刑法在发挥保障基层公共和社会秩序稳定的同时，全面保障民众的各项权利，提升民众的安全感。总体国家安全观注重系统思维，关注事物之间的关联性，全方位把握事物的本质，从国家治理体系和治理能力现代化的战略高度，寻求预防性、治本性和全方位的治理措施。总体国

① 中共中央党史和文献研究院. 习近平关于总体国家安全观论述摘编［M］. 北京：中央文献出版社，2018：4.

家安全观蕴含着预防性思想，要求各级部门做好预防风险工作，不断化解社会矛盾和冲突，从源头上减少安全隐患，这有助于我们客观认识刑法在应对非正常上访行为的有限性。党的二十大报告提出："必须坚定不移贯彻总体国家安全观，把维护国家安全贯穿党和国家工作各方面全过程，确保国家安全和社会稳定。"

总体国家安全观的提出，要求我们注重传统安全和非传统安全，坚持人民安全为宗旨，关注一般的社会问题、社会治安问题上升到国家层面的社会安全、公共安全问题甚至政治安全问题，强调系统思维、战略思维、底线思维，为综治策略完善和农村犯罪治理提供了方向和指导。第一，是我国历史实践探索的必然选择，是构建中国式综治策略的必然要求。在百年未有之大变局和中华民族伟大复兴全局的背景下，国家安全日益复杂，社会风险叠加放大，我国违法犯罪呈现出新特点、新样态和新趋势，对综治提出了更高的要求。梳理2014年以来的几个重要节点可以发现，总体国家安全观作为综治指导思想是历史实践探索的必然选择。2014年4月15日中央国家安全委员会第一次会议指出，社会安全是维护国家安全的重要保障，上升到国家层面的社会安全成了国家安全的领域，维护国家安全和社会治理、社会治安防控因对象交叉而联系在一起。2016年10月，习近平总书记就加强和创新社会治理作出重要指示，维护国家安全和建设社会治安防控体系有了新的连接点，努力建设更高水平的平安中国成了两者的共同目标。2020年4月，党中央决定成立平安中国建设协调小组，并成立了社会治安组、公共安全组、政治安全专项组、维护社会稳定组等小组。维护国家安全和社会治理、社会治安连接有了体制和机制的支撑。加强社会治理、依法严惩群众反映强烈的各类违法犯罪活动，是维护和塑造国家安全的预防性、基础性措施。2022年10月，党的二十大报告强调将提升社会治理效能纳入推进国家安全体系和能力现代化内容之中。第二，是应对违法犯罪新趋势的现实需要。目前，我国社会治安压力仍不容忽视，特别是一些犯罪严重影响到人民安全，甚至破坏了我国的国际形象。诸如黑恶犯罪、诈骗犯罪、毒品犯罪等严重影响民众的安全感，甚至使我国成为国际污蔑的对象，需要上升到国家治理层面、各部门共同应对的问题。新时代背景下，传统安全与非传统安全相互交织，原本属于普通的治安问题和犯罪问题可能上升成为国家层面的社会安全问题，甚至政治安全问题，同时社会、公共等领域违法犯罪严重性加重，均需要从国家安全高度加以重视。普通的治安案件和危害国家安全案件交织一起，需要公安机关和国家安全部门的配合。这些新的变化均需要一种新的理论作为指导，推进综治能力的现代化。总体国家安全观的提出，扩展了平安的范畴，使我们能够以更宽广的视野看清现在世界的风云变幻，深刻理解党中央制定的平安中国建设系列政策的高瞻远瞩。① 总体国家安全观"五大要素""五对关系"涉及方方面面，其系统思维有助于指导、提升综治的治理水平和能力。第三，总体国家安全观理论体系完善，能够推动综治理念的升级转变。关注社会治安问题可能上升为社会安全问题甚至政治安全问题，是总体国家安全观系统思维的应有内涵；把社会治理、社会治安防控作为提升国家安全治理能力和水平的预防性、基础性措施，是总体国家安全观底线思维、统筹思维的必然要求；治安防控、犯罪治理需要置身于国家治理体系和治理能力现代化的整体性布局之中，不能头痛医头，脚痛医脚，以新安全格局保障新发展格局，是总体国家安全观战略思维的应然选择；构建全域联动、立体高效的国家安全防护体系，建设更高水平平安中国离不开立体化社会治安防控体系。总体国家安全观因其具有的科学性、理论性、系统性，特别是对传统安全问题和非传统安全问题的兼顾，使得犯罪治理能够在正确理论指引下，全面推进犯罪治理体系和能力现代化。

2. 摆脱维稳导向窠臼走向农村善治

治理理论，有助于跳出维稳和"严打"思维，然而其本身仍然存在问题。不管是国家政策层面，还是理论层面，均提出了由治理向善治的升级。

何为善治？其是国家和非国家组织之间达成一种协作共赢、互惠互利的状态，从而充分保障民众权益的一种新的治理方式。② 善治的基本要素包括合法性、透明性、责任性、法治、参与、回应和有效。其中，合法性是通过民主和法治原则达到社会秩序和权威被自觉认可和服从的性质和状态。透明性是政府和社会主体信息的公开。责任性指与某一特定职位或机构相连的职责及相应的义务，特别是强调了国家的责任。法治即尊重宪法法律，依照法律行事。回应是指国家主体需要及时回应公民的诉求。参与是公民参与到公共生活治理中。有效意指社会治理的效率。③ 俞可平教授指出："政府对人类实现善治仍然有着决定性的作

---

① 邵祖峰，刘菲. 总体国家安全观下的平安乡村建设理论基础、路径与体系 [J]. 湖北警官学院学报，2019（5）：140.
② 联合国发展计划署为此下了定义："善治是政府、公民社会组织和私人部门在形成公共事务中相互作用，以及公民表达利益、协调分歧和行使政治、经济、社会权利的各种制度和过程。"参见：G. 沙布尔·吉玛，丹尼斯·A. 荣迪内利. 分权化治理：新概念与新实践 [M]. 唐贤兴，张进军，译. 上海：格致出版社，2013：49.
③ 俞可平. 治理和善治：一种新的政治分析框架 [J]. 南京社会科学，2001（9）：42-43.

用。善政是通往善治的关键。"① 善治并不是对治理理念的抛弃，两者并非截然分开。善治丰富了治理理念的内涵，坚持了治理理念主体多元和手段多样的核心内核，同时更加强调治理过程中责任、民主、协商、法治、公平、共赢、效果和效率等现代因素的贯彻②，特别注重追求良善的目标和结果，使治理的目标、过程及方式更加明确合理。可见，善治可以看作一种理念，追求"善"之目标，达到一种最佳状态；同时还可以看作一种过程，通过回应、透明等要素的落实以实现社会公共利益最大化。善治有助于真正实现多元主体、多种手段的合作共赢，避免各主体自行其是、推诿责任。

目前部分地区综治的推行主要依靠压力型体制、主体责任制，难以真正调动民众参与社会治理的积极性。综治不能仅仅停留于口号式的多元治理，而应该深抓落实实现多主体、多手段间"1＋1＞2"的效果。这就需要治理者坚持善治理念指导，形成整体治理思维，跳出思维禁锢，拓宽思路，从社会治理更大广度思考违法犯罪现象的治理，并对综治的制度、机制、方法等方面加以完善，突破简单打击、表象治理，向实质善治转变。在善治指导下，农村犯罪治理活动的最终目标应是实现村民安居乐业、农村安定有序、国家政治稳定，其中保障人民安居乐业应作为最重要的目标。

第一层目标是建立多元主体、多种手段协同相生的犯罪治理格局，即达成村民自觉维护秩序，农村自治系统良好运转，国家力量有效融入，治理权威扎根农村，"国家主体—农村组织—村民个体"之间互促增效，犯罪治理方案能动前瞻的良好局面。善治理念要求多元治理主体协商合作，且国家主体积极承担起治理责任。首先，农村犯罪善治方案要实现村民自觉维护秩序和农村自治系统良好运转。农村犯罪治理活动开展的基础在于广大民众，落脚在农村。培育村民自觉维护农村秩序、构建内部防御系统的意识，既是国家尊重民众自身创造力的表现，也是国家进一步开展犯罪治理活动的基础。当前，一些农村地区社会结构呈原子化现象，村民的思想观念发生较大改变，农村共同体意识呈现消减的趋势。农村犯罪治理的当务之急是调动村民参与犯罪治理的自觉性，提升村民维护农村社区安全的责任感，构建起农村内部犯罪自净系统。其次，农村犯罪善治方案要实现国家力量有效融入和国家权威真正扎根的目标。国家力量既不能悬浮于农村社会之上，更不能生搬硬套地介入农村社会。政法机关需采取符合村民需求和农村特

---

① 俞可平. 增量民主与善治 ［M］. 北京：社会科学文献出版社，2005：147.

② 第一，治理方式是多元主体间在遵守法治原则的前提下，通过民主协商做出有效性和合法性的决策，使得民众自觉服从权威、维护秩序。第二，治理过程中要注重信息的透明性、国家主体的责任性以及对非国家主体合理诉求的回应性。第三，治理目标是非国家主体和国家主体的一致追求，符合双方利益和公平原则，并且要注重效果和效率的统一。

点的方式深入农村社会进行普法、办案。在犯罪治理实践中增进与村民之间的信任，使国家权威扎根农村社会。最后，农村犯罪善治方案要实现多元主体互惠共生和治理结果互促增效。国家主体和农村主体除了在各自的职责范围内开展犯罪治理外，更为重要的是形成合力。倘若多元主体之间缺乏合作的渠道和制度，既浪费资源，又难有建树。我国农村犯罪治理活动中，多元主体在各自领域都有所作为，却没有发挥出更大的功效。因此国家需要创设更多的形式、渠道，使国家主体和非国家主体之间能够开展对话、进行合作，实现互惠共生的目标。在多主体合力下，国家借助技术和制度赋能，乡村贡献人力和权威，实现人防物防技防的统筹推进。

第二层级的目标是构建多阶段、全方位的犯罪治理方案，即有效预防犯罪，迅速打击犯罪，矫治犯罪个体，修复破损秩序。善治理念要求犯罪治理手段多元，且要特别重视在社会治理中进行犯罪治理，即重视预防性和修复性治理。我们应该摆脱重犯罪打击、轻犯罪预防的方式。在犯罪治理方案构建过程中，对犯罪治理的各方面、各阶段均应加以重视。首先，着眼于犯罪预防，尽可能减少犯罪的发生。国家机关应积极主动开展预防工作，对村民开展有针对性的普法宣传，借助高科技预测犯罪，加强环境犯罪预防。其次，开展准确、及时、高效的犯罪打击活动。由于警力远离农村社会，农村犯罪案件可能被掩盖，犯罪嫌疑人可能逃离现场。国家应该加强街面巡逻、社区警务，借助农村力量增强打击犯罪力度，提升打击犯罪效率。再次，完善社区矫正制度和刑释人员帮扶制度，开展禁毒活动。只有开展有效的事后矫正、帮扶和教育工作，才能真正降低再犯罪率。部分农村社区矫正和刑释人员帮扶制度流于形式，成为社会治安一大隐患。国家应积极借助民间力量，加强矫治和帮扶工作。最后，注重农村社会秩序的修复，防止犯罪的重复发生。不良的社会风气、畸形的经济发展等原因导致犯罪的发生，而犯罪行为恶化了社会秩序，如若不加以修复，则会造成更为严重的犯罪现象。

第三层级的目标是实现村民基本安全诉求、农村安定有序、国家长治久安。第三层级目标的实现以前两个层级目标的实现为基础，同时整个犯罪治理活动应围绕这个最终目标展开。农村犯罪治理不能仅仅片面强调社会、公共秩序稳定，而应该把村民基本安全诉求、农村安定有序、国家长治久安三者作为根本目标，其中满足村民基本安全诉求是最根本的。基层政权过于强调公共秩序稳定，而缺乏更多资源投入改善社区环境、保障人身财产安全等个体更为关注的基本安全诉求，必然会导致群众的支持度和信任度大大下降。善治理念提醒我们：国家只有通过满足村民的基本安全需求，开展社区环境整治工作，才能获得村民对国家的充分信任、积极支持，最终真正实现农村安定有序、国家政治稳定，这才是善于治理、治理至善。在建设平安中国过程中，中央一再要求把群众满意度作为衡量和检验建设成效的根本标准。只有保障村民自由有序生活，国家才能实现真正的稳定，因此，在综治工作考核中，人民群众基本安全诉求的落实和治安满意度应占据较大权重。基层政府在社会管理过程中，应当突破思维，寻找社会治理手段以实现农村稳定、标本兼治的目标。立法和司法也应摒弃重刑旧途，转向人文立法、亲民司法的道路。

3. 关注农村社会变迁实现能动治理

农村犯罪善治目标的实现，关键在于对农村社会现状有客观和准确的把握。前文已一再论述，社会快速转型导致农村秩序发生了较大变化，农村犯罪情况越发复杂，不仅加大了国家犯罪治理的难度，也对犯罪治理方式的灵活转变提出更高要求，这也是实现农村犯罪治理本土化的重要条件。第一，不管是国内的犯罪场理论还是国外的社会结构理论，都强调了人所置身的场域和环境与犯罪发生的关系。农村秩序的变迁导致了农村犯罪情况更加复杂，且不同类型的村庄犯罪概况也各不相同。因此，国家需要对农村犯罪现状及其发展趋势有客观认识，据此调整治理资源的配比和犯罪治理的策略。而不同地区的政权机关，需要在农村犯罪善治方案的宏观指导下，根据地区的社会结构和犯罪态势，采取更具针对性、前瞻性和能动性的措施。第二，在传统社会里，由于信息传递的有限性、人口流动的限制性以及思想管制的严格性，国家借助乡绅、族长传递统治者的理念，能够被民众所接纳。一旦民众违反国家规定、危及统治秩序，国家便对民众施加严厉刑罚。如今，农村内部精英力量流失严重，内生性权威下降，德化和乡俗治理式微，犯罪内部治理资源不断弱化，而村民价值观念多元、人口流动更加频繁，仅仅依靠传统乡村治理已难以达到犯罪治理的效果。在社会秩序快速变迁的背景下，国家应积极调整犯罪治理战略，引导犯罪治理手段从德主刑辅转向法治、德治和乡治并用共治，从而推进国家治理体系和治理能力现代化。

4. 调动农村社会资源实现犯罪自控

善治理念和犯罪治理的本土化都要求利用民间资源，实现各种资源间的"协调相生"。在社会快速转型、社会风险增大、社会治安压力仍然较大的年代，犯罪治理活动要求国家摒弃大包大揽的传统做法，建立多元主体共同治理、多手段一并出动的新型犯罪治理方式。基层政权财力有限、司法资源匮乏，更应充分利用农村社会资源，在农村内部编织一张抵御犯罪的网络，实现农村内部自我防控，最终形成"国家主体—农村组织—村民个体"多元协作格局。

首先，广大村民是犯罪治理的基本力量。农村社会是熟人社会或半熟人社会，具有较强的社会资本，更具聚集民众参与犯罪治理的社会基础，国家机关应积极借助民众力量，调动其积极参与报案、作证、矫治、帮扶等治理工作的积极性。姚建宗教授认为："法治的精神意蕴即人们对法的真诚的信仰的培育、法治的规范与制度的良性运作，都是也只能是在现实的人的日常生活世界之中展开。"① 民众参与犯罪治理活动，不仅是对国家治理资源不足的补充，而且提升了村民个体的法律意识和权利意识，有利于促进国家法治的进步。但民众力量不能仅仅停留于农村精英的参与，更应该采取机制调动全民参与的热情，形成常态化的参与方案。治安共同体的构建内容包括价值层面的各方主体价值认同②。国家主体不能采取强制性任务分配方式，而应该始终秉持人民主体地位的原则，与非国家主体充分讨论犯罪治理策略的制定、治理资源的配置以及治理过程的细节等问题。如果仅仅空谈调动离散的民众集体参与犯罪治理，忽略了农村社会内部结构和社会关系的现状，特别是城镇化进程的推进、农村社会原子化愈发严重的现状，又缺乏建立相应的激励性机制、协商机制和信任机制，那么农村犯罪治理终将是国家的"一头之热"。实践中往往如此，所谓国家和社会共同治理，并没有真正调动广大村民，而仅仅是以村委会为主的农村组织配合国家完成指标性任务。

其次，基于经济、政治、文化或服务的目的，由民众自行组成的农村组织，是犯罪治理的重要社会力量。目前农村犯罪治理在对农村组织的利用上是保守的，主要停留于村委会的参与层面，这无法突破行政体系框架，真正发挥民间力量的优势。我们仍把非国家主体定位为犯罪治理的辅助力量，不利于调动非国家主体参与治理的积极性。国家应正视并接纳非体制性农村组织进入犯罪治理体系，发挥农村组织特殊的犯罪治理功能，参与人身危险性评估、社会治安状况调查和犯罪预防工作等犯罪治理活动，发挥其沟通国家和村民的桥梁作用。

最后，农村社会的乡规民约、风俗习惯、道德规范等非正式制度，是防止村民越轨的有益资源。重拾传统的道德伦理和传统美德，并不在于对民众思想的控制，而在于通过正确价值观念的传递来增强村民凝聚力，从而使村民对犯罪行为表现出应有的共同抵制态度，同时激发村民的羞耻意识，自觉远离犯罪行为。

---

① 姚建宗. 生活的场景与法治的向度 [J]. 吉林大学社会科学学报，2000 (1)：1.
② 陈秋菊. 社会治安共同体的构建 [J]. 中国刑警学院学报，2020 (2)：81.

5. 坚持国家力量在场实现秩序保障

善治强调非国家主体在社会治理中的重要性，同时也指明了国家的公共责任，弥补了治理理论多元主体推诿责任的缺陷。犯罪治理领域的特殊性以及国家力量在农村的不足，均体现国家力量的重要性，但要求国家积极改变治理方式，以更为亲民的形象出现在公众面前，以更为软性的方式开展治理。在犯罪治理活动上，国家要把更多精力放到犯罪预防和秩序恢复上，而非专注于犯罪打击。国家力量应该通过软性介入，寻求一种有效的机制和制度，从而与农村力量交织成为一张治理网络，不断促使农村力量发展、成熟和壮大，国家可以投入越来越少的资源去获得更多的治理成效。坚持国家力量在场，并非仅仅是坚持基层派出所在场，而是多部门之间的联动，形成齐抓共管的治理格局。公安机关开展社区警务，司法部门开展普法活动，法院田间办案等，都是国家力量在场的应有内涵。

6. 尊重权力文化网络实现有效融合

我们提倡农村内部力量自控，国家力量下沉，但是这远远不够，两者间的协同更为关键，这要求国家以一种更为平和的态度去尊重农村的权力的文化网络[1]。农村内部有一套自身的权力的文化网络，是农村内部成员行为的指引，其约束着国家开展社会治理。只有尊重农村组织和规范形成的权力网络，国家力量才能有效发挥。如果国家不尊重这种特殊网络，可能使得一系列美好设想在运行中发生扭曲甚至被架空。杜赞奇对 20 世纪初期的华北农村进行调研后，深刻指出："现代化过程中的国家政权完全忽视了文化网络中的各种资源，而企图在文化网络之外建立新的政治体系，这不仅带来地方权威基础的侵蚀，还可能培养被村民们称为'无赖'或'恶霸'的营利型经纪人。"[2] 由宗族组织、宗教团体以及其他农村组织组成的农村权力文化网络，使得农村运行具有自身的逻辑属性，

---

[1] "文化"指扎根于乡村社会组织之中而为人们认同的象征和规范，主要指宗教信仰、家族条规、乡村规约等。"权力"是指个人、群体和组织通过各种手段获得他人服从的能力，这些手段包括暴力、强制、说服以及对原有权威和法统的继承。乡村组织关系很少是同晶结构的，而是以各种形式错综交织，形成一个个权力关系网结，汇聚了基层政权、家族、宗教、农村组织等权力主体，村庄平面上的权力斗争以及国家政权企图深入乡村社会内部加强社会控制的努力都是以这些网结为中心而展开。参见：欧阳爱权."权力的文化网络"视域中农村社区治理逻辑研究 [J]. 湖北行政学院学报，2011（5）：23.

[2] 杜赞奇. 文化、权力与国家：1900—1942 年的华北农村 [M]. 王福明，译. 南京：江苏人民出版社，2010：208 –211.

影响着法治的进程。国家如若不去重视农村权力文化网络的影响力，尊重并引导其为国家治理所用，会带来一系列负面作用。国家权力组织在农村治理网络组建过程中，应尊重农村权力文化网络，寻找两者间的结合点，实现有效渗透和融合。"农村社会治理在法治逻辑与约定俗成的惯例路径之间碰撞、游走，应培养一种基于法治逻辑的新秩序，并与基于社会关联的既有农村秩序相匹配、相融合，实现多元协同的农村社会治理格局。"① 总之，各种民间传统组织和新生组织形成的合力影响着农村秩序格局，国家不能停留于"重视民间主体的价值"等口号式倡导，而应当从宏观定位、制度构建、机制保障等层面，尊重农村权利网络，全面引导民间主体进入犯罪治理领域，并使得农村组织和国家机构之间互构，共同致力于平安农村建设。同时，对农村内部治理方式和非正式制度规范加以挖掘、规范、引导和融合，形成"法治和乡治"共同配合、"正式制度和非正式制度"互相补充的有利局面。

二、农村犯罪善治方案的实践意义

构建一个中国式现代化的农村犯罪善治方案是走出犯罪治理困境的最佳选择，有利于推进农村犯罪治理现代化，是推进中国式农村犯罪治理的必由之路。

1. 有利于推进农村犯罪治理现代化

上文我们反思了造成犯罪治理困境的原因，提出要从犯罪控制、犯罪治理迈向犯罪善治理念。回顾我国犯罪治理的历史，封建时期主要是以统治理念为导向的官民合作双轨犯罪治理模式。20 世纪 80 年代以前，我国主要是以打击理念为导向的政治动员式犯罪治理模式，直到社会治安综合治理推行后，才开始了以治理理念为导向的犯罪治理模式。社会治安综合治理策略借助国家建立起来的组织网络，在压力型体制下严格推行责任制，使国家机构加入犯罪治理活动。同时，国家不断开辟新的渠道和空间容纳新的社会主体参与犯罪治理，不断丰富治理主体和治理手段。然而，社会治安综合治理策略的内在缺陷及其背后蕴含的治理理论无法给予犯罪治理策略更好的指导，使得犯罪治理活动时而陷入非常规的状

---

① 张文博. 现代化转型中法治秩序与乡村社会秩序的融合——基于两起土地纠纷案例的农村社会治理路径探讨 [J]. 西部论坛, 2016 (3)：45-53.

态。善治理论进一步完善了治理理论，将善治理论引入犯罪治理活动，实现指导理论从犯罪治理向犯罪善治的转变，"走出刑罚量与犯罪量齐头并进、维稳成本与维稳压力同步增长的恶性循环。"① 在新时期，要更加注重善治蕴含的民主、参与、法治、回应等要素，进一步推进犯罪治理迈向犯罪善治，真正打破以犯罪打击为主的治理僵局，提升治理效能，构建新安全格局。总体国家安全观强调要坚持推进国家安全体系和能力现代化，强调预防性、整体性的思维，同样要求提升治安防控整体能力，追求违法犯罪的善治。

第一，善治更有利于避免治理实践迷恋"运动式打击"。善治不仅是一种良善结果的追求，而且是一系列要素落实和贯彻的过程。为了实现"善"的治理目的，治理过程需要落实"法治和合法、效果和效率、公正和透明、责任和回应"等因素。在善治的指引下，治理实践需要更加积极拓宽民众民主的参与渠道、更加尊重民众的自由和权利、更加注重预防性举措，这更有利于实现治理效果的最大化，更有利于创造"人民享有广泛自由的充满活力的包容性秩序"②。第二，善治回答了非国家主体参与治理的正当性问题。善治理念指出，增进公共福利所指向的"善"的愿景并非国家的单方向追求，而是多元主体之间共同追求的"一致性"愿景。国家治理资源有限，仅靠国家单方力量难以达成善治愿景。任何民众都不能仅享受他人创造的美好社会环境，而不承担其应有的责任，提升治理效果离不开非国家主体的共同参与。非国家主体参与治理既是一种责任也是一种权利。善治理念指导下，作为社区的一分子，在享受其他人努力创造的良好治安环境的同时，也应当积极主动参与综治实践，这既是人民民主赋予的权利，更是为了实现共同目标所必须积极履行的责任。社区是由区域内人员组成的共同体，社区成员都负有遵守社区"第二规范"的义务，否则将会受到社区的排挤。同时，每个人又都是社区的主人，拥有积极参与社区活动的权利，对社区各项决策产生影响。站在综治实践角度，个体居住于共同的区域，就必须参与违法犯罪治理活动。可见，善治理念解决了非国家主体参与违法犯罪治理正当性的问题，有利于提高民众参与犯罪治理实践的觉悟和热情。第三，善治理念符合中国式现代化的内涵。徐勇教授认为国家治理体系和治理能力现代化包括五个要素或者标准："治理制度性、民主化、法治化、高效化以及协调化。"③ 善治通过整合协调各方主体和资源，建立明确的分工配合制度和良性互动的协作机制，避免

---

① 冯卫国. 寻求更加有效的犯罪治理——走向国家与社会合作共治 [J]. 甘肃理论学刊, 2015 (1)：40.

② 张文显. 法治与国家治理现代化 [J]. 中国法学, 2014 (4)：6－7.

③ 徐勇, 吕楠. 热话题与冷思考——关于国家治理体系和治理能力现代化的对话 [J]. 当代世界与社会主义, 2014 (1)：8.

各行其是或相互牵制，达成更高的治理成效。善治既追求过程的民主实现和主体的责任落实，也追求效果和效益的增进。善治要求构建一个民主、公平、透明和法治的政治环境。"善治是在一个坚持人权、民主、法治的政治和制度环境下，为达到公平和可持续发展而对人、自然、经济和财政资源进行的透明且负责任的管理。"① 因而，善治理念包含了法治、民主、合作和效率等内涵，将其融入综治实践中，有助于实现综治体系现代化，也符合现代社会控制的原则。② "中国式现代化是以人民至上为根本价值理念、以人民为中心、以人民幸福为终极追求的现代化。"③ 善治强调增进公共福利，关照民众需求，符合中国式现代化的内涵。

2. 有利于推进中国式农村犯罪治理

我们反思了现有农村犯罪治理"城市样板化"的弊病。"中国人生活的环境和条件完全不同于那些我们已经习惯了的情况。任何想当然的看法都是不可靠的。在某些基本的一致性当中，中国人的生活充满了迷幻和令人费解的多样性。"④ 1949 年以来，伴随国家权力的下沉、回缩与再进入，乡村治安治理遵循的主要路线分别是对敌斗争、矛盾调处和共同体构建，其分别遵循的是革命或政治的逻辑、市场经济的逻辑和总体性变革的逻辑。国家与社会的关系是社会秩序构建的核心内容，治理是国家与社会互动的过程，构建与基层社会矛盾纠纷化解需求相适应、国家与社会合作共治的模式，是乡村治安治理模式创新的总体方向。⑤ 农村社会秩序、社会结构和治理需求的特殊性，要求我们注重农村犯罪治理的本土特色，构建一个符合农村特点的犯罪治理方案，更好地反映农村社会秩序变迁情况，反映农村社会结构变动情况，弥补国家治理能力的不足。

然而，简单的资源整合不一定能达到最佳的治理效果，我国社会治安综合治理虽然提倡多元主体合作、多种手段并用，但由于实践中缺乏明确的协同机制，

---

① 曼德，阿斯夫. 善治：以民众为中心的治理［M］. 国际行动援助中国办公室，编译. 北京：知识产权出版社，2007：10.

② 罗斯提出了社会控制的五条准则："第一，社会干预的每一增加给作为社会成员的人带来的利益应大于它对作为个人的人引起的不便；第二，不应轻易激起反对自身的渴望自由的感情；第三，应当尊重维持自治秩序的感情；第四，不应是家长式的；第五，不应限制生存竞争。"参见：罗斯. 社会控制［M］. 北京：华夏出版社，1989：318 - 323.

③ 江畅. 中国式现代化的必然性、合理性与正当性［J］. 求索，2023（1）：19.

④ 明恩溥. 中国的乡村生活［M］. 陈午晴，唐军，译. 北京：电子工业出版社，2016：2.

⑤ 李春勇，魏来. 中国乡村治安治理结构变迁及其逻辑［J］. 中国人民公安大学学报（社会科学版），2022（3）：88.

致使资源难以真正善用。总体国家安全观和善治理念指导下，国家资源和农村资源并非简单地综合运用，而是要求资源之间"协同相生"。国家通过各种渠道、机制、制度真正把民间资源纳入国家犯罪治理体系中来，从而实现治理效果的提升。在国家层面，有关机关主动寻求社会和公民的协助；在社会层面，农村组织积极发挥桥梁作用；在个体层面，村民自愿参与到犯罪治理中，从而实现治理效果的增效。国家通过对农村社会资源的善用实现国家治理现代化的目标，而农村社会资源在和国家的合作过程中促进自身能力的提升，两者在相互合作、相互博弈中共同朝着良性的方向发展。据此，以落实民众基本安全诉求的良善目的为指引，通过资源"协同相生"实现农村犯罪善治的目标，是走出农村犯罪治理困境的必由之路。

三、农村犯罪善治方案的运行基础

农村犯罪善治方案并非现有做法的简单归纳，而是通过反思现有做法的不足，结合各地实践创新经验而提出的。为使农村犯罪治理朝着更好的方向迈进，该方案对农村犯罪治理实践提出了更高的要求，这就需要回答是否具有在农村运行可行性的问题。我国农村社会资本较强，犯罪治理可利用资源丰富，村民自治提升了村民的自治能力，农村犯罪善治方案运行具有可行性。

1. 具有一定的农村社会资本

传统中国农村社会是一个以血缘关系为基础，以家庭为核心，逐步向外扩展关系网而形成的熟人社会。共同体有着属于内部的规则、风俗、行为习惯，个体则依据身份和地位扮演多种角色。非正式制度、礼治文化深刻地影响着乡治的行为逻辑。村民更多依据血缘亲疏和情理办事，彼此之间对处事方式有着较为一致的看法。改革开放以来，农村社会结构和人际关系网络发生了巨大变化，农村由乡土社会转为后乡土社会，村民之间的来往减少，内部规范约束力减弱，社会资本有所降低。现今的农村社会与传统农村社会不可同日而语。但不可否认的是，我国农村社会仍然是一个具有人情色彩的"半熟人社会"；部分地区民间习俗保留完整、传统礼治文化影响力大，受城镇化进程影响小，具有较为浓厚的"乡土性"。"习俗、宗法制度、人情、亲情关系等乡土秩序并没有从乡土社会中消失，仍具有强大的生命力。"①

社会资本包括社会网络、互惠性规范以及信任三大要素。"社会资本的两个不同纬度包括'客观社会联系'和个人之间的'主观纽带'。客观社会联系是指那些正式和非正式的社会组织，它们在个体意愿和平等的基础之上形成、运动。主观纽带，或者说规范，主要是指社会个体之间的信任和互惠互利。"② 农村社会由于血缘和地缘关系，村民们彼此之间交往频繁、互相熟悉、关系紧密。开展宗族、宗教团体活动，会使村民之间的联系更加频繁。熟悉的关系网络使村民彼此之间少了一些猜忌，多了一份信任。相比于城市，农村社会信任资本较强。文化印记深刻烙印于熟人社会，村民彼此之间的信任感强，人们对行为可能带来的结果的预期较为确定，有助于开展群体活动包括犯罪治理活动，这正是社会资本的价值所在。

犯罪善治方案提倡多元主体间进行协商合作，而协商合作机制能否成功运转很大程度上依赖于主体之间是否相互信任，熟人社会使得国家组织村民或村民自身组织起来更具便利的社会基础，也使得主体之间在互相信任的环境下能更快地达成一致意见。在农村社会，村民们需要遵守共同的道德规范、行为习惯，其或以成文方式表现出来，或潜移默化存留在村民心中，人们在这一套规则和习惯下生活，彼此之间互相交流和影响，达成了某种共同的认知、思维和行动模式。这种"不约而同"的共性不仅有利于形成共同的犯罪治理对策和方案，而且有利于集中力量抵制外部犯罪侵入。熟人社会里，人们彼此之间互相熟悉、互相制约、互相监督，也有助于决策的推行。"公民之间的互惠规范与社会信任感有助于化解集体行为的困境；能有效改变人们对他人行为的期望，能将人们的考量由狭义利益转向公共利益。"③ 社会资本有利于犯罪治理活动开展，但不可否认的是农村社会正在逐步原子化，一方面需要增强社会资本，另一方面需要采取诸如激励性机制调动民众的参与热情。

2. 具有一定的犯罪治理资源

犯罪治理资源的多寡制约了犯罪治理活动的开展。国家主体犯罪治理资源的有限性，意味着需要挖掘民间资源，夯实国家的基础性权力。农村可挖掘的犯罪

① 杨玉豪. 乡土社会视野的法治 [J]. 求实, 2003 (2): 60.

② PAXTON P. Is social capital declining in the United States? a multiple indicator assessment [J]. American Journal of Sociology, 1999 (1): 88 – 127.

③ CHRISTOFOROU A. On the determinants of social capital in Greece compared to countries of the European Union [J]. FEEM Working Paper, no. 68 (Fondazione Enrico Mattei, Milano), 2005.

治理资源丰富，有利于犯罪善治方案的运行。关于这一点，上下文都有重点论述，此处简要分析。首先，犯罪治理主体方面，农村民间组织迅速发展以及农村精英数量渐增，使得非国家犯罪治理主体基数更为庞大，非国家主体将在犯罪治理活动中发挥更大的作用。自古以来，源于底层民众生存需要和国家管理便利需要，宗族等农村组织发展繁荣。改革开放之后，宗族组织、宗教组织、老年组织、妇女组织、民兵营、治保会、调解会等各种各样的农村组织得到迅速发展①。农村干部、宗族长老、经济能人、外出乡贤分别形成于国家制度设计、传统文化传承、现代经济发展以及社会快速流动之中，其在纠纷调解、社区矫正以及抵御犯罪上起到重要的作用。其次，犯罪治理手段方面，正式规则和非正式规则互相补充可以为农村编织一张更为严密的"防护网"。国家法律、政策和制度作为正式规则，在纵向落实为村民的行为提供指引。而村民自治条约、农村道德规范、农村行为习惯、宗族内部规范、宗教教义以及各类群体制定的规范，在横向起到规范村民行为、减少矛盾纠纷的作用。最后，农村自治传统给农村犯罪善治方案运行提供了有利的社会环境。自古以来，国家政权难以触及农村社会的每一个角度，使得国家只能采取间接管理的方式，农村社会长期以来更多采取自治形式，这给现今开展多元主体合作积累了宝贵的经验。

3. 具有一定的参与治理能力

生发于农村实践需要，由村民创造、国家承认的村民自治制度开始大力推行，广大村民在自我管理的过程中，参与治理的能力得到大幅度提升。随着村民自治制度的推行，当家作主和自我管理的意识逐步深入民心，广大村民越来越自觉、积极地建设家园，在自治过程中创造了富有成效的管理模式，避免国家治理能力不足导致农村失序。"广大农民在实践过程中利用民主充分实现村民治理，化解社会矛盾，维护村庄稳定和促进村庄发展，实现自身利益。"② 农村犯罪善治方案的有效运行，需要广大村民参与犯罪治理活动的意识觉醒和能力提升。"善治的基础与其说是在政府或国家，还不如说是在公民或公民社会。"③ 村民自治制度的推行有利于提升村民参与犯罪治理的能力。各地在自治过程中，已经树

---

① 根据国务院新闻办公室发布的《2014 年中国人权事业的进展》白皮书，2014 年，从性别角度对法规政策的影响进行评估，避免因规定不当造成制度性的性别歧视。推动把农村妇女进村"两委"工作纳入新一轮村"两委"换届选举工作同步部署，深化妇女议事会、妇女理事会、留守妇女互助组、巾帼志愿服务等工作。全年新增留守妇女互助组 3.3 万多个、新增注册巾帼志愿者 222 万人。

② 陈祥英. 和谐社会构建中的村民自治研究 [D]. 武汉：华中师范大学，2013：37.

③ 俞可平. 增量民主与善治 [M]. 北京：社会科学文献出版社，2005：326.

立了诸多治理社会治安的成功典范。党的十八大以来，国家高度重视城乡社区建设，2018 年中央一号文件对乡村振兴目标做了全局规划，一系列政策和制度为农村犯罪善治方案运行提供了更加良好的外部环境。2021 年中央一号文件《中共中央、国务院关于全面推进乡村振兴加快农业农村现代化的意见》再次对未来提出规划："到 2035 年，乡村建设行动取得明显成效，乡村面貌发生显著变化，乡村发展活力充分激发，乡村文明程度得到新提升，农村发展安全保障更加有力，农民获得感、幸福感、安全感明显提高。"

第四章　农村犯罪善治方案之运行方式：中观层面的构建

农村犯罪善治方案是一个多元主体互惠共生、多种手段功能互补、注重事前预防的治理模式。农村犯罪善治方案为治理农村犯罪提供了总体框架，但要让农村犯罪善治方案真正落地生根，还应从宏观描述走向具体设计，回答一系列现实问题：多元主体的地位、权责如何？多元主体如何协同参与犯罪治理？犯罪治理中有哪些民间资源可加以利用？各种犯罪治理资源如何有效整合？农村犯罪治理的手段包括哪些？这些手段又该如何相互配合？本章将在善治理念和犯罪治理本土化目标的指引下，论述农村犯罪善治方案的具体运行方式，从而更好地实现保障民众基本安全诉求的目标。

第一节　农村犯罪善治方案多元主体运行

善治理念和犯罪治理本土化均强调对民间力量的重视和善用，前者还要求在治理过程中注重民主协商、国家主体积极履行责任等。可见，农村犯罪善治方案要从国家主导走向多元主体共治，形成"国家主体－农村组织－村民个体"协同合作的犯罪治理多元主体格局，应明确多元主体参与犯罪治理的资格和权限，建立有效的沟通合作机制，并辅以必要的激励措施以提升非国家主体的参与意愿。首先，从立法上明确非国家主体参与犯罪治理的权限，并提升民众参与犯罪治理的能力，这是多元主体共治的基础。其次，在组织形式上搭建多元主体合作平台，包括国家主体和非国家主体的合作以及非国家主体之间的合作，这是多元主体共治的重点。最后，在意识方面调动非国家主体参与犯罪治理的积极性，这是多元主体共治的关键。

一、主体由一元单打转向多元互动

我国古代曾探索出多种多样官民共治的犯罪治理实践并积累了大量经验。如明朝的里老制，通过挑选 50 岁以上有权威的老人，作为民间纠纷的裁决者和调解人，以化解乡村内部矛盾。在立法层面，朱元璋还颁布《教民榜文》对该制度予以确认，赋予民间力量参与社会治理的权责。此外，"清代民间组织更为丰富，包括宗族、保甲、会馆、行会、团练等。"[1] 较之古代，现代社会环境更为复杂，在治理上面临更多不确定性治安问题，民间力量参与社会治理的重要性日益凸显。但在以往的农村犯罪治理实践中，不是由基层政权单方面开展犯罪治

---

[1]　刘洋. 清代基层权力与社会治理研究 [M]. 北京：科学出版社，2016：16.

理，就是寄托于农村社区内部自我开展秩序稳定维护工作。这种非此即彼、单打独斗的做法，要么导致基层政权因治理资源的有限性难以进行更为重要的犯罪预防工作，要么导致农村因缺乏外部力量维护最终走向失序。由此，我们有必要探索构建"国家主体－农村组织－村民个体"协同合作的犯罪治理格局，从立法上明确非国家主体参与犯罪治理的权限，提升民众参与犯罪治理的能力，以实现犯罪治理多元主体的协作共赢。

1. 发挥多元主体参与治理的价值

韦伯将权威区分为克里斯玛型权威、传统型权威与法理型权威三种类型。在农村社会里，这三种权威同时存在。国家设置机构、制订法律所形成的国家权威是典型的法理型权威。宗族长老、宗教组织者等作为农村组织的核心人物，在村民中具有较高的权威，是传统型权威的体现。退休老干部、教师、军人、经济能人等乡贤，因经济地位、文化素养、人格魅力获得的权威认同，具有克里斯玛型权威的性质。在犯罪治理方面，三种权威都能够发挥各自不同的功能。我们在追求法治国家的过程中，对克里斯玛型和传统型两种权威不能完全忽视或否定。一方面，国家权威的威慑力、影响力大，农村犯罪治理离不开国家权威的保障。法理型权威之所以被韦伯等人所推崇，是因为在法理型权威占主导的社会里，各主体按照法律规则各负其责，这是现代化和法治化国家治理的追求方向。国家力量作为法理型权威的代表，其建立的惩罚机构、制订的惩罚规范具有强大的威慑力，在犯罪治理中拥有其他治理主体无法比拟的作用。诸如一村一民警、一乡一警亭等措施确保国家力量在场，有利于震慑犯罪分子、及时介入犯罪现场。国家力量并非必须直接介入具体案件才能体现其犯罪治理功能。国家力量在场于无形之中保障农村秩序的安宁，使人们意识到一旦触碰法律底线便会遭受制裁，因而主动远离越轨行为，防止农村失序。特别是由于社会快速转型，犯罪的滋生常常会超出民间力量的预测和治理范围，国家力量在场发挥震慑力仍有必要。国家力量深入农村的价值还在于为农村营造出现代法治氛围。农村社会在治理犯罪过程中容易出现偏离法治的做法，如架空刑事法规定的刑事私了现象、制定违反法律的乡规民约等。坚持国家力量在场，在充分尊重民间习惯的基础上，引导犯罪治理落实公平、正义、人权、平等等理念，是国家治理体系现代化、法治化的必然要求。可见，国家力量不能远离农村社会进行"神秘"活动。农村基层政权应通过社区警务战略、法官田间办案、司法机关入村普法等方式，使国家权威延伸到农村社会的"最后一公里"。国家工作人员要真正进入乡、村、户，传递法律精神，从而确立自身的权威、赢得社会的认同。

另一方面，上面列举的带有传统型权威和克里斯玛型权威性质的权威力量源自农村内部，村民有着更强烈的认同感，在犯罪治理上发挥着重要作用。国家主体犯罪治理手段相对单一、资源相对匮乏，要想获得治理的最佳效果，应当在犯罪发生的场域内，寻找有效的内部治理资源。农村权威人士应对犯罪的态度能够影响到其他村民的行为。权威人士以善的目的积极参与犯罪治理，有助于遏制其他村民从事违法犯罪行为的动机；而其在财力、物力和智力上的优势，有助于农村建构起更为严密的犯罪防控网。以国家为主导的犯罪治理活动侧重于打击犯罪，权威人士可以带领村民做好受损秩序的修复工作和犯罪人员回归社区的帮扶工作。国家主体亲和力也存在不足，在一些农村犯罪治理活动方面并非最佳主体。如在矛盾纠纷调解上，非国家犯罪治理主体具有得天独厚的优势，他们更熟悉农村环境，与当事人相互了解，通过摆事实、讲道理，动之以情、晓之以理，往往在田间地头、在家门口，便可轻松化解矛盾，当事人对处理结果也多为满意。国家缜密的处事程序并非村民首选，村民更乐于寻求权威人士的帮助。调研者的数据支持了这一观点，"70.32%的受访者希望在与他人发生矛盾纠纷时能够有人帮他调解，而超过一半的首选是亲属（27.34%）和德高望重的长者（21.06%）。"① 鼓励民间力量参与犯罪治理，夯实了国家基础性权力，亦使国家专制性权力更得到认同。

　　总之，国家权威在场是履行惩罚犯罪职能所需，也是防止民间权威人士突破法治底线扭曲司法的必然要求；内生权威则以其独特的影响力弥补国家力量的不足，其作用亦不容忽视。目前农村犯罪治理尚未形成强治理格局，基层政权应当采取更多的技术性治理手段使其影响力不断下沉到农村内部，而农村内部也要在基层政权的帮助下，实现自我防控能力的提升。"基层政权组织要加强与农民体制外精英的合作，摒弃体制外精英是不安定因素、必须打压的偏见，给其提供利益表达的渠道，把乡村治理建立在国家权威、基层权威和民间权威良性互动的基础上。"② 目前，国家正加大财政投入、增加警力配置、加强技术设备建设，为农村犯罪预防提供基础性保障，但这仍然远远不够。犯罪有效治理的关键在于，解决基层政权与农村社会关系逐步疏远的现实问题，构建起"国家主体－农村组织－村民个体"协同合作的犯罪治理格局，实现国家和农村的合作共赢。在农村社会层面，要注重发挥农村组织主要负责人的作用；在村民个体方面，要注重发挥农村乡贤的作用，推动多元主体合作共治、多种权威"各显神通"良好局面的形成；在市场资源方面，要利用好市场经济给犯罪治理带来的新资源，要进一

---

① 陈鹏忠. 转型中国：农村弱势群体犯罪问题透析 [M]. 杭州：浙江大学出版社，2010：154.
② 何晓杰. "后农业税时代"的中国乡村治理：以东北乡村为研究视域 [M]. 北京：人民日报出版社，2014：147.

步研究如何发挥国家主体与农村主体之外的市场主体的作用。总体而言，国家应发挥市场调配功能，通过扶持市场主体发展市场服务资源，将适合由社会组织承担的矛盾纠纷调解、特殊人群服务管理、预防青少年违法犯罪等任务纳入政府购买服务目录，通过竞争性选择等方式，交给相关社会组织承担，为农村犯罪治理进行有效资源配置；同理，有条件的农村也可以通过购买市场服务资源营造更加安全的农村社区环境。治安治理是国家与社会发生最直接互动关系的领域，我国乡村治安须实现从"硬管理"到"软治理"的转型，逐步实现多元主体协同下乡村治安治理的现代化发展。①

2. 明确多元主体参与治理的权责

犯罪治理理论虽强调多元主体的合作，却未阐明主体的责任性，各主体可能各行其是。善治理念强调治理主体的责任，特别是国家主体的责任。"群防群治"方针对农村犯罪治理实践具有重要的指导作用，但部分地区停留于口号式宣传，这与"群防群治"方针具体化不足有关。国家和地方并未专门发文明确非国家主体参与犯罪治理的权责和机制，仅要发挥群众的基础力量，这导致群众参与程度完全受制于地方机关的治理理念。要从国家层面对非国家主体参与犯罪治理的权责和机制进行宏观设计，为基层开展群防群治提供指导。第一，国家有关部门应在全国性规范文件中确认民间力量的犯罪治理主体地位，而非仅将其定位为辅助性力量。第二，文件内容不应仅指出相关部门应加强群防群治工作，而应进一步明确非国家主体在犯罪治理各个阶段的具体功能和作用。在犯罪治理活动的立法阶段，应拓宽民众参与立法的渠道，收集村民参与犯罪治理项目的意愿等。虽然农民群体文化水平普遍较低，无法对条文设置提供专业性的意见，但农民群体的参与意愿直接关系到文件下发后的实施效果。因此，有关部门在对农村治安防控体系建设、综治基层基础工作、重点领域犯罪治理、专项领域犯罪打击等问题制定指导性文件时，要通过各种渠道收集村干部、老党员、人大代表等农村精英的建议，必要时还可以通过问卷调查等方式大范围收集村民意见，确保指导性文件不脱离农村现实状况。在犯罪预防阶段，基层政权要积极拓宽渠道，听取民众对犯罪预防的重点领域、重点阶段的意见和建议，同时还可以通过村民治安满意度调查等形式拓宽村民影响和监督国家机关犯罪预防工作的渠道。在犯罪打击阶段，基层政权要采取物质奖励、精神奖励、人身保护等措施，鼓励村民积

---

① 李砚忠，张文礼."统合""互嵌"与"共强"：乡村治安治理范式研究［J］.内蒙古大学学报（哲学社会科学版），2021（4）：53.

极举报、协助调查。在犯罪矫正阶段，有关部门要调动民众参与社区矫正和帮教刑释人员的积极性。第三，基层政权要根据地方情况，进一步明确群众参与犯罪治理的地位、权利等，从而形成具体、规范、长效的治理机制。

除了明确非国家主体参与犯罪治理的地位和权利外，还应在法律层面进一步明确国家主体和非国家主体各自的权责范围。一来防止国家主体"懒政"或"推卸责任"，把任务强压在农村自治组织上；二来防止非国家主体滥用权力，损害村民的合法权益。"农村治安权力网络结构呈现多维架构，组织与权力的整合只有通过'契约化与组织化：权力的责任边界与互动'来实现，通过界定政府与农村社区的权限，实现功能互补、合作共生，达到双赢。"①

首先，要明确各类犯罪治理主体的权限，确保国家主体积极履行职能。我们主张农村犯罪治理主体多元化，特别是调动非国家主体参与农村犯罪治理，但这并不意味着弱化国家主体的地位和作用。国家主体在犯罪治理中具有不可替代的作用。就犯罪治理领域而言，治理领域包括专项治理领域和共治领域，对于专属于国家主体管理范围的专项领域，绝不能让渡给非国家主体替代治理。譬如在刑事侦查阶段，公安机关对犯罪嫌疑人的审讯权不能委托给非国家主体，否则可能出现刑讯逼供的问题。我们应针对不同犯罪治理主体职能范围分别予以明确，拟定犯罪治理工作清单。从乡到村再到小组甚至更小单位的犯罪治理，具体由哪些主体负责、负责哪些职能，也应当加以明确，并在此基础上形成层级化、全方位的犯罪治理格局。谈及此处，一些地方推行的"治安责任田"制度具有一定的推广价值——基层先根据地域状况、人口情况、治安情势划分警务区，然后把民警分配到各个区域，如此做到定位、定人、定责，民警有了各自的责任田，便会积极担负起所在片区犯罪治理的职责。

其次，明确非国家主体的责任。非国家主体参与犯罪治理，特别是在协助国家主体打击犯罪时，缺少同国家主体规范行使权力和滥权追责相对应的明确规范，容易产生滥用权力的现象，如实践中发生的联防队、辅警等殴打村民、私闯民宅的事件。只有明确非国家主体的责任，才能有序地开展群防群治工作。"作为参与治理的新生力量，新乡贤等在调解矛盾纠纷、组织与教化群众、和谐党群政群关系等方面发挥着重要作用，但在缺乏监督与约束的情况下，新乡贤等也面临着蜕变的风险，有关部门应对新乡贤进行积极引导与支持，发挥其在乡村治安治理中的积极作用；同时对新乡贤加强法律监督，规范治理方式从而预防化解所存在的风险。"② 国家主体可以考虑与非国家主体签订相应的责任书，建立罢免、

---

① 董少平. 乡村治安治理中的组织与权力 [D]. 武汉：华中师范大学，2014：2.
② 孙豪文. 新乡贤参与乡村治安治理探究 [J]. 江西警察学院学报，2022（1）：56.

惩戒机制，加强对非国家主体的培训和管理，规范非国家主体的行为。在农村，乡镇党委与农村党支部之间存在领导与被领导的关系，农村党支部作为国家和农村社会之间有效沟通的重要载体和农村建设的指引力量，党员特别是党支部书记、村第一书记应积极肩负起犯罪治理的重任。各地应制定规章制度，明确农村党支部成员参与犯罪治理的责任范围和惩罚机制，使党支部成员有效参与农村治安维护工作，定期向乡镇党委汇报治安情况。为了防止乡镇党委把责任全部压至村级，同时应建立责任捆绑制度，乡镇驻村负责人应积极指导和帮助村党支部开展矛盾纠纷化解、治安情势收集等工作，若所驻农村出现犯罪治理不力的问题，要与农村党支部成员共同承担责任，如此发挥农村党支部领导、组织功能的同时，避免基层政权不作为或推诿责任的现象出现。

最后，各机关应根据自身犯罪治理权责，明确非国家正式主体参与犯罪治理的范围、权利、义务、方式等，同时规定自身部门的指导和监督责任。随着公众参与犯罪治理理念的推广，在刑事和解、纠纷调解、司法审判等犯罪治理环节，村民都可能参与其中，在法律层面应当及时调整规范以适应现实需求。如在辅警参与犯罪治理上，应通过相关文件进一步明确警务辅助人员的聘用条件、职责、待遇等，以此保护辅警的应有权益，也防范辅警侵害民众权益。另外，还应明确农村派出所对警务辅助人员管理的责任，防止国家主体以非国家正式主体负责为由，不履行职责或推卸责任。

3. 培养村民参与犯罪治理的能力

村民是开展犯罪治理的坚实主体。村民参与犯罪治理的能力直接影响到治理效果，是多元主体协同共治格局形成的关键要素。在古代，农村社会治理呈现出权威人士主导下的"被动式"治理格局。普通民众主要依照设计好的方案行事，社会治理创造力不足。新中国成立初期，土地改革使广大农民真正当家作主。改革开放以后，村民自治制度进一步放权于农民，农民自主性大大提高。然而受制于经济、文化、知识等因素，农民参与治理的热情、意识和能力仍然较低。培养村民参与犯罪治理的能力，我们需要做到以下几点：

首先，村民参与犯罪治理的能力需要在自治实践中加以锻炼。农村犯罪治理活动不能脱离农村社会治理的总体框架。国家赋予农民群体更多的自治空间，通过民主选举、民主管理、民主决策、民主监督等实践活动，提升村民的主人翁意识和自我管理能力，为参与更具难度的犯罪治理活动打下基础。

其次，要发挥农村精英人物的模范带头作用，形成全民广泛参与犯罪治理的良好氛围。国家要把教师、党员、乡贤等农村精英纳入犯罪治理体系中，对其开展犯罪治理参与方法的培训，从而借助其力量和权威，发挥好模范带头作用，形成良好的治理环境和风气。特别是要进一步发挥基层党组织的带头作用，做好党员的带头作用。"中国共产党已经形成了非常成熟的政治动员架构、机制和传统，这是综治行动能够彰显制度优势的重要保证。"①

最后，基层政权可以通过选任村民担任治安巡防员、治安信息员、治安楼栋长、综治协管员、治安中心户、社区志愿者等各类治理主体角色，提升村民参与犯罪治理的能力。同时，国家要积极组织各项犯罪治理活动，例如社区警务战略、刑事和解、田间司法审判等，发动民众广泛参与其中，在一次次"实战"中提升村民的参与能力。

二、完善多元治理主体的协作机制

多元主体间的协同合作并非简单地把各个主体纳入犯罪治理体系之中，而是建立健全参与、协作机制，达到互为促进的效果。回顾以往一些地方的综治实践，由于多元主体间协调、合作机制的缺乏，要么多元主体各行其是，要么非国家主体参与度不够，难以形成治理合力，治理效果不甚理想。善治理念提醒我们要对多元主体合作方式、过程予以明确。多元主体协同合作的机制应包括国家主体与非国家主体之间、国家主体内部之间、非国家主体之间三大方面。为此，我们可以通过建立多元主体协商机制，提高多元主体参与的深度和广度，真正形成国家力量有效下沉、民间力量释放活力、村民个体积极参与的良好局面。

1. 建立多元主体协商的机制

随着人民主权原则、公共权力社会化理念的兴起，政权组织建立了越来越多的沟通渠道，民众有了更多的途径发声以影响政治决策。"哈贝马斯力图引导公民以政治自主实现或享有政治自由。"② 商谈理论认为，国家和社会间的平等协商，是实现协作共赢的最佳途径。"国家和社会在博弈中互构，在互构中走向双赢"，这是民主协商的核心内容。民主协商有助于提升公民的公共责任意识，有

---

① 党东升. 中国综治体制演进研究 [M]. 北京：法律出版社，2020：182.

② 王洪树，李敏. 国外关于协商民主理论的研究综述——理论流派、政治实践与存疑及应对 [J]. 云南行政学院学报，2009（5）：41.

助于督促国家机关更好地履行职责，也是优化社会治理方式、提升社会治理效果、实现社会善治的重要渠道。民众通过相应的平台表达意见和看法，对自身参与和认可的制度或政策会更加支持。而国家机关听取民众的意见，能够制定出更加科学的方案，减少方案推行的阻力。民众参与社会治理，能够对公权力进行有效监督，促使社会治理过程更加公开和透明。这一原理在犯罪治理领域同样适用：如果仅仅停留于"群防群治"的口号式宣传，或者单方面安排任务让民众执行，不仅不能调动民众参与犯罪治理的热情，反而会使民众参与犯罪治理的热情逐步下降。实践中，一些地方积极创新参与方式，使民众参与到犯罪治理中，却难以弥补国家主体主导有余、村民参与不足的缺陷。如部分地区的社区警务战略，所谓的村民参与犯罪治理只是农村精英人物配合国家主体开展犯罪治理，这与真正意义上的社区警务——"通过良性互动博弈实现各自目的以及共同的价值追求"①——有着较大的差距。村民只有通过协商、讨论，认识到自身是犯罪治理的主体，认识到国家实施的一系列措施是为了给农村营造良好环境，才能真正拥有参与犯罪治理的热情，并在犯罪治理活动中与其他主体形成良性互动。

一方面，我们应当在制度层面确立犯罪治理协商机制。地方犯罪治理实践能够在多大范围内推行民主协商，受制于国家层面的许可。一些地方政权试图开展犯罪治理活动的协商治理，但限于缺乏相应规定的制度困境，进行创新实践可能存在的风险，因而缺乏创新协商制度的勇气。"在基层治理的协商导向业已明确的前提下，上级党政需立足于政策输出、资源供给、尺度掌控、资源配套等方面，以解决基层政权的后顾之忧。"②即便是刑事案件处理这一最具国家垄断性的犯罪治理环节，也存在协商的余地。矛盾双方当事人在农村权威人士或村干部的调解下，达成刑事和解，经司法程序确认，对轻微的刑事案件进行非罪化处理，农村秩序得到快速修复。由于法律层面的缺失，农村派出所人员开展矛盾调解工作大受限制，还出现腐败滋生和案件处理不公的现象。在刑事和解制度化之后，基层派出所工作人员、当事人、家属以及农村村干部或权威人士按照法律规定共议其事，探讨案件处理的最佳方案，在这一过程中，各方主体了解并一致维护了法律的权威。若按照传统办案方式，加害人跟随案件被移送到公检法机关，被害人成了国家打击犯罪的"工具"，其他村民无法深入了解案件处理的具体过程、判决结果的具体原因，难以提升村民参与犯罪治理热情以及对判决结果的认

---

① 刘猛. 警民关系的政治逻辑——基于博弈论的视角 [M]. 北京：中国人民公安大学出版社，2014：245.

② 蔡林慧. 论正式规则与非正式规则对基层协商治理制度变迁的影响 [J]. 中国行政管理，2015（12）：79.

同。刑事和解制度是对国家传统刑事案件处理方式的突破，蕴含了民主协商的精神。

另一方面，在商谈犯罪治理活动时，国家主体和非国家主体之间的关系应更为平等，双方处于平等的地位讨论犯罪治理的重点领域、具体举措、预期目标等，而非国家主体强加意愿于民众之上。"协商民主倾向于建立较为包容、平等、公正、自由的讨论沟通机制，不应该是政府的'为民做主'和'替民做主'，以求达到公共利益基础上社会成员广泛接受的共识。"① 在社区警务战略的推行上，派出所应与负责区域内的村民进行交流协商，确定具体实施方案，由民众自行推举治安中心户。乡镇综治部门则可以尝试让村干部、民间调解员、权威人士参与联席会议，全面收集村民的有益建议，深入了解农村犯罪动态信息，争取权威人士的支持。

2. 发挥农村组织桥梁的作用

"社会转型期的秩序构建需要突破'间歇性的社会控制'模式，提升国家的基础性权力，实现'国家治理的弥散化'。"② 在基层政权与村民之间的信任机制和合作机制尚未完全建立、调动民众参与犯罪治理能力有限的背景下，国家应借助农村组织传达治理理念，调动村民参与热情，实现国家权力的弥散和渗透。同时，如上文所述，民间组织在犯罪治理上也存在消极的一面，需要加以规范和引导，为农村组织提供发展壮大又不走向失序的法律、政策和制度保障。

（1）支持农村组织参与犯罪治理

农村组织是基于一定的宗旨和目的，由村民自行组织起来的群体性组织。农村组织的建立，有利于培育村民的集体意识，防止社会结构松散，稳定农村社会秩序，减少犯罪的发生。宗族组织、经济组织、各类协会在犯罪治理资源投入、纠纷化解、社区矫正上起着重要作用。一些农村组织更是直接服务于社会治安和社会调解，如民兵营、治保会、调解会等。正式的民间组织为村民提供各种服务和需求，有利于促进农村社会发展，也有利于维护农村秩序稳定。村民往往更加愿意加入平等、熟悉的农村组织中。"中国公民对正式公民组织的参与率是非常

---

① 唐绍洪，刘屹. 在基层治理中实现社会秩序"动态稳定"的协商民主路径 [J]. 社会主义研究，2009（1）：102–103.

② 唐皇凤. 社会成长与国家治理——以中国社会治安综合治理为分析对象 [J]. 中南大学学报（社会科学版），2007（2）：136.

低的。相反，传统的紧密型社会资本在农村地区有着坚实的基础。"① 可见，农村组织发源于农村内部，具有独特的凝聚力和组织力。国家发挥组织、引导功能管理农村组织，避免其可能产生的负面影响，这也是现代国家治理的一种策略和技术。"权力在国家中能够以许多监督管理的形式表现出来。在诸多领域中，权力是弥散的，但是在国家'整体策略'中却是有序的。"② 国家应当支持农村组织的发展，发挥农村组织沟通村民的桥梁作用。

社会组织在社会治理方面的作用愈发显著，为农村组织的壮大发展、发挥其在参与犯罪治理方面的独特作用提供了良好环境。然而，目前各地农村组织发展极不平衡，总体仍较为落后。部分村庄的农村组织制度保障不足、运行机制缺失、人力物力匮乏，未能发挥应有的犯罪治理功能。总的来说，若想确保地域性农村治理组织发展的均衡性和整体性，就务必要从以下几点出发：

首先，要纠正"农民组织起来不利于管理"的观念。基层政权重新组建各种犯罪治理机构不仅缺乏足够的财力和人力，还可能难以真正下沉到农村社会。基层发挥好传统农村组织的作用，培育其在犯罪治理上的能力，实现社会资源的合理利用，有助于摆脱犯罪治理能力"内卷化"的困境。

其次，要加强对农村组织的制度化管理。各地政权根据自身经济条件，在乡镇建立社会组织综合服务中心或者社区组织孵化中心，把区域内社会组织纳入统一管理，形成全方位、一体化的社会组织综合服务中心，以满足不同犯罪治理阶段对社会组织的不同需求。同时，降低与犯罪治理有关的农村组织的准入门槛，尽快将其纳入管理范围，发挥其建设平安社区的功能。对于各地创新发展的新型农村组织，乡镇或街道办应该加以备案管理。对于实践效果良好的农村组织，乡镇或街道办应及时上报县市民政部门，推广试点并纳入登记管理范围。

最后，加强对农村组织的财政支持和人员培训。农村秩序稳定是文化活动开展的前提。在财政资金有限的前提下，各级财政应重点扶持调解委员会、治保会、青少年服务中心、社区矫正服务中心等机构，"通过教育培训，帮助农村社会中介组织开发人才；通过政策激励，帮助农村社会中介组织引进人才；通过合作共建，帮助农村社会中介组织引智引技。"③

（2）引导农村组织良性发展

国家在重用民间力量时，若疏于规范化和法治化管理，未能明确非国家主体

---

① 夏敏. 当代中国农村地区社会资本研究［M］. 北京：社会科学文献出版社，2015：151－153.
② 科特威尔. 法律社会学导论［M］. 彭小龙，译. 北京：中国政法大学出版社，2015：293.
③ 杨嵘均. 乡村治理结构调适与转型［M］. 南京：南京师范大学出版社，2014：273.

的权责范围，容易使民间力量在非法定、非正式权力的驱使下，侵害民众合法权益。有些地方的农村组织过度介入犯罪治理进程，导致案件处理结果偏离法治轨道。如在刑事和解过程中，农村组织负责人可能把自己的意愿强加于当事人，使案件处理结果偏离应有的公平正义。还有些农村组织甚至严重侵犯到村民的人身健康权。治安联防队本是公安机关维护社会治安的重要帮手，在预防和打击犯罪上发挥了重要的作用。公安部于 1993 年下达通知要求农村原则上不再组织治安联防队。一些农村组织还借助自身势力，实施违法犯罪行为，侵占村民的土地、财产，甚至演化为黑恶势力。"传统的家族势力和宗教组织是最容易产生'无道德的家族主义'的典范，用小团体的局部利益破坏整个社会的发展，村民自治在这样的背景下运行，会造成什么样的后果是可想而知的。"①

善治理论强调在社会治理中各主体都是重要的力量，并指出了国家应积极承担起自身的责任。然而，在关于国家主体和民间组织的关系上，并没有更为深入的论述。在此，为更好地完善善治理念，有两种理论的一些核心观点可供借鉴。一是法团主义，它修正了多元主义理论的观点，强调国家对社会组织的监督、管理和授权。国家承认社会组织的地位，社会组织有权表达自身意见和建议，影响国家的决定和政策，而作为一种交换，国家将其纳入国家治理体系中，加以监督、管理。我国农村组织内部结构和运行过程不够成熟，需要加以引导和约束，防止人为操控，损害民众的利益，使其在法治的轨道内更好地运行。国家对农村组织的态度应该从暧昧走向肯定，对其登记管理、建章立制和培养扶持，并通过地方立法规范不断试错，逐步将其纳入国家治理体系，弥补国家治理资源的不足。此外，国家应建立民间组织资金管理制度和农村组织负责人惩戒制度，防止犯罪治理资金被侵占、挪用。二是元治理理论，它指出：政府应承担起元治理的角色。虽然政府与其他组织之间的关系越来越平等，但是作为主要协调部门，在引领制度创新、协调多种力量方面都发挥着重要作用。"元治理不可混同于建立一个至高无上、一切治理安排都要服从的政府。相反，承担的是设计机构制度，提出远景设想，它们不仅促进各个领域的自组织，而且还能使各式各样自组织安排的不同目标、空间和时间尺度、行动以及后果等相对协调。"② 在犯罪治理领域，国家具有整合资源的优势，更应起到积极的组织、协调作用，通过规范和引导民间组织的发展方向，使其更好地参与犯罪治理。然而，这并不意味要使政府

---

① 苗月霞. 中国乡村治理模式变迁的社会资本分析 [M]. 哈尔滨：黑龙江人民出版社，2008：178 – 179.

② 鲍勃·杰索普. 治理的兴起及其失败的风险：以经济发展为例的论述 [J]. 国际社会科学杂志（中文版），1999（1）：45.

和民间组织形成一种"行政化"的领导关系。国家应以一种开放的、自由的、包容的心态对待农村组织的发展，引导而非领导，规范而非入编，防止农村组织成为国家机构的附属，丧失农村组织应有的亲和力和创造力。"网络结构并不意味着缺乏一个协作规则的主导性的组织，而是在网络结构中，传统权力与权威并没有起到像在科层制体系中所起到的作用。"① 总而言之，国家应该积极引导农村组织良性发展，同时又不能使其带有过重的行政化色彩。在犯罪治理领域，国家应注重发挥农村组织的优势，使其与国家权威形成优势互补。

3. 健全部门之间协作的机制

长期以来，我们过于强调公安机关的主导地位，忽视了其他部门的作用。特别是由于各部门自身利益诉求不同，农村基层各部门尚未形成健全的合作机制，阻碍了各部门资源共享、信息交流、联合办案等有效合作。犯罪治理工作更多时候由农村派出所负责。农村派出所警力不足又导致犯罪治理效果不佳。因此，健全国家部门间齐抓共管的机制，是增强农村犯罪治理外部防控力量的必经之路，也是国家主体更好履行社会治理责任的重要条件。

（1）促进国家部门间协作的总体思路

农村犯罪治理的重任不应该仅仅由派出所承担。农村基层政权各部门"要立足自身职能优势，结合区域条件和治安规律特点，强化交流协调，逐步形成以案件发生地为中心、向外呈辐射状的治安联动协作圈，充分整合各部门力量，打破地域闭锁和边界壁垒、拉近时空距离，提升实战指挥效能，形成资源共享、合作互助、优势互补、互利共赢的工作格局。"② 政法委应积极组织和协调各部门之间的合作，建立联动合作平台，各部门选派合适人员参加综治工作，制定联动合作的方法、程序和制度，实现组织、人力、物力和制度的四层保障。同时，通过制定奖惩制度，完善监督机制，调动各部门积极参与、协作的热情。除了组织联动办案打击犯罪外，政法委还应组织各部门开展"大调解工作"，促进人民调解、行政调解、司法调解联动的大调解格局的形成，及时化解矛盾。

除了"块"上的配合，处于"条"上的市、县、乡之间的分工合作也很重要，各级应建立衔接机制。县一级党委要做好总揽全局、协调各方的作用，以政法委为组织部门，整合公安机关、司法行政部门、司法机关等部门力量，建立完

---

① 郭春甫. 社区治安网络：结构、过程与绩效 [M]. 北京：中国社会科学出版社，2013：23.
② 李晓明，张跃进. 社会治安防控体系建设研究 [M]. 北京：法律出版社，2012：483－484.

善的情报信息会商机制、动态情报研判共享机制、联勤联动机制、联席会议机制等，实现犯罪治理的协同合作。同时，推动基层犯罪治理资源下沉到乡、村，为农村输送更多的外部防控力量。市级政法委要加强对县级的指导和检查，督促县级成立农村犯罪治理工作小组，指导乡镇开展农村犯罪治理活动。乡一级的党委部门同样应整合农村派出所、司法所、信访部门的力量，同时加强与农村法庭、驻村检察室的合作，在不断开展项目合作过程中，逐步形成符合地方需求的齐抓共管的制度。另外，同一机关不同部门之间也要加强合作，如公安部门要整合不同警种力量，精简力量、前移警务、下沉警力。

各级党代表、人民代表、政协委员要积极参与犯罪治理工作，并积极履行监督、指导职能。代表委员参与犯罪治理具有多重的特殊意义。第一，在促使代表委员积极履行服务社会、民众自身职能的同时，充分利用了代表委员的才智。第二，代表委员参与犯罪治理，对基层各部门不作为、乱作为等行为予以批评和监督，由其身份所带来的监督压力不仅会使基层工作人员积极履行职责，也会促使各部门积极开展合作。第三，对于需要形成规范指导的农村社会治安问题，代表委员可以通过提出议案和建议等方式，进一步推动综治实践的制度化和规范化。

（2）促进国家部门间协作的具体措施

农村基层国家部门间要实现有效协作，应通过以下几个措施具体展开：

第一，制定齐抓共管的规章制度。除了通过定期、不定期的"联席会议"共商治理方案之外，政法委可以牵头制定规范文件，明确各方主体在矛盾纠纷联合调解、重点工作联勤联动、突出问题联合治理等问题上的合作机制；特别是在法治宣传、纠纷调解等存在多部门交叉负责的领域上，应构建合理、明确的分工合作机制。一些地方制定了社会治安综合治理部门分工指导指南，值得借鉴和推广，各地应根据本地情况，明确各部门职责范围，由各个部门负责人签订责任书，在相应规范和制度要求下开展治理活动。指导指南需要对两大领域进行详细规定：犯罪治理交叉领域的分工问题和需要开展的预防性犯罪治理事项。

第二，设置部门联动工作经费。各部门之间常常因为经费分担问题无法形成有效合作。市、县财政应为社会治安综合治理部门联动合作提供资金保障，同时奖励在犯罪治理活动中做出积极表现的部门，调动各部门参与的积极性。

第三，政法委要完善工作考核制度、落实部门领导责任制、健全目标管理责任制。当然，正如本书一再强调的，应将预防性犯罪治理开展情况当作考核的重点，同时把消极不作为纳入考核扣分事项。

第四，各部门应配置专门对接农村犯罪治理的人员。除了推进国家正式力量下沉外，对于偏远地区、治安混乱地区以及国家工作人员紧缺地区，应适当增加编制，提供多部门合作的人力保障。

第五，建成犯罪情报信息研判共享机制、联席会议机制、联勤联动机制等机制。由于农村人口流动频繁，流窜作案类型占比大，犯罪情况复杂，亟须健全情报信息研判共享机制，使各部门提前做好犯罪预防工作。而且，加强不同乡镇之间的信息共享，有助于应对流动人口犯罪问题。政法委要做好农村社会治安形势分析研判工作，要求各部门每季度汇报治安情况，并在年末形成农村治安情况分析报告，下发各部门和各村庄，以做好下一年度治安防范工作。在对犯罪形势进行搜集、评估和预测时，要特别注重对严重影响村民生活秩序的严重暴力犯罪、财产犯罪及农村群体性事件的研判。对于村民安全感的调查，应更多借助社会志愿者、人大代表、政协委员等力量，收集更为科学、客观的意见和建议。联席会议机制是指由政法委组织，各部门定期召开犯罪治理工作会议，总结犯罪治理情况和经验，并制定下一步犯罪治理计划的工作机制。该机制有助于各部门在重点犯罪问题上达成共识，同时对预测犯罪和做好犯罪预防具有重要的作用。联勤联动机制则有助于应对农村重大治安案件或者紧急安全事件，政法委应设置一体化实战指挥中心，在面对特殊治安问题时，能够及时召集各部门做出联动方案。

第六，开展农村社区内部资源共建、共享活动。农村社区警务战略、驻村检察室、社区法庭、一村一律师等活动的开展都需要相应的场所。开展这些治理实践不能给农村增加额外的支出，同时，基层财政极为紧张，要由政法委牵头，实现各部门资源共享，最大程度减少资源的浪费。推动综治联网系统的完善和应用，促进相关业务数据交换、关联对比、互通共享；推动司法、执法及相关力量下沉基层，解决人力资源不足困境。

三、提升非国家主体参与治理意愿

"官员能否融入基层社会将决定着国家权力能否作用于基层，这种外部的强力嵌入通过何种纽带与基层社会对接，并非国家权力单向度能够解决的。"① 即便在法律层面承认非国家主体在犯罪治理活动中的地位，并明确相应的参与方式，如不能真正解决基层政权与农村关系疏远的问题，基层政权就难以调动农民参与犯罪治理的积极性，犯罪治理活动也会由于民众参与意愿低下而无法有效开

---

① 梁平，陈焘. 基层社会矛盾化解与法治化治理研究 [M]. 北京：法律出版社，2017：14.

展。网格化管理要真正实现治理主体的多元化，也必须不断培养民众的参与能力和社区主人翁的意识，积极充分协调政府与基层治理组织之间的协商，共同制定符合地区社会形势的治安防控方案。为此，基层政权应采取措施增进民众的信任感，形成合作的良好氛围。国家主体也应该深入农村社区，主动与村民开展合作。同时，国家还可以通过建立必要的奖励机制，调动民众参与犯罪治理的积极性。

1. 增进民众对基层政权的信任

"鲁甸县文屏镇派出所工作人员到崇文社区开展棚户区改造民意调查工作，工作人员与社区人员发生矛盾，后遭到社区人员围攻、殴打，无奈之下派出所所长下跪，这一事件引起社会的广泛关注。"① 类似现象的出现，除了村民法律意识不足的原因外，既有基层派出所警力不足"不能为"的原因，也有基层人员顾及执法风险"不敢为"的问题。而更深层次的原因是：农村派出所等基层政权部门与村民的信任机制尚未全面建立。部分农村派出所与村民之间缺乏良性互动，加之个别警务人员执法手段欠妥，或存在贪污腐败、滥用权力的行为，导致村民对派出所的信任感和支持度不高。警民合作机制缺乏信任基础，造成即便部分相关部门依法开展社会治理活动，也不能获得民众支持。"中国农业大学调查了 4070 名农民，只有 6.0% 的受访者对'您信任县乡两级政府吗？'的回答是'非常信任'，分别有 45.0%、15.5%、4.0% 回答了'一般'、'不信任'、'很不信任'。"② "村民对高层政府的信任程度远远高于基层政府，形成了央强地弱型政府信任格局。"③

信任感的提升对于减少群体性事件发生、促进农村秩序稳定意义重大。信任是多元主体协作的基础，是开展综治活动的基础，还是"国家稳定的政治基础和持续发展的动力"④。部分农村基层政权悬浮，存在信任危机，制约着犯罪治理协同工作的发展，亟须寻找有效途径，提升村民对基层国家工作人员信任度。第一，加强基层腐败犯罪打击。基层腐败已经成为干群矛盾的重要导火线。国家要

① 干警被围攻所长下跪：基层执法者变怂了？［EB/OL］.（2018 - 01 - 28）［2018 - 01 - 29］. https：//www. guancha. cn/society/2018_01_28_444952. shtml.

② 李明. 中国农村政治发展与农村社会治理研究［M］. 北京：知识产权出版社，2011：272 - 280.

③ 李小勇，谢治菊. 村民政府信任与乡村治理绩效：理论阐释与实证表达［J］. 学习论坛，2013（9）：44.

④ 巨生良. 我国基层政府与农民信任关系研究综述［J］. 内蒙古民族大学学报（社会科学版），2011（4）：93 - 96.

不断开展基层腐败犯罪治理活动，树立起基层工作人员廉政公正的形象，才能赢得民心。第二，各国家机关应更新犯罪治理理念，积极开展事前预防工作，进乡、驻乡、接访解决农村特殊群体的困难和纠纷；拓宽民众反映问题、批评监督的渠道，及时向民众反馈工作情况，定期开展民意测评；搭建干群交流平台，建立干群关系联络队伍，开展司法工作人员大走访；举办喜闻乐见的宣传活动，通过此类措施逐步与村民拉近距离，获得民众的信任和支持。第三，基层政权需要从更大的社会治理层面开展服务工作，并且做出成绩，为犯罪治理活动合作提供信任资本。以农村派出所为例，农村派出所与村民的关系除了管理与被管理的关系，还存在服务与被服务的关系。派出所需要改变自身强势的工作作风，不断完善社区警务，形成和谐的警民关系，在自身职责范围内最大限度满足村民诉求，在"抓赌"等基本执法活动之外有更大的作为，真正做到"有警必接、有难必帮、有险必救、有求必应"，如此才能在犯罪打击活动中获得民众的支持。"警察组织要提升自身的影响力，为社会提供最佳服务，争取更大的公众支持，促进警察组织和公共良性互动，方能获得最佳的组织效益和最大的社会效果。"① 第四，畅通信访渠道，让民众更好地了解国家机关的工作，破除农民群体"衙门难进"的观念，真正形成"官民互动"的良好局面。

2. 主动下乡开展合作治理工作

国外刑事部门通过多种形式深入社区内部，拉近与民众的距离，获得民众的信任，从而有效开展犯罪治理。"社区检察官使用排除妨害、无毒品无娼妓地区、修复式司法、减少逃学和清除乱涂鸦等方法来保证居民的安全，而不像传统那样在犯罪发生和犯罪嫌疑人被捕之后再对犯罪做出反应。社区检察官参加社区成员的会议，通过熟悉邻里之间的纠纷，熟悉居民，熟悉社区警务。"② 村民参与犯罪治理实践的方式是否便捷、简单，直接影响到其参与热情，其主动利用空闲时间到县城参与犯罪治理实践并不现实，因此国家主体应该深入到农村社区开展合作。国家应加强基层政法机关队伍建设，下沉国家力量、前移犯罪治理任务，使更多的工作人员真正深入到农村社会开展犯罪预防性工作，做到"懂群众心理、懂群众语言、懂沟通技巧"。由农村派出所主导的社区警务战略已经在全国各地逐步推开。司法部门同样需要采取各种亲民方式走进农村，服务民众。"山西省

---

① 孙娟. 警察公共关系与形象战略 [M]. 北京：中国人民公安大学出版社，2000：67.

② PEAK K J，GLENSOR R W. 社区警务战略与实践 [M]. 刘宏斌，译. 北京：中国人民公安大学出版社，2011：41－44.

怀仁县法院43名法官分包10个乡镇和21个社区，把诉调对接机制置身于全社会大调解与社区网格化管理之列。法官进入社区开展调解活动，并探索出法律释明法、风险测评法、利益权衡法、诉调参与法、换位思考法、乡俗民情法、耐心疏导法、跟踪调解法、批评教育法等基层纠纷解决方法。"① 这些来自基层的司法实践创新，有助于拉近民众的距离，获得民众的支持，将矛盾化解于农村内部。"之所以要通过司法亲民或者说是法律进社区来重塑法治的合法性，并不能简单地视为传统的群众路线的治理思路在司法体系的体现。在整个法制系统，甚至法律本身面临合法性危机的情况下，形式公正已经不足以平民愤，司法亲民成为唯一的选择。"② 因此，基层各部门应通过"农村法庭""入户调解③""驻村检察室④""社区法官""流动法庭""民情走访""视频接访""巡回检察"等方式，夯实彼此间的信任基础，从而合作完成犯罪治理任务。

3. 建立民众参与的激励性机制

部分农村地区原子化越来越严重，农村社会凝聚力和向心力逐步降低，村民对村庄共同事务关心程度下降。而村干部腐败和不作为，进一步使村民对村委会的信任度下降，二者处于各行其是互不关心的状态，没有直接受害经历的村民无法全面认知犯罪治理的意义，参与犯罪治理的积极性下降，存在"搭便车"的心理。"民众往往会权衡利弊，预期收益高于其所支付的参与成本，才会选择参与社会治理"⑤，因此基层政权可以通过设立社会治安贡献奖等精神奖励和适当的金钱补偿等物质奖励相结合的方法，聚集有能力、有精力的村民加入犯罪治理行列。对于在犯罪治理上有突出表现的民众，还应给予额外的物质奖励，并联合电视台、报社等对其优秀事迹予以报道。"江苏省海门市为了实现从源头化解矛盾，建立了市、乡、村、村民小组、中心户五级排查网格，对于村民小组长和中

---

① 社会管理综合治理委员会办公室. 中国社会管理综合治理年鉴（2013）［M］. 北京：中国长安出版社，2016：37 - 42.

② 储殷. 转型社会的法律治理：基层法院的结构与运作［M］. 长春：吉林大学出版社，2016：89 - 92.

③ 调解人员直接到农户家里调解纠纷矛盾的做法。

④ "广东各地检察机关依托乡镇检察室，在贫困乡镇、村组普遍建立检察联络室，推行检察官联系贫困村制度，聘请驻村工作队队员或第一书记担任检察联络员，实现了派驻检察院、乡镇检察联络室、村组检察联络员"三级联动"法律监督网络全覆盖。"于子茹，卢俊宇. 最高检：今年共查办扶贫职务犯罪1623人"最后一公里"发案突出［EB/OL］. 新华网，（2016 - 12 - 14）［2017 - 11 - 01］. http：//www.xinhuanet.com/politics/2016 - 12/14/c_129402517.htm.

⑤ 张闯，刘福元. 行政参与中的激励机制探析——以城市治理中参加人的利益平衡为视角［J］. 长春：吉林大学社会科学学报，2015（2）：26.

心户长积极参与调解工作，市委、市政府专门下文，规定村民小组误工补贴不低于每年 1000 元，要求各乡镇对中心户长配套不低于每年 100 元的补助。对化解的案件年内不反复地予以个案奖励，调动起村民参与的积极性。"① 此外，农村作为熟人社会的典型，村民为了不得罪其他村民，往往不会积极举报违法犯罪行为。有关机关应积极落实国家举报奖励制度，对提供重要线索、制止犯罪行为、抓获犯罪分子的村民予以奖励。同时，完善见义勇为评选机制、补偿救济机制以及举报人信息保密机制，减少村民举报违法犯罪行为的后顾之忧。激励性参与机制无法产生持久的效果，也会给基层财政带来压力。基层政权应加快社区共同体建设，形成社区共同体观念，提高民众对社会治安建设的责任意识。从治理实践来看，农村社区治安治理存在的认同困境、资源困境、行动困境和结构困境是建设治安治理共同体的主要挑战。对此需要构建以利益融合、行动一致与公共性重塑为一体的发展机制，促进人人有责、人人尽责、人人享有的社区治安治理共同体的实现。②

① 中央社会管理综合治理委员会办公室. 中国社会管理综合治理年鉴（2012）［M］. 北京：中国长安出版社，2013：72－77.

② 潘晶晶. 农村社区治安治理共同体的建构困境与进路——基于 H 省"一村一警"模式的考察［J］. 中国人民公安大学学报（社会科学版），2022（2）：145.

第二节　农村犯罪善治方案多种手段运行

犯罪善治要求犯罪治理手段多元，注重预防性、社会化治理。然而，目前部分农村犯罪治理实践倚重于派出所的刑事打击，预防性、修复性、常规性治理不足。我们习惯于把城市运用效果较好的治理措施推广到农村，但缺乏对农村已有资源的利用。因此，实现犯罪善治目标，必须跳出以犯罪打击为主的治理僵局，寻找社会治理手段实现农村稳定、标本兼治的目标；建成"法安天下、德润人心、农村自治"的强犯罪治理格局；实现技防人防物防三者相互配合的防控体系。

一、手段从倚重刑罚转向多样互补

犯罪治理需要放置于社会治理之中，才能达到治理效果的最佳。部分农村犯罪治理偏重于刑罚事后打击，把过度的财力物力人力花费于维稳上。刑罚的作用是有限的，犯罪预防应该从社会层面入手，并且通过寻找刑罚替代性措施减少犯罪的发生。李斯特认为犯罪的原因包括个体因素和社会因素。他的著名论断"最好的社会政策就是最好的刑事政策"提醒我们：必须从产生犯罪的社会结构中去寻找犯罪的根源，摒弃重刑旧途，寻找社会治理手段实现农村稳定、标本兼治的目标。目前的考核制度难以使基层政权不花费更多人力物力财力去开展预防性和修复性犯罪治理工作。我们要想促使基层政权开展标本兼治的犯罪治理活动，就需要在考评制度上提高公共服务水平、群众满意度等评价要素的比例。"社区警务考核考评指标应该既能体现社区民警的公共服务水平，也能引导社区民警向提高群众满意率、改善社区警务绩效的方向发展。"①

1. 超越刑罚手段实现农村稳定

部分基层社会治理力量较为薄弱，邪教犯罪、黑恶犯罪、性侵犯罪等犯罪迟滞平安建设的进程，刑罚手段的必要性不言自明。然而，部分基层政权花费了大量的财力物力，过于借助刑罚手段解决犯罪问题的现象值得反思。农村犯罪善治方案的构建，是为了走出维稳式犯罪治理方式的困境，打破以犯罪打击为主的治理僵局，更好地保障民众的权益。当然，我们强调注重保障村民的自由，落实民众人身和财产等基础安全诉求，并不是否定农村秩序稳定目标的重要性；只是指出刑罚手段或者其他强制性手段不是实现农村公共秩序稳定的根本手段，我们不能为了实现所谓的"秩序稳定"而贸然动用刑罚，而是要超越刑罚手段寻找更多的社会化手段，实现农村秩序稳定。

以不当上访行为为例，农村地区利益纠纷和社会矛盾引发的不当上访频发，考验着国家的治理能力。刑法应如何正确应对农村非正常上访这一让基层政权十分关注的社会秩序问题？晚近刑法立法修改频繁，不断通过扩大罪名的规制范围、提高法定刑和增设新罪名，以期借助刑法的威慑力为公共社会秩序保驾护航，使得刑法在公共秩序治理和社会治理中的地位凸显。群体非法聚集、个体极端上访等不当上访行为增多，给基层公共社会秩序管理带来了较大的挑战。为了解决幕后多次组织、资助非法聚集行为、个体多次极端上访行为等刑法难以应对的问题，《刑法修正案（九）》第三十一条加大了对不当上访行为的治理力度。劳动教养制度废止以后，对个体多次采取非正常方式上访、上诉扰乱国家机关正常工作秩序的行为只能予以治安处罚。修正案增设了扰乱国家机关工作秩序罪，将此违法行为犯罪化②。同时，修正案增设组织、资助非法聚集罪，更加全面、严厉打击实践中行为人间接参与非法聚集的行为③。至此，刑法扰乱公共秩序罪一节关于规制非正常上访行为的罪名，既指向单独个体，也规制聚众群体，既指向组织者，也指向帮助犯。随着《刑法修正案（九）》罪名的增设，民众不当维

---

① 王彩元，曹春艳. 改革与建设：我国社区警务理论与应用之基础研究［M］. 武汉：武汉大学出版社，2017：248.

② 修正案规定："多次扰乱国家机关工作秩序，经行政处罚后仍不改正，造成严重后果的，处三年以下有期徒刑、拘役或者管制。"

③ 即行为人并不直接带领、参与非法聚集行为，而是作为"精神领袖"在幕后进行组织、操纵，或者给予财力、物力支持。修正案规定："多次组织、资助他人非法聚集，扰乱社会秩序，情节严重的，依照前的规定处罚。"

权行为、非法聚集行为可能会触及第二百九十条、第二百九十一条、第二百九十六条的聚众扰乱社会秩序罪、聚众冲击国家机关罪、扰乱国家机关工作秩序罪、组织资助非法聚集罪、聚众扰乱公共场所秩序、交通秩序罪以及非法集会、游行、示威罪等众多罪名。实践中诸如扰乱国家机关工作秩序罪的适用增多，引发了一些学者的忧虑，提出要限缩非正常上访行为刑法规制的范围。有的学者提出要防止扰乱国家机关工作秩序罪成为新的"口袋罪"。① 刑法作为最为严厉的法律，其适用稍有不当，将会严重损害到民众的权益，特别是对合法维权者而言，更是会造成二次伤害。我国刑法犯罪圈的不断扩大，有些罪名增设却未实现犯罪数量实质性下降，学者对刑法治理功能提出的反思和质疑具有现实意义。当然，从各级人民法院一审判决结果来看，妨害社会管理秩序的犯罪案件呈现增长速度较快的趋势，维护公共社会秩序的任务仍然很艰巨。特别是近年来不当上访行为中两大新的情况不容忽视，其一是行为人以信访为名谋取不当财产利益；其二是一些事件背后蕴含着恶意破坏社会秩序稳定、污蔑国家形象的目的。刑法是有效开展社会治理和公共治理的工具，如何合理规制不当上访行为，是一个具有重要实践意义的话题。总体国家安全观为刑法保障基层公共安全和社会秩序提供了指导思路，追求善治目标，也对刑法保障社会稳定提出要求。第一，保障社会安全的目的需要刑法适时应对，对新出现的危害社会安全和公共安全行为进行规制；第二，坚持人民安全为宗旨要求刑法有所作为，打击危害社会秩序的犯罪行为，创造良好的社会环境。但是，不当上访行为背后蕴含了诸多复杂的社会因素，因此，基层司法部门使用刑罚手段介入不当上访行为需谨慎。第三，系统思维和备豫不虞的理念要求我们承认刑法功能有限，开展预防性和治本性工作。在推进国家治理体系和治理能力现代化的过程中，我们应该通过保护人民的权益和安全（当然也包括免受刑法不当规制带来的不安全感）和惩罚故意、恶意破坏社会公共秩序的行为，最终实现社会秩序的真正稳定。

总体国家安全观明确指出社会安全是保障。党的二十大把提高公共安全治理水平和完善社会治理体系纳入"推进国家安全体系和能力现代化，坚决维护国家安全和社会稳定"专章。社会问题处理不当，就可能会传导成为社会安全问题，甚至影响政权稳定。没有社会秩序稳定，各项事业和活动将无法展开。可见，妥善化解社会矛盾，提高社会治理水平，实现社会稳定，是夯实政治安全的基础。刑法具有强大的威慑力，理应对扰乱公共秩序的行为予以必要的应对，特别是应适当加大对隐藏在维权上访民众中怀有不法目的的人员的打击，以防止不当上访

① 宋伟卫. 防止扰乱国家机关工作秩序罪成为新的口袋罪——基于刑法教义学的分析 [J]. 政治与法律, 2021 (2)：139 - 149.

行为和群体性事件造成严重的社会秩序混乱。刑法的谦抑不代表着刑法的不作为，一些非正常上访行为已经严重危害社会秩序，刑法应加以打击，以维护农村社会秩序长治久安。社会转型期，利益纠纷和社会矛盾案件快速增加，对国家和基层政权的治理能力提出了考验。随着民众维权意识不断提高，当其土地、财产、选举等权益受到侵犯时，其更加懂得通过举报、信访、诉讼等合法渠道捍卫权利，但仍有部分民众由于知识水平有限、对政策解读不足或受人怂恿而选择以非法的手段进行维权。当民众争取权益保护引发矛盾初现端倪时，如果基层政权不善于或不重视化解矛盾于微小之时，普通的维权可能会演变为社会广泛关注的群体性事件。任何人行使自由和权利时都不得损害他人的权利和自由。即便行为人是因为维护自身权益而做出损害公共秩序和他人人身财产权益的行为，同样为法律所不允许。近年来，一些聚集行为和个体上访行为具有非法牟利的目的，部分民众通过"闹"的形式给基层政权施压，进行敲诈勒索，从中谋取不当利益。需要高度警惕的是，一部分别有用心的不法分子借助民众维权推波助澜，把一般维权事件夸大放大，借此诬蔑政府，煽动民众聚众扰乱公共秩序。在社会风险加大、国内外安全形势日益复杂的时代背景下，刑法介入不当上访行为的必要性加大，也具有正当性。

然而，不当上访行为的刑法规制需要考量诸多社会因素。总体国家安全观强调了一切安全应以保障人民安全为宗旨。同样地，社会安全保障要以维护人民安全为宗旨。"民惟邦本，本固邦宁。"国家安全必须一切以人民为中心，社会安全的维护最终要保障人民安居乐业。任何离开人民支持的一时安全，由于缺乏人心基础，最终无法实现长远安全。人民观贯穿习近平总书记的重要会议和讲话，总体国家安全观同样强调国家安全工作一切为了人民。"人民对美好生活的向往就是我们的奋斗目标"成为新时代最深入人心的话语。人民观要求我们坚持人民主体地位原则，保障人民群众的权益，因此，社会治理的首要目标在于增进人民福祉，使人民拥有更多的获得感。刑法立法在追求社会秩序稳定的同时，要避免使民众因过度担心自身的行为会受到规制而使其安全感和维权积极性降低，这就要求刑法在保障社会公共秩序过程中保持谨慎。"关心和重视人民群众来信来访工作，是习近平新时代中国特色社会主义思想的价值指向。"① 基于对维权现实困境的考量和最大限度保障民众权利的落实，刑法对不当聚集行为规制范围的扩张应当谨慎，而对于个体不当上访行为的法律规制则需慎之又慎，我们需要考虑到，一般情况下，若不满情绪无法释放或无法正确理解政府的做法，个体不会选择与国家机关进行正面冲突。因而对行为人注重教育说理，尽量避免诉诸刑罚手

---

① 邓红，王琳. 论习近平关于人民信访工作重要论述的科学意蕴［J］. 学习论坛，2023（1）：20.

段，既有利于缓和社会矛盾，也有利于引导公民正确表达诉求。一旦我们从人文关怀的视角去探寻非法聚集行为和个体极端行为的发生原因，就会在规制这些不当行为时保持应有的谨慎。

总体国家安全观的系统性要求注重事物之间的联动效应，注重社会治理能力提升，强调化解社会矛盾，避免引发重大风险，甚至影响基层政治安全。党的二十大报告更是看到社会矛盾化解的重要性，通过完善化解矛盾方式方法，提高社会治理水平，从而保障社会安全，维护国家安全。一些不当上访行为是社会矛盾激化和利益冲突加剧的结果，只有从社会结构和社会制度等入手加以解决，才能实现标本兼治。社会治理过程并不是通过简单增设法律条文来加强社会控制的过程，法律数量的多少与社会稳定与否之间并不是必然的正相关。只有构建起科学合理、内在协调的法律体系，才能为社会秩序稳定提供强而有力的保障，为维护民众合法权益提供实质性的支撑。

善法方能推动社会善治。法律如不能适应社会现实状况，符合民众行动逻辑，尊重民众基本情感，就有可能引发国家和民众关系紧张的负面效应。实现社会善治、真正化解社会矛盾要求我们要摈弃重社会秩序轻公民权利保障的观念。一部保障民众权利、观照人性弱点、体现民众情感的良善刑法，才能树立起刑法的权威，发挥其维护社会秩序稳定的功能。在追求国家治理能力现代化、实现社会善治的道路上，我们应该认识到刑法在社会秩序治理上的局限性，即刑法打击往往治标不治本，"不能让刑法承担超越法律职能范围以外的使命。"① 刑法和行政法之间的界限一旦过于模糊，法律适用混乱，便不利于司法机关有效治理犯罪、维护社会秩序稳定。

农村基层不当上访行为高发并引发社会秩序混乱的问题，甚至恶化为暴力事件，这不仅需要刑法加以回应，更需要从社会层面发现不当上访行为的病症所在，对症下药，标本兼治。刑法介入个体极端诉求行为和组织资助非法聚集行为之前，需要考虑介入的正当性、合理性和必要性，考量民众的规范意识、人性弱点和客观现状。同时，理性评价群体非法聚集行为和个体扰乱国家机关工作秩序行为两种不当上访行为的社会危害性，才能更加理性看待刑法规制的正当性、合理性和必要性。"刑法修正案犯罪化应遵循刑法的基本责任理论，被犯罪化的行为必须是不法地对他人造成重大危害或邪恶。"② 民众为了自身的合法权益或者自认为的权益而非法聚集，必须考虑其背后不得已的因素和人性的弱点，对其限制的范围不能过大。一些群体非法聚集行为主要原因在于部分民众认为自身权益

---

① 孙万怀. 刑法的功能贫困——惩治腐败的阶段性思考 [J]. 华东政法学院学报，2003（4）：66–67.
② 姜敏. 刑法修正案犯罪化及限制 [M]. 北京：中国法制出版社，2015：v.

受到了侵害，并认为更上一级政府、特别是中央具有权威性，因而试图通过"小事大作"的形式获得社会关注和上级重视。《治安管理处罚法》第二十三条规定了扰乱机关、团体、企业、事业单位秩序，致使工作、生产、营业、医疗、教学、科研不能正常进行，尚未造成严重损失的行为，处以警告、罚款或拘留。刑法和行政法之间应具有边界，刑法理应保持谦抑态度，不能贸然出动。可见，《刑法修正案（九）》第三十一条加大对聚集行为的打击力度，部分违法行为入刑以及模糊性罪状的使用，何为情节严重需要动用刑法规制，又何为情节较重只需借助行政法予以规范，需要谨慎考虑。该条增设扰乱国家机关工作秩序罪，增设组织、资助非法聚集罪显示了立法机关对不当上访行为法律规制从严的基本立场，立法可适度提高罪名的入罪门槛，司法则可通过考察行为人的动机和事件的起因、准确界定组织者的范围、分析行为侵犯社会秩序的合法性以及严格解释严重后果、情节严重和非法聚集的内涵等途径，做到维护人民安全与社会安全的统一。

2. 多种手段协同实现标本兼治

农村犯罪善治方案要摆脱刑罚打击的窠臼，寻找一切可以为农村犯罪治理所利用的手段，开展预防性、修复性、常规性治理，解决农村日常治理不足、犯罪防控力量薄弱、内部犯罪自净能力羸弱等问题。同时，注重犯罪治理手段技术化、智能化，针对农村社会秩序变动情况和犯罪发展趋势，加强物防技防人防相互配合的防控措施建设，及时应对网络犯罪、留守群体犯罪等问题。

一方面，我们要实现法治、德治、乡治三者的相互配合，形成"法安天下、德润人心、农村自治"的强犯罪治理格局。"罗斯早在1901年就提出社会秩序的维护需要多种手段和方式的组合，他罗列了法律、教育等'政治的'和舆论、宗教等'伦理的'控制手段，并指出两种控制手段孰轻孰重需根据社会结构来判断。"① 当下农村社会，传统道德规范日渐式微，农村内部自治体系尚未完善，越轨行为频繁发生。法治、德治、乡治并非互相排斥，三者可以在不同的领域和时空上发挥各自的价值。国家法律规训的权威要求村民遵纪守法，农村道德规范、乡规民约形成的德治、乡治也有助于预防村民违法犯罪。法治、德治、乡治三者配合共治，才能保障农村秩序的安定和谐。现实中，法治、德治、乡治三者之间由于缺乏有效协调出现了冲突。如村民遵循农村内部自治系

---

① ROSS E A. Social control: a survey of the foundations of oder [M]. New York: MacMillan Company, 1920.

统的规定，通过内部解决机制进行私了，出现法治被乡治架空的现象。又如村民之间"互相包庇""亲亲相隐""大义灭亲""行侠仗义"的行为，在村民的内心深处是符合道德标准的，但他们的行为可能会触及法律规定。再如村民依据乡规民约行事，却可能因违反了法律规定而受到惩罚。诸如此类问题亟待解决。

另一方面，农村犯罪治理措施落后，无法有效应对信息化发展带来的网络犯罪、人口流动产生的流窜作案、城镇化进程中高发的留守群体被害和犯罪问题、进城务工犯罪人员返乡社区矫治问题等。只有加快人防物防技防等防控措施建设，才能有效缓解日益复杂的农村犯罪带来的社会治安压力。为此，国家机关要大力发展点线面结合、网上网下结合、人防物防技防结合、打防管控结合的立体犯罪治理模式，使得治理过程从单向抑制走向立体能动，实现传统手段和现代手段相结合。对于人防物防技防三者的具体措施，我们需要从各地的创新实践中加以寻找、总结。

农村犯罪善治方案是针对农村犯罪治理困境、犯罪发展态势和农村特殊的社会背景而提出的对策和建议。法治、德治、乡治三者配合共治，是为了更好地整合国家和民间资源，有效开展犯罪治理活动；人防物防技防三者间互相补充，是为了更好地利用现代犯罪治理理论和方法，实现预防犯罪、矫治犯罪和修复犯罪。这些手段有助于实现从注重刑罚打击走向犯罪预防，并更加注重社会秩序的修复。然而，农村犯罪类型多种多样，除了传统的人身、财产型犯罪，还出现了诸多新型犯罪，对于不同类型犯罪的治理，需要采取不同手段，各种手段所起的作用也各不相同。以刑法理论上关于犯罪人的分类为例，对法定犯的治理更多需要采取法治教育的手段，使村民意识到行为的违法性。对于农民实施的盗窃、伤害等自然犯的治理，则更需要传统道德的教化。对于危害国家安全犯罪，国家需加强技术防控，依靠刑罚手段产生威慑效果也有必要。总而言之，在农村犯罪治理手段方面，本书仅搭建出一个框架，指出针对犯罪治理行之有效的方法，这是基于对我国农村以事后打击为主的犯罪治理方式的反思，并试图通过常规化、日常化、现代化、技术化、智能化的手段，打破以犯罪打击为主的治理僵局。只有犯罪治理手段的"指导方向"，没有犯罪治理手段的"具体举措"。各地应根据各自的犯罪情况，创新犯罪治理手段，采取针对性措施，重点治理高发犯罪，才能真正收到好的治理效果。

二、法治德治乡治三者间配合共治

法治是现代国家的必然要求，德治是农村治理的传统继承，而乡治则是区别于城市治理的标志。一方面，我们需要不断提升法治德治乡治各自的效果，使得三者各自发挥功效；另一方面，法治德治乡治可以并行不悖，我们应该寻找三者之间相互配合的平衡点，通过相应的机制调整三者间的冲突，实现"法安天下、德润人心、农村自治"。

1. 法治是现代国家治理的必然要求

在犯罪治理上，法治的价值是显著的。农村法治建设不断推进，有利于纠正农村自治与法治精神不符之处。一些非正式规则的确有效弥补了正式规则的不足，修复正式规则的硬伤，可另一些非正式规则规定了不合理的解决纠纷方式或处罚方式，可能引发更为严重的暴力冲突事件。相反，法治最明显的特点是其确定性和规范性，充盈着现代社会追求的公平、正义和平等理念，可以纠正农村犯罪治理过程中的不平等现象，防止国家惩罚犯罪权力的旁落。农村法治建设的推进，还对犯罪率降低具有直接的作用。法治通过引导民众形成依法办事、依法解决矛盾的习惯，有利于减少不当上访行为引发的暴力冲突。农村人身侵害犯罪案件多是由邻里矛盾引发的，村民法律意识不断提高，采取更为理性的渠道处理纠纷矛盾，可以减少不必要的冲突。村民法律意识不断提高，还有利于摆脱封建迷信思想，降低迷信犯罪的发生率。2018 年中央一号文件《关于实施乡村振兴战略的意见》提出要建设法治乡村。① 法治是重要的，可农村法治权威树立的道路是艰难的，需要我们寻找具体的方法提升村民的法律意识。另外，从上文关于农村犯罪治理规定的归纳可以看出，犯罪的治理并非都是通过法律的形式，相反，大多时候是中央综治委、最高人民法院等部门通过"文件"的形式下发的。这

---

① 坚持法治为本，树立依法治理理念，强化法律在维护农民权益、规范市场运行、农业支持保护、生态环境治理、化解农村社会矛盾等方面的权威地位。增强基层干部法治观念、法治为民意识，将政府涉农各项工作纳入法治化轨道。深入推进综合行政执法改革向基层延伸，创新监管方式，推动执法队伍整合、执法力量下沉，提高执法能力和水平。建立健全乡村调解、县市仲裁、司法保障的农村土地承包经营纠纷调处机制。加大农村普法力度，提高农民法治素养，引导广大农民增强尊法学法守法用法意识。健全农村公共法律服务体系，加强对农民的法律援助和司法救助。

种软法性质的文件，其作用和价值是什么，其与硬法的关系是什么，两者应如何协调，需要加以探讨。

(1) 提升村民法律意识的具体路径

"中国人的生活，一向倚重于家庭亲族间，到最近方始转趋于超家庭的大集团；'因亲及亲，因友及友'其路仍熟，所以遇事总喜托人情。你若说'公事公办'，他便说你'打官话'。法治不立，各图侥幸，秩序混乱，群情不安。"① 梁漱溟先生这段文字深刻指出了我国国民更注重伦理而非法律的品性。过往历史，古人以德治国、以礼行事，宗法思想有余，法治意识不足。新中国成立以来，国家为应对社会治安问题，制定和完善了《治安管理处罚法》等犯罪治理方面的法律法规，充分发挥法治的引导、规范、保障和惩戒功能，促使公民遵纪守法，保障社会秩序稳定。国家通过送法下乡、田间办案的方式，不断提升农民的法律意识。2006 年，中央综治委要求各部门认真做好《治安管理处罚法》等法律法规的宣传教育工作；认真组织实施"依法治村""法律进农村""民主法治示范村"等活动。一系列的普法措施提升了村民的法治思维和法治理念，一种更为理性、法治的生活方式已经在农村生根发芽。然而，农村普法效果仍有待提升，法治观念与农村话语时而发生碰撞，一些农民甚至无法真正认知自身行为的违法性。"开平法院 2013 年全年共受理 11 件非法持有枪支案，此类案件呈上升趋势。可多数被告却意识不到自身行为已经构成犯罪。"② 究其原因，在于"普法充斥了条文灌输，少见深刻解析。手段上，突击式、运动式，缺乏经常性。对象上，不分男女老少，文化程度，'一锅烩'，广种薄收。"③ 因此，我们需要采取更具针对性、有效性、实质性的普法方式，提升农民群体的法治意识。

首先，立法过程的公众参与是有效普法的起点。刑法许多罪名的修改与农民群体息息相关，如《刑法修正案（九）》关于拐卖妇女儿童罪，组织、资助非法聚集罪，扰乱国家机关工作秩序罪等罪名。虽然农民群体平均文化水平较低，但其在公众参与立法中的作用却不容忽视。"真正健全的法治只有以国家方面的认知性和人民方面的合意性为两轮方能畅通无阻。"④ 民众的看法和意见是检验刑法超前或者落后于社会发展需要和民众思想观念的最好试金石。在民众广泛参与讨论刑法某一罪名的废与立等问题的过程中，刑法为民众所认知和理解，有助于

---

① 梁漱溟. 中国文化的命运 [M]. 北京：中信出版社，2013：38.
② 农村非法持枪案 多数被告不认为犯罪 [EB/OL]. (2014 - 09 - 23) [2017 - 11 - 10]. http：// news. 163. com/14/0923/04/A6Q6UAJD00014SEH. html.
③ 方宏伟. 农村普法所面临的系统性矛盾 [J]. 行政与法，2007 (6)：28 - 30.
④ 季卫东. 法治秩序的构建 [M]. 北京：中国政法大学出版社，1996：153.

预防犯罪的发生。随着民主立法理念的不断深入，我国刑法立法走向民主化，全国人大常委会法制工作委员会会公开立法草案，征求社会大众的意见。然而，民众对罪名的设立、刑期的调整仍然缺乏广泛的讨论，农民群体未能掌握刑法修改动态，其守法意识自然也就难以提高。未来的刑法立法，需要进一步改变精英主义立法模式，广泛收集民意，使刑法更符合民众的情感、期待，同时在立法讨论中普及法律知识。随着互联网的普及，越来越多的农民能够通过网络了解立法动态，具有了参与立法的可能性。立法机关应通过网络投票、官网留言、问卷调查、电视节目热线电话等方式，广泛听取农民群体的意见。代表农民群体的人大代表则应该积极履行自身的职能，收集农民群体的意见，向各级人大反馈民众意见。

其次，国家应不断向农村输送法律资源。中国农业大学调查的 4070 名农民中，有"61.7%的受访者认为农村普法'很重要'，'无意义'仅占 1.7%。而且，73.2%的农民认为法律对保护自身权利'越来越重要'。"① 农村法律资源、特别是法律服务资源供给不足，制约了农民法律意识的提升。基层政权要善用现有体制内的组织资源，整合区域内法律共同体力量，有计划、有安排地组织警务人员、司法人员、律师、公证人员到农村提供法律服务，推进平安乡村和法治乡村的建设，继续开展法治示范村建设。国家和基层政权应致力于农民法律援助工作，司法部门应积极牵头，选任、培训和输送法律人到农村，推进"一村一律师""一村一法官""法官进村释法""法律援助进农村"等活动开展，提升农民法律意识，解决农民面临的法律问题。有条件的地方应组建农民法律援助中心，定期组织法律工作者下乡开展法律咨询。"2012 年，广西司法行政机关开展了'法律援助进万村'活动，依托全区 3 万名新农村指导员和 4000 名大学生村官以及村干部，在 13350 个行政村建立了法律援助联系点，占该省行政村的 93.36%。"② 在输送法律资源时，需要注重内容的"需求性"和形式的"通俗性"。"以往普法实践证明：不问民众需求的'送法下乡'是不受欢迎的"③，国家应根据农民法律需求和农村治安重点问题，有选择、有计划地开展普法宣传活动。在形式上，普法工作不能仅仅采取发放资料或者在村里的宣传栏张贴普法海报等形式，也不能简单地开展法律宣讲活动灌输法律条文，而应该采取一些创新

---

① 李明. 中国农村政治发展与农村社会治理研究 [M]. 北京：知识产权出版社，2011：272－280.

② 中央社会治安综合治理委员会办公室. 中国社会治安综合治理年鉴（2012）[M]. 北京：中国长安出版社，2013：556.

③ 叶国平，吴高平，谢贵春. 我国农村普法政策之嬗变 [J]. 学理论，2014（5）：135.

形式，使民众在日常空暇生活中接收法律知识，使"普法'供体'与'受体'互动起来"。① 有关部门可以加强与媒体、电视台的合作，开辟固定栏目宣传犯罪预防知识、开展调解工作、实时直播审判活动，通过电话连线解答村民疑问。多种形式开展普法，让农民在休闲之时接受法治教育，了解应对邻里纠纷、家庭纠纷、诈骗犯罪等农村常见治安问题方法，突破传统的纸质或人工宣传，实现内容的"需求性"和形式的"通俗性"，如此往往效果更佳，接受度更大。

最后，在法律实践中生动普法。农民群体如果无法认识到借助法律解决问题的优势，或者认为权大于法，就难以去信任和借助法律，"必须以实际的法律运作使他/她感受到'还是信仰法律好'"②。国家机关除了重拳打击犯罪，使民众在此过程树立犯罪必受惩罚的观念，更应该采取柔性的方式，通过调解矛盾、刑事和解、田间审判等方式，让农民群体在真实个案中接受法律知识的洗礼，感受到法律的权威和价值。"'法治'植根于基层社会，需要在社会矛盾化解和治理实践中循序渐进地推进，以创新性的行动向基层社会'抛撒'法治的'种子'，促进基层法治文明秩序的内在生成。"③

（2）规范并发挥软法的衔接作用

硬法即有关立法机关制定的有严格立法程序的、以国家强制力为后盾的规范体系，包括了宪法、法律、行政法规、规章等。软法是制定法以外的由国家机关或社会组织通过一定程序制定的不以国家强制力为后盾，却可以产生社会实效的规范，如有关部门制定的政策、指导意见、通知。在刑事领域，本书将全国人大和常委会制定和修改的刑事法律和最高检、最高法颁布的司法解释被称为"刑事硬法"。党中央、中央综合治理委员会、最高法、最高检等机关或部门出台的指导刑事活动或犯罪治理活动的指导意见、裁量基准、实施办法等被称为"刑事软法"，典型的如《关于贯彻宽严相济刑事政策的若干意见》《全国法院维护农村稳定刑事审判工作座谈会纪要》（以下简称《农村纪要》）。刑事软法规定的犯罪治理立场，有利于指导司法机关准确解释刑法构成要件。如《农村纪要》是国家机关组织开展全国性会议讨论之后的结晶。《农村纪要》认真分析了农村犯罪的特点和原因，进而为农村刑事治理提供了指导。第一，该文件对农村犯罪发展

---

① 付子堂，肖武. 普法的逻辑展开——基于 30 年普法活动的反思与展望 [J]. 社会科学战线，2017（6）：204.

② 苏力. 制度是如何形成的 [M]. 北京：北京大学出版社，2007：205–206.

③ 梁平，陈焘. 基层社会矛盾化解与法治化治理研究 [M]. 北京：法律出版社，2017：214.

趋势做了分析①；第二，该文件对农村犯罪刑事治理的基本立场作了判断②。第三，该文件对故意杀人、故意伤害案件、盗窃案件、恶势力犯罪案件、破坏农业生产坑农害农案件、村民群体械斗案件、拐卖妇女、儿童犯罪案件等案件的定罪量刑作了指导性建议。第四，该文件对如何正确处理因干群矛盾引发的刑事案件、对农民被告人依法判处缓刑、管制、免予刑事处罚等问题提出了建议和意见。虽然该文件不属于正式立法，但是这种软性刑法的形成建立于刑事硬法的基础上，对农村刑事案件重点问题进行了指导，有利于更好地保障刑事硬法的实效性。一些农村犯罪治理活动的指导并不需要制定刑事硬法，可以通过刑事软法加以灵活规定。一些亟待解决的问题，也可以通过刑事软法的形式先行加以指导，在实践中不断试错之后，整合和完善形成刑事硬法。可见，由于农村社会环境错综复杂、刑事硬法僵硬呆板且修改时间过长、特殊类型案件需要特殊处理等原因，刑事软法具有广泛的应用空间，对犯罪治理起到重要作用。另外，农村犯罪治理的文件往往关乎农民人身财产等重大利益，而这些文件的论证过程不如刑事硬法充分。而且，一些文件针对性不强，内容模糊，在农村犯罪治理问题上指导性不强。因此，应加强对刑事软法内容和程序的规范。全国人大应该对部门下发文件的程序和条件予以立法规定，并加强对部门文件下发的审查和监督。各部门在制定指导性意见时，一定要加强研究、论证、商讨。农村比较突出的全国性犯罪治理问题或者经过实践证明具有实效的经验，应及时转化为立法规定，2000年全国人大常委会对村干部是否可以成为贪污犯罪主体的立法就是一个典型例子。

2. 德治是预防农村犯罪的治本途径

社会转型期，文化、价值和思想多元，"大量个体经历了或经历着文化价值瓦解与重建的艰难时期"③，人们容易在此过程中产生错误的思想，进而发生行为偏差。重拾道德的教化和惩治功能，有助于遏制潜在犯罪人、弥补法律缺陷、教化犯罪之人。同时，我们也发现，村民的道德观有时并不符合法治的精神，甚至可能触及刑法，德治和法治应如何协调，是需要深入思考的问题。

---

① 农村治安形势总体是平稳的，但是在一些地方，还存在影响治安稳定的不容忽视的突出问题。

② 对故意杀人、故意伤害、抢劫、强奸、绑架等严重危害农村社会治安的暴力犯罪以及带有黑社会性质的团伙犯罪，坚持从重从快严厉打击的方针。

③ 井世洁，赵泉民. 组织发展与社会治理——以乡村合作社为中心 [M]. 北京：中国经济出版社，2017：316－317.

（1）重拾道德的教化和惩治功能

随着城镇化的推进和互联网的普及，社会流动性加快，信息获取便利，村民的价值观念越来越多元化。受不良文化影响，部分村民的道德观念产生偏差，农村内部惩治机制发生退化。本是安分守己、恪守道德的村民突破道德禁锢，从事违法犯罪行为。"从传统的宗族乡绅治理转入计划经济体制下的'单位制'、'街居制'然后迈向'后单位'、'后税费'和'互联网＋'时代，基层社会潜伏或面临着诸多危机，最为显著的挑战是因缺乏有效的基层联结机制，'原子化'的'社会人'处于离散状态，难以形成符合现代法治要求的、一致的行动力，造成国家治理与基层社会的割裂和扭曲，显性表现为价值观念、利益诉求、个性需求等的多元化。"① 因此，农村社会需重拾传统道德，注入新的时代精神，纠正村民偏差的观念。

一方面，我们可以通过道德规范化提升道德约束力。有时对村民产生真正约束力的道德并非国家所提倡的社会公共美德，而是农村内部的道德规范。农村内部容忍村民不法行为的限度，成为村民行为边界的标尺。村民往往只要不违反村庄的内部习惯、损害村庄内部村民的利益，其行为便不会遭到其他村民的指责。而随着社会的开放化，各种不同的价值观念和文化思想冲击着主流价值观，农民群体的道德观与公共美德产生了偏差，农村内部的道德内涵与国家提倡的社会公共道德是有断层的。因此国家需要加强主流文化的宣扬，提升村民的公共道德观。除了通过电视电影节目、宣传手册、宣传影碟等方式给村民输送正确的道德观念外，更为有效的办法是指导村民制定村庄内部道德规范，实现道德规范化，并借助农村内部的惩罚机制实现制约效果。相比于不确定、模糊的内心道德准则，外在的、规范化的道德准则的优势更明显。不管是在乡规民约中融入公共道德规范还是单独制定农村道德规范，都有利于解决村民道德观混乱的问题，而在农村规范中规定相应的内部惩罚和监督机制，则可进一步提升制约效果。总之，基层政权应积极推动农村德治的展开，引导农村制定道德遵守规范，把敬老爱老、遵纪守法、团结友爱、互帮互助等美德写入其中。为了防止道德规范流于形式，应确立规章制度执行人，赋予其相应的职权，使其积极调动其他村民参与道德活动评比活动，切实弘扬传统优秀美德。

另一方面，我们可以通过弘扬农村优秀礼治文化增强道德约束力。在古代，"礼法和刑法都是统治阶级进行社会统治的根据。由于礼法更为贴近生活，贴近本地的风土人情，更能培养人们对于天理与人情的信仰，其自然成为官府正式审

---

① 梁平，陈焘. 基层社会矛盾化解与法治化治理研究 [M]. 北京：法律出版社，2017：4.

判程序之外民间调解和处理活动的依据。"① 随着法治建设的推进，礼治文化有时被误认为是"阶级"和"小团体"的代名词，加之礼治的不确定性，有观点认为要用法治来逐步替代礼治。农村社会浓厚的礼治传统在社会转型中逐渐消弭，内部特殊惩罚机制功能有所下降。虽然传统礼治文化中存在部分不符合法治精神的地方，但是优秀的传统礼治文化对人际关系和行为准则提出了更高的要求，对农村社会的有序发展起到至关重要的作用。社区共同体内部成员所认同的礼治形成的约束力有助于促使人们遵守道德规范。当今中国应加强对传统礼治文化中"责任、守信、尊老爱幼、孝道、仁义、宽容"等内涵的挖掘，并注入新时代的思想和内涵，继而借助农村内部特殊的约束和惩罚机制，构建和谐社区。农村地区邻里小纠纷引发的刑事案件以及虐待、遗弃等刑事案件的发生，恰是我们礼治传统文化式微的结果。当务之急并非简单否定根深蒂固的礼治文化，而是重构农村礼治文化的内涵，借助礼治的教化功能和软约束力，形成"互相礼让、尊老爱幼"的社区环境，减少矛盾纠纷，降低犯罪发生率。

（2）协调法治和德治间的冲突

"在国家的司法场域和农村社区中，受两套他认可了的不同的地方性知识——中国的、传统的、民间社会的情理和西方的、现代的和国家的法律——的规定和制约。"② 村民内心遵从的道德、情理和法治的精神之间会存在某些方面的冲突。在犯罪治理领域最典型的例子是亲亲相隐和大义灭亲。我国是一个以家庭为中心的人情伦理社会，举报亲人之间的违法犯罪，在许多村民看来是不符合伦理的，也是有违人的本性的。然而，窝藏、包庇罪在立法上否定了"亲亲得相首匿"的人情伦理。因此，当民众遵循内心认同的伦理道德对亲人进行窝藏包庇时，就会违反刑法的规定。在农村熟人社会里，不仅亲属间会互相包庇，而且宗族内部成员之间也会互相包庇。农民群体淳朴的道德观或朴素的公平正义观有时又会让他们做出"大义灭亲"的行为，可当他们的大义灭亲采取的不是向公安司法机关举报，而是动用私刑时，也可能触及刑法规定。此外，一些较为偏远的地区，农民群体的伦理道德观可能会引发干预婚姻自由、限制人身自由甚至造成人身伤害的案件。因此，我们需要协调德治和法治间的冲突。

一方面，我们需要构建符合法治精神的道德体系，使民众的道德观念不违背法治的基本精神。人身权、自由权、生命权、健康权等权利作为公民的基本权

---

① 陈京春. 刑事和解制度研究——以刑事实体法为视角［M］. 北京：法律出版社，2014：134.
② 强世功. 法制与治理——国家转型中的法律［M］. 北京：中国政法大学出版社，2003：218.

利，只能由国家通过严格的程序对其加以剥夺。为了体现刑罚权的权威性和运用的慎重性，我们不应鼓励人们遵从内心的道德观对自认为罪孽深重的亲人动用私刑。不管是贝卡里亚的阶梯理论还是现代的罪责刑相适原则，归根结底都是为了实现公平正义。刑罚作为一种必要的恶，通过对犯罪人科以相应的处罚，抚慰被害人的创伤，实现人们基本的朴素正义观。我们把刑罚惩罚的权力交给国家，才能既保证村民朴素的是非观的落实，又实现罪责刑相适用。因此，国家、媒体应倡导和宣传一种通过法律途径制止违法犯罪行为的观念。在"大义灭亲"个案处理上，司法机关考虑民众朴素道德观予以量刑宽缓的同时，更应该在审判过程和判决书中倡导法治观。由于传统伦理道德的固存，偏远地区仍然存在父母暴力干预儿女婚姻自由的现象，这也只能通过构建符合法治精神的道德体系，不断去影响农民群体的思想。陕西三门村张某某"为母复仇"案引起了国民的广泛关注，网络上出现了赞赏张某某做法的声音。此案中张某某认为法律判决不公正，没有给母亲应有的公道，因此杀害了涉及此案的一家三口。该案至少给我们留下两大值得反思的问题：其一是法治进程中，私力复仇观念仍然存在，值得重视。其二是农村案件处理上，除了依据刑法规定予以判决外，还需要采取更多的措施去抚平当事人及亲属的怨恨。

另一方面，立法上应提倡人文主义刑法观，对传统伦理道德予以尊重。除非危及统治者利益，历史上许多朝代都不处罚亲亲相隐行为。"何以律许容，严干名犯义之禁？不许容隐则伤骨肉之恩，不许为首则恐无以救其亲，若任子孙告讦则不惟干名犯义，且恐子孙有贼害其亲之意，故并存之，实天理人情之至，面面都顾到。子孙为救其亲，免险亲于刑戮，自不惜以己身触犯告言父祖的刑章。亲属相为容隐及干名犯义的法律，对于谋反、谋大逆、谋叛的大罪是不适用的。"[①]刑法在悠久的发展历程中，慢慢积淀了一个民族甚至整个人类社会对某些行为的否定。只有"当国民对不良行为的状况以及为此而制定刑法的意义普遍有了正确的认识时所抱有的欲求"[②]，才能形成真正意义上的刑法。我国是一个具有特殊传统文化和思维模式的国家，民众的法律观、处事模式与西方国家都有很大不同。立法者要吸收优秀传统资源，制定出符合民众情感的刑法条文。只有站在民众立场思考问题，制定的刑法才能为民众所接受，所信仰。否则，刑法在民众的眼里就会变成一只凶恶而残忍的猛虎，无法走进民众的内心。人文主义刑法观把人文主义精神和内涵引入刑法中，逐步得到刑法学者的重视。在人文主义精神照耀下，刑法立法以实现"以人为本"的理念为根本目标，制定的刑法规范来源

---

① 瞿同祖. 中国法律与中国社会 [M]. 北京：商务印书馆，2017：71.
② 西原春夫. 刑法的根基与哲学 [M]. 顾肖荣译，北京：法律出版社，2004：127.

于民众的诉求，最终回归为民众服务。亲亲相隐制度符合我国家庭伦理观和人的本性，而且有利于减少家庭成员之间的矛盾。在我国，特别是农村地区，亲亲相隐的行为比较盛行，与其一直交给司法工作者通过其智慧实现案件的社会效果，不如加以立法确认。

3. 乡治是尊重权力文化网络的核心

法治是当前流行的话语和观念，甚至成为与"人治"相对应的强势话语体系。无论这种愿望有多么美好，起码在当前农村地区，社会秩序的建立仍然不是由法治这一种因素和机制所能够完成的。[①] "村政是在由地方性特殊主义的'情'和国家普遍主义的'理'所共同架叠出的秩序化空间中施展并发挥其相应的权力与职能的。"[②] 乡治与法治两种形式可以共同在农村场域内发挥各自作用，在犯罪治理问题上也不例外。为了维持农村秩序稳定，国家力量不断下沉到农村内部进行犯罪治理，而农村内部有一套属于自身特点的犯罪治理机制。自治代表着村民的偏好。国家法治的推行离不开民众的认同和支持，所以也就离不开对自治传统的尊重。法治并不等于仅仅依靠法律治理，而在于通过法律给人们提供权利保障。即便是在犯罪治理领域，出于社会效果提升、司法资源节约和案件特殊性的考虑，国家适当放权给乡治也未尝不可。法治表现为正式制度的治理，而乡治主要表现为非正式制度的治理。实现正式和非正式制度间互相补充，共同致力于化解村民矛盾和预防犯罪发生，是农村犯罪治理的应有途径。因此，我们需要建立健全相关机制，协调非正式制度和正式制度间的冲突。

（1）非正式制度的犯罪治理功能

新制度主义提醒我们注意：在国家正式制度之外，还存在着影响民众行为逻辑的非正式制度。正式制度和非正式制度在犯罪治理活动中各有优势，我们要在维护国家法律权威的前提下，发挥非正式制度的作用。在传统"差序格局"的农村社会里，村民行为的导向主要依据农村内部非正式制度。纵观历史上的各个王朝，由于正式制度资源不足，乡规民约、习俗礼仪和宗族约定等非正式制度在犯罪治理中起到举足轻重的作用。国家所宣扬的正统理念，通过乡绅的影响力渗透到非正式制度里，国家权力通过农村内部机制实现弥散。当下，虽然农村法律资源逐渐增多，非正式制度资源逐渐流失、功效逐渐弱化，但是农村社会运转和

---

① 王立胜. 中国农村现代化社会基础研究 [M]. 济南：济南出版社，2018：192.
② 吴毅. 村治变迁中的权威与秩序 [M]. 北京：中国社会科学出版社，2002：273–364.

人际交往仍在很大程度上受到非正式制度的影响。而且，非正式制度以其特有的社会文化机制影响着国家正式制度的运行效果。"乡土文化为农村治理的非正式制度运行提供了文化基因并挟持着正式制度在农村基层社会亦真亦幻地运行。农村治理的非制度化运行通过社会文化机制（诸如风俗、习惯、文化传统等的相互渗透）对制度化的运行机制起到或促进或阻碍的作用。"①

非正式制度的作用不容忽视，其行为标准更高、规制范围更广，能够弥补正式制度刚性有余、柔性不足的缺陷，特别是刑事法律规制范围的短板，还能够"降低正式制度实施过程中产生的冲突及监管费用"②。一些地方的乡规民约规定，村民实施偷盗、通奸等不良行为，在村庄分红或者评奖中将失去资格，这有利于减少偷盗或者通奸等行为引发的矛盾和冲突。还有一些地方的乡规民约规定，村民需要承担邻里守望、日常巡逻等任务，这有利于提升农村内部自净能力。乡规民约在维护乡村治安秩序中能够发挥着独特的指导、维护、评价、教育及预测的规范作用③。刑事法律实效得以发挥的关键在于公民对静态法律的认同感和法律适用结果的接受度。如若国家不能尊重农村社会自身的运行逻辑，法律将难以融进农村社会，也就难以获得民众的认可。乡土社会中原有重要资源、力量和因素被我们无意遗忘或有意抛弃，刑事法律在乡土社会被无视、架空和规避就不足为奇。④ 秋菊打赢官司输了民心，原因在于她认了理而没有认情。国家的介入却没有得到秋菊的认可，原因在于司法人员未能在案件处理过程中注重情理法的结合。非正式制度源于农村内部成员协商，其关注村庄内部重点问题，针对性强、推行力大，国家应引导非正式制度的制定，使之融入国家所倡导的理念。乡规民约积极作用产生的原因主要有国家法律的确认、社会环境的支持、自治传统的发扬、集体认同心理的支撑、治村强人的推动以及村规民约的变革调适⑤，通过农村特殊的文化机制开展"治理术"，可以有效协调村民之间的关系，约束村民的不当行为，使村庄健康、和谐发展。可见，非正式制度仍然具有生命力，且具有独特的作用，而其与国家正式制度并非水火不容，国家应在不违背正式制度的基础上，积极对非正式制度进行细化并补充制度性规范。"秉持一种合理的法律观和秩序观，尊重尚存的地方性知识，自是迎法下乡的应有之义。"⑥

---

① 杨嵘均. 农村治理结构调适与转型［M］. 南京：南京师范大学出版社，2014：83 – 84.
② 杨菊平. 非正式制度与乡村治理研究［M］. 上海：上海交通大学出版社，2016：26 – 34.
③ 王苏醒. 乡规民约：一种重要的民间治安规范［J］. 山东警察学院学报，2018（2）：109.
④ 陈小彪，余杰新. 乡土社会刑事法律实效研究［J］. 广州大学学报（社会科学版），2015（3）：32.
⑤ 陈寒非，高其才. 乡规民约在乡村治理中的积极作用实证研究［J］. 清华法学，2018（1）：62.
⑥ 董磊明. 宋村的调解：巨变时代的权威与秩序［M］. 北京：法律出版社，2008：207.

（2）正式和非正式制度的和谐机制

在一些农村地区，部分正式制度因为习惯、族约、乡规民约的存在而被束之高阁。少数民族地区、边远地区的农村，有些族约、乡规民约、习惯甚至规定村庄可以剥夺村民财产权、人身自由权、政治权。这些规定涉及对公民基本权利的限制，需加以引导，避免其违背法治精神。一些地方村规民约含有对女性特别是外嫁女不平等对待的规定，已经引起了许多纠纷和矛盾。"法治建设中要遏制利用族规家法或社群内部'刑法'任意剥夺违规者的财产权、生存权以及政治权利的行为。"① 在大传统和小传统之间协调的问题上，法律已经赋予地方政权权力。关于少数民族民间习惯法，各省或自治区人民代表大会应该及时根据法治基本精神和刑法的基本原则，结合当地的习惯和做法，协调和整合国家法和民间法，制定变通或补充规定。民间法和国家法冲突的结果，不仅会使法律权威受到减损，而且可能使行为人受到两种不同规定的惩罚，"'二次司法'对国家刑罚权的专属性发出了挑战"。② 同样地，《村民委员会组织法》赋予基层政权对村规民约的审查权，地方基层政权应指导村庄制定出符合法治精神的乡规民约、宗族族约，借助其非正式制度天然的易接受性和执行力，维持农村秩序、规范宗族组织活动、消除村民的违法犯罪动机。当然，村规民约并不是重点法律条文的简单组合，其应该推行公共道德理念，弥补正式制度的局限。上文已经有所涉及，国家应该把宗族组织纳入治理体系，通过基层政权指导族约的制定，规定宗族内成员不得从事不良行为等内容，使得公共道德理念和民主法治精神渗透和糅合进族约之中，并通过宗族内部独特的惩罚机制发挥防控犯罪的作用。

曾经有这样一起案件，"村民张某乙因新建院墙将村民张某某2家柴垛圈入，双方产生矛盾。张某某2多次向上级反映情况，有关部门要求张某乙停工停建未果。乡里让张某某2找书记张某某1，让村里自行解决。张某某1向乡里请示，乡里让其按照村规民约进行处理。村规民约第12条是排除障碍，保障大小路畅通。于是，在被告人张某某1的指使下，被告人张某某2雇来铲车将张某乙新建的石头院墙推倒。经鉴定，被损坏部分的石头墙价值人民币14452.00元。被告人张某某1、张某某2构成故意毁坏财物罪，张某某2被判处有期徒刑一年，缓刑一年，书记张某某1被判处免予刑事处罚。"③ 这起案件具有研究价值，因其

---

① 易军. 农村法治建设中的非正式制度研究［M］. 北京：中国政法大学出版社，2012：54 – 69.

② 侯斌，罗边伍呷. 国家法制统一视野下民族习惯法对刑事司法的影响与应对——以四川凉山彝族自治州为例［J］. 西南民族大学学报（人文社会科学版），2013（1）：130 – 133.

③ （2016）吉0382刑初219号.

提出了这样一个问题：当国家机关救济渠道效果不佳时，村民按照乡规民约加以解决，却有可能触及刑事法律，我们应该如何看待？首先，大白村村规民约从内容上看并没有问题，我们不能苛求村规民约细化到"采取合法方式排除障碍，保障大小路畅通"。这个案件的问题在于乡村处理矛盾纠纷的方式上，即村书记和张某某2强行推倒张某乙的石头院墙，损害了张某乙的财产权益。村治不能违反法律规定，否则会受到法律的否定。该村要排除张某乙造成的道路障碍有两种选择，一是诉诸公权，即通过具有执法权的机关予以排除，二是诉诸乡治，即通过说服、调解或者乡村惩罚机制和道德压力加以排除。其次，国家机关应该积极配合农村解决矛盾纠纷。从前述个案表面看，似乎村治、德治和法治在张某乙的错误坚持下失效了，实际上不然，恰恰是因为三者间未能有效协调，才导致了冲突的最终发生。该案中村民张某某2多次向有关部门反映，有关部门下达了停工停建通知，却未全力妥善解决矛盾纠纷；乡一级政权并没有积极协调各方对问题加以解决，反而让村里自行解决，矛盾因而进一步升级。本案中，如果国家机关能全力介入此事，农村党支部书记积极配合，依照法定程序拆除违章建筑，那么事件就不会进一步恶化。部分基层政权在应对村民的矛盾纠纷诉求时，不想承担过多的责任，往往把事情推到村一级中，矛盾便积压下来，进而导致更大矛盾的发生。最后，司法是权利救济的最后一道保障，基层司法机关应考虑农村社会背景和行动逻辑，合法合情合理适用法律，达到情理法的统一。本案中，张某某1和张某乙的冲突系邻里之间的纠纷。根据宽严相济刑事政策，对情节较轻微的邻里纠纷发生的刑事案件，司法机关应该坚持从宽立场。张某乙有错在先，张某某1通过正规渠道反映诉求并没有获得最终解决。在得到乡里回复可按照乡规民约处理后，张某某1和村书记张某某2采取了私力解决问题。纵观全案，行为人的主观恶性不大，社会危害性小，造成的财产损失不大，司法机关实际上可通过刑事和解不予起诉。

（3）非正式制度向正式制度转换

"我们要尊重传统并开发新的制度要素，而不是加以否定，引进和嫁接一种新的制度改造方案。"[①] 农民群体在日常生活中，根据农村运行逻辑和文化习惯，开创了新的犯罪治理方式，这种犯罪治理方式具有实用价值。农民群体的行为选择固然要受制于法律规定，但其同时会根据自身需要选择性地去"改造"法律，因而法律的文本内容在农村社会的运行发生了偏差。我们不能忽视农村现实需

---

① 李德瑞. 学术与时势——1990 年代以来中国乡村政治研究的"再研究"[M]. 北京：社会科学文献出版社，2012：189 - 190.

求，而应置身于法律运行的场域，寻找正式制度被非正式制度扭曲的原因，审视现有法律规定存在的问题。只有尊重民众意愿和思维习惯的法律，才能真正输送到农村社会。农村内部治理方式和国家解决方式在犯罪治理领域也时常进行博弈和妥协。刑事私了这一民间处理方式转化为规范的刑事和解，就是乡治与法治一次较为完美的融合。其过程为：刚性的刑事案件处理方式不符合村民纠纷解决偏好，致使刑事私了在农村社会广泛流行。农村治理方式影响着基层司法人员的办事方式，司法人员为了获得案件解决的社会效果选择接纳刑事私了。国家最终承认民间乡治的价值，修改《刑事诉讼法》，一定程度上承认了"刑事私了"。刑事私了规范化后，"游离"于国家法治视野外的刑事案件被纳入规范、透明、程序的法治轨道上，既尊重了乡治的逻辑，又避免法治权威的减损。

具体而言，熟人社会里，很多刑事案件都源于邻里之间细小的纠纷。案件发生之后，在村委会和其他人员的调解之下，往往可以形成双方满意的解决方案。被害方能够获得加害人的道歉和赔偿，在精神和物质上均获得满足，也不愿意花费精力于不确定性的诉讼。在农村这一狭小的人情社会里，被害人不依不饶要求国家机关动用刑罚，即使获得了法上的"赢"，也可能在农村内部"输"掉了理。"在熟人社会里，如果一个人只认'理'，不认'情'，那就是'不通人情'，这不异于不讲理。"① 派出所工作人员在长期的执法实践中，意识到他们不得不在法治与村治之间进行灵活处理，执法活动方能获得民众的支持。刑事私了可以给派出所人员减少不必要的办案程序，同时化解了当事人的矛盾，有时基层派出所也愿意承认这一民间做法。可见，刑事私了由于符合民间纠纷解决习惯、能够满足当事人各自需求和减轻司法机关的工作压力，具有较强的生命力。然而，刑事法律需具有严肃性、程序性、规范性，刑事私了会使得刑事案件游离于国家正式程序之外，处理结果随意，减损了刑事法的权威。《刑事诉讼法》将这种民间做法纳入法治视野中，既尊重了农村以和为贵的文化传统，同时维持了司法的权威。当然，《刑事诉讼法》严格限制了刑事和解的适用范围，许多案件被排除在外，这与农民广泛的和解诉求不符，不利于刑事和解价值的最大化，仍然导致了一些案件游离于法治视野之外。未来立法机关需要根据民间现实情况，同时考虑刑事法律的基本属性，适度扩大刑事和解的范围。② 可见，如若法律在运行过程中效果不佳，而民众创造出新的方式能有效解决现实问题，立法者需要深入现实生活中去判断两者间的利弊，寻求两者间的平衡，对一些具有推广价值的犯罪治理方式予以尊重、吸纳和转化，以促使法律有效运行，避免乡治破坏法治。

---

① 陈柏峰. 乡村江湖：两湖平原"混混"研究 [M]. 北京：中国政法大学出版社，2011：48.
② 陈小彪，佘杰新. 刑事和解适用范围评析 [J]. 四川警察学院学报，2013（5）：96－103.

三、人防物防技防三者间相互配合

当前，我国部分农村犯罪治理措施落后，形式单一，基层政权未能给农村提供足够的犯罪治理资源。为此，国家主体应根据各村庄的人口密度、治安状况和地理位置等因素，合理配置犯罪治理资源，加大农村社区警务战略建设，提升农村被害高发群体的预防意识，加强对犯罪高危人群的防控，加强对犯罪情况严重区域的治理，推动犯罪治理技术的信息化，实现人防物防技防间相互配合、传统与现代治理手段间相互补充。

1. 提升相关人员人防水平

传统人防主要是对犯罪危险系数较高人员的管理和防控。犯罪被害人学跳脱传统犯罪治理仅仅注重加害人预防的局限，指出了犯罪生成过程中加害人和被害人的互动性，被害人身上存在的被害受容性是犯罪得以实施犯罪或者实施更加严重犯罪的条件，因此，犯罪预防和被害预防两者相结合，是实现犯罪治理活动效果的最佳方法。我国农村留守儿童、妇女等特殊群体被害现象严重，国家除了采取有效措施对他们加强保护之外，还需要提升他们的自我保护能力。农村地区犯罪高危人群是社会治安治理的一大难题。特别是刑释人员的帮扶和社区矫正人员的矫治流于形式，对他们实施有效的管理和矫正，是降低农村犯罪率的重要方法。

一方面，提升被害高发群体自我保护能力。在犯罪学发展的早期，犯罪治理活动主要是探寻犯罪的社会原因和个体原因，进而采取针对性措施改善社会环境、纠正个体的生理和心理问题。犯罪社会学家通常认为个体犯罪的原因主要是社会结构的缺陷，提倡社区修复。犯罪心理学和犯罪人类学家则试图解释个体犯罪的心理原因和生理原因，提出矫正个体心理扭曲和治疗生理缺陷的方法。犯罪情景预防作为一种新的犯罪治理方式，其目光同样落到犯罪人身上，试图通过提升犯罪人作案的难度来降低犯罪的发生率。犯罪被害人学认为，"犯罪的发生或升级都是犯罪人与被害人相互作用的结果。"[①] 被害人身上的被害受容性提升了

---

① 董士昙. 犯罪预防模式研究 [J]. 山东警察学院学报，2014（1）：95.

被害的可能性，降低或消除这一因素，可以达到减少犯罪发生的效果。随着城镇化进程的推进，农村留守儿童、妇女被害现象严重。在农村熟人社会里，出于权威压迫或暴力威胁，一些犯罪被害人不敢报案，导致再次被害的现象时有发生。一些农村基层政权犯罪治理资源有限，农村存在许多犯罪治理空间盲区。在此背景下，提升易受害群体自我保护能力显得尤为重要。人防的内涵要从原本只注重高危犯罪人群的犯罪预防转为同时注重高危犯罪人群的犯罪预防和被害高发群体的被害预防。基层政权、学校和社会要加大被害高发群体被害预防知识的普及力度，为他们提供自我保护的技术支持。基层政权应组织法官、检察官、律师等人员下乡为留守人员普及被害预防知识，如应注意防范的对象、犯罪人员采取的惯用手段、哪些时段和空间受害可能性大、被害时降低受害程度的技能，等等。此外，政府应鼓励社会组织开展被害预防活动，支持从事被害预防知识训练专业机构的发展。"被害预防训练由民间机构来承担较为合适，政府对从事此项训练的机构提供一定的资金支持，以促进训练的展开。"① 除了提高特殊群体被害预防能力外，农村基层要加大对特殊群体的服务力度，各级国家工作人员应结对帮扶特殊留守人群，做到每个留守儿童有一个结对的工作人员，同时，畅通妇女、儿童维权电话，使其在受害时、受害后或遇到问题时能够获得帮助。当然，更为关键的是，政府要强化父母的监护责任，毕竟家庭和父母才是孩子保护的最佳港湾。襄阳市的做法值得参考，"襄阳市针对村庄'空心化'、老人'空巢化'、儿童'留守化'，依托综治维稳中心，在县、镇、乡建立行政服务中心、便民服务中心、社区公共服务中心等农村三级服务平台，建立农村三级调解组织，以及建立邻里互助、结对帮助、社会救助三方互助网络。"②

　　另一方面，优化犯罪高危人群的管理。犯罪高危人群是治安的隐患，管理和矫正是否得当，是能否实现社会秩序稳定的重要环节。我国正处于社会治理能力有待提高，社会结构有待进一步优化，各种文化互相激荡、主流文化有待进一步宣扬巩固的时期，转型期复杂的社会背景诱使部分未成年人实施严重不良行为。"差等生"在注重应试教育、缺乏素质培育的教育环境下容易走向越轨泥潭。农村存在较多的缺爱家庭、单亲家庭、监管不力家庭，无法为未成年人提供安全的港湾，加大了未成年人越轨的可能性。知识教育不够、自控能力薄弱、法律意识缺失的未成年人，容易在诱惑或欺骗中加入违法犯罪团体，我国未成年人严重不

---

① 王良顺. 论被害预防 [J]. 武汉大学学报（哲学社会科学版），2008（4）：543.

② 社会管理综合治理委员会办公室. 中国社会管理综合治理年鉴（2011）[M]. 北京：中国长安出版社，2012：666.

良行为的形势严峻，而农村未成年人占了大比例①。媒体曝光了诸多不满十四周岁未成年人恶性暴力事件，还在学界和实务部门引发了一场刑事责任年龄是否需要降低的争论，最终带来立法的变化。未成年人违法犯罪具有深刻的社会原因，刑罚并非治理犯罪最好的良药。最佳途径是对有严重不良行为的农村未成年人加强管理、帮教、矫治。受制于农村的经济水平、管理水平，我国部分农村的社区矫正工作和刑释人员帮扶工作流于形式。农村社区受矫正人员和刑释人员数量大，刑满释放人员、社区矫正人员的安置、帮扶和矫正工作开展效果成为制约农村社会治安稳定的一大因素。"基于二元制人口结构、人口总量及占比份额，农村籍社区矫正人口实际上是我国社区矫正人口总量中最主要的构成部分。"② 此外，扬言报复社会的人员、吸毒人员等，也需要重点加强关怀、教育和矫治。基层政权应整合各部门力量、发动社会力量集中开展犯罪高危群体的关怀、教育、矫治和管理工作③。目前，具有价值的经验做法包括：依托社会治安管理服务中心的平台，在农村推进"妇女之家""青少年维权岗""留守儿童救助站""妇女维权站"等机构的建立，发挥 12355 青少年维权服务热线、12338 妇女维权服务热线的作用，做好特殊人群的关怀帮助工作；及时了解特殊群体面临的生活困难、矛盾纠纷，避免事态的进一步恶化；加强对农村留守青少年的教育，特别是对有不良行为和严重不良行为青少年的矫正工作；建立刑释人员安置帮教基地、

---

① 这一结论不仅有遏制理论、社会控制理论、学习理论、青少年街头犯罪理论等社会学、犯罪学理论的支撑，全国各地开展的重点青少年群体排查摸底专项行动的统计数据、禁毒部门公布的涉毒统计数据也验证了此结论：（1）国家禁毒办数据统计显示，截至 2014 年 7 月，我国未成年人吸毒人数共 20773 人，截至 2015 年 7 月，共 40086 人，截至 2016 年 7 月，共 46681 人。参见张宇："全国未成年吸毒人员增幅下降 77 个百分点"，《中国禁毒报》，2016 年 09 月 22 日，第 6 版。（2）闵行区通过排查摸底，全区共有不良行为或严重不良行为青少年 3480 余人，占闵行区 14～25 周岁青少年的 0.7%。参见邵世忠、黄小力、王瑞鸿、李子："不良行为或严重不良行为青少年群体服务管理和预防犯罪工作模式研究——以上海市闵行区为例"，《中国青年研究》，2013 年第 06 期，第 53 页。（3）2013 年，广西自治区内 14～18 周岁未成年人接近 300 万，其中受治安处罚、刑事立案和被列为有严重不良行为人数分别为 9152 人、24773 人、245819 人，可见，该地未成年人严重不良行为具有数量大、比例高的特点。龙叶红："我国未成年人教育矫治法律制度完善思考——以广西未成年人教育矫治为例"，广西民族大学硕士论文，2014 年 5 月，第 13 页。（4）本书调研某省检察机关 2011—2015 年未成年人犯罪情况，该省检察院不起诉人数分别是 231 人、217 人、140 人，205 人，156 人，不起诉率分别为 8.62%、8.67%、6.55%、8.64%、8.18%，另外，2013～2015 年，附条件不起诉的有 37 人、33 人、34 人。从检察院的不起诉人数和不起诉率高的比例，也从侧面看出未成年人严重不良行为的严重性。

② 王乐. 农村社区矫正人口社会支持研究 [D]. 西南财经大学，2014（6）：1.

③ 如"枫桥针对农村社区矫正工作的特殊情况和现实困难，建立了由基层司法所、公安派出所组建社区矫正领导小组，村委会等基层自治组织以及农村各级党员干部、基层群众积极配合的全方位、多层次的社区矫正工作模式。社区司法员、社区民警、驻村指导员、村责任人、矫正对象的监护人等五类主体负责监督、管理、考察和帮助教育矫正对象。"王伟. 论中国农村社区矫正模式的构建 [J]. 社科纵横，2015（3）：78－79.

社区矫治培训中心等机构，做好特殊人群的后续帮扶工作，等等。

2. 加强犯罪情景预防建设

"环境犯罪学是在 20 世纪 80 年代后半期，以英美为中心，在弥漫着对犯罪原因论的失望之中，作为现实主义的犯罪预防论，通过对环境设计与犯罪状况的关注而形成的理论潮流。纽约市当局的'第 42 号街计划'是通过环境设计的犯罪预防的典范。监视性的提高、控制活动线路、支援活动的促进、提高防范意识。"[1] 农村地区远离国家力量中心，国家力量辐射不足，外部防控力量又相对薄弱，成为犯罪的易发地。值得注意的是，国家力量下沉有利于化解矛盾纠纷，也有助于避免矛盾纠纷的升级。"人们从事各种行为的动机和导致犯罪的情境之间的相互作用是通过犯罪人的即时决策实现的。"[2] 因此，我们需要加强农村地区犯罪防控措施建设，强化农村地区特别是犯罪空间盲区的环境犯罪预防。基层政权可以通过大数据分析、犯罪制图的方法，寻找犯罪的空间盲区，进而配置视频监控系统、增加警务人员、加强街面巡逻、建设区域报警联网系统等环境犯罪预防手段，提高农村的见警率和监视性，增加行为人的犯罪难度。

一方面，一些地方积极开展街面巡逻、社区警务战略、警务室建设等活动，这些活动对预防犯罪起到了积极的作用，应大力推行。社区警务战略的实施，不仅提高了见警率，营造出安全的社区氛围，而且有助于促进民警与村民彼此互相信任，调动群众参与治理的热情。更为重要的是，社区警务战略实现从事后打击向事前预防的转变。"农村警力总体不足，经费紧张，设备落后，体制不顺以及警务运行模式和公安民警素质等，需要拓宽筹资渠道，加强软硬件建设；建立农村社区民警培训制度；以农村警务室为中心，实行'邻里守望'，构建农村治安防控新网络。"[3] 派出所应积极推行社区警务战略，通过在农村地区设置警务室，实现一村一民警。驻村民警与村民共同选任治安中心户、治安信息员、治安楼栋长，开展群防群治工作。与此同时，驻村民警要加强与村委会、治保会、调解委员会、治安维稳中心、妇女组织的合作，指导并整合农村组织的力量，弥补自身力量不足。地方公安机关应组织派出所人员和其他民间力量参加培训，提升他们的服务理念、工作技能和参与能力。针对农村社区警务人员不足的困境，王均平

---

① 上田宽. 犯罪学 [M]. 戴波，李世阳译，北京：商务印书馆出版社，2016：241 – 256.

② 沃特利，汤斯利. 环境犯罪学与犯罪分析 [M]. 董见萌译，北京：清华大学出版社，2021：290.

③ 王世卿，冯秀伟. 农村社区警务室建设思考——基于城市和农村的比较分析 [J]. 中国人民公安大学学报（社会科学版），2008（5）：33.

教授提出："要下沉警力，部队转业人员安排到社区，并对民警的权益予以保障。"①

另一方面，资金不足是导致农村犯罪防控科技水平落后的关键因素，这需要国家加大资金投入和提高帮扶力度。我国在犯罪科技手段和资源投入上应适度向农村倾斜，增加农村犯罪空间盲区、公共区域视频监控的配置，引进智能传感、遥感等新科技手段，推进犯罪治理数字化、网络化、智能化；加强对危险物品的清查和管理，清扫和优化犯罪高发地段和区域环境，有条件的地区为农民配置防盗设备等。农村自身应积极安装防范硬件，从硬件设施上加大监视力度②。

3. 发展信息化智能化技防

现代技术发展导致了犯罪方式越来越多样，与此同时，现代技术发展也给犯罪治理带来了新机遇，利用新一代互联网、大数据、云计算、地理信息系统等技术实现犯罪治理的能动性和前瞻性，成为犯罪治理能力现代化的新课题之一。现今农村网络和技术型犯罪的数量大增，传统的犯罪治理方法不能有效应对，迫切需要线下和线上防控相结合的犯罪治理方法。

有关部门要借助现代技术加强信息网络犯罪防控的及时性和准确性，开展针对农村网络诈骗犯罪、网络谣言犯罪、网络色情犯罪等常见犯罪的整治活动，实现以"技术手段"制约"技术犯罪"；同时借鉴与创新"枫桥经验"与"雪亮工程"，从有效整合乡村治理资源与依托现代科技赋能入手，持续助推科技运用，全方位筑牢乡村社会治安防控网。③ 农村流动人口的犯罪治理和城乡社区矫正人员、刑释帮教人员的对接工作，要求强化城乡人口信息的共享和互通。基层政权应建立健全治安防控信息共享平台，整合各部门资源和数据，推动可视信息的数字化和公开化，实现城乡之间的信息互通和资源共享。有关部门要借助大数据分析和技术监测，追踪犯罪嫌疑人的行动轨迹，圈定犯罪的空间盲区，确定犯罪热点和难点；掌握犯罪的发生规律，预测犯罪的发展趋势；研判网络舆情，实现犯

---

① 王均平，唐国清. 社区治安体系理论选择及模式研判［M］. 北京：中国人民公安大学出版社，2010：264 - 265.

② "肃宁县253个行政村建立了'平安互助监控网'，村民的固定电话和手机被接入平安互助网，村民家里遇有紧急情况，通过拨打96999，就可以直接接通村委会的大喇叭，对全村喊话求助。巡防队员和其他村民听到呼救后，会迅速赶到现场给予帮助。"该县通过安装犯罪防范装备，实现社区邻里守望的做法值得推广。参见："完善党领导农村工作体制机制对策研究"课题组. 农村社会管理的一场革命——关于肃宁县实施"四个覆盖"的研究报告［J］. 领导之友，2010（6）：60.

③ 胡向阳，张晓华. 安全防控语境下乡村治理的困境与对策［J］. 湖北警官学院学报，2022（6）：100.

罪预防的前瞻性，避免矛盾纠纷的恶化，减少群体性事件的爆发。值得注意的是，在运用现代化信息技术进行犯罪治理时，我们也需意识并防范其可能带来两大风险：一是现代技术对民众隐私的侵犯；二是信息泄露导致国家秘密的泄露。

现代技术的发展也给村民参与犯罪治理提供了便利。近年来，国民拥有电脑和手机的比例大大增加，利用技术手段实现民众参与犯罪治理成为可能。根据工信部发布《2022 年通信业统计公报》："2022 年，全国电话总数达到 18.63 亿户，全国农村宽带用户总数达 1.76 亿户。"在农村社会原子化和流动性越来越严重的背景下，网络通信设备可以把村民联结起来，调动外出乡贤对家乡犯罪治理活动的关注，极大地增强治理效果。国家可以通过网站、微信、QQ 等普及法律知识以及犯罪预防知识。民警和村民可以通过微信、QQ 等随时交流村庄治安建设问题，加强和外出务工人员的联系。

同时，有关部门要注重利用技术手段建设相应的综治平台，实现数据共享、信息互动。同时，注重利用技术手段评估综治运行效果，及时完善犯罪治理方案。"社会治安防控体系效能评估平台建设，是通过开发相应的评估系统、数学模型和软件模块，对社会治安防控体系建成并投入运作后在预防、发现、控制和打击犯罪方面的功效进行综合评估，以从整体或特定方面改进治安防控工作。"①

---

① 寇丽平. 社会安全治理新格局［M］. 北京：国家行政学院出版社，2018：191.

第三节　农村犯罪善治方案之具体保障

农村犯罪治理方案要真正有效运转，需要一系列措施和建设予以保障，包括完善法律法规促进方案规范运行，加强基础工作保障方案长效运行，适时运动式治理增强方案运行效果，鼓励基层创新推进方案动态运行。

一、完善法律法规促进方案规范运行

"法治是中国式现代化的重要保障。法治也是中国式现代化的目标，现代化的中国必然是法治中国。"[①] 中国式现代化犯罪治理体系的构建，离不开法律制度的指引，离不开体制机制的保障。然而，自 1991 年以来，[②] 中共中央、国务院、中央社会治安综合治理委员会以及其他政法部门发布了一系列意见和决定指导综治活动，综治文件主要采取软性指导文件形式下发[③]。从这些规范性文件的性质上看，它们属于团体规定、部门规范性意见，与法律之间具有本质上的区别。且这些文件内容中各部门职权范围并不明确，社会力量参与社会治理的地位、范围以及责任缺乏明确规定，各部门之间的协调机制和责任范围也不够清

---

① 姚建龙. 中国式现代化进程中的法治：功能与定位 [J]. 政治与法律，2023（1）：2.
② 全国人大常委会下发《关于加强社会治安综合治理的决定》。
③ 2016 年，《法制日报》报道，中央政法委正在抓紧起草社会治安综合治理法。在当年 3 月举行的十二届全国人大四次会议期间，徐显明等 31 名代表提出关于制定社会治安综合治理法的议案。议案提出，从理论和实践看，制定社会治安综合治理法的条件已经成熟。建议制定社会治安综合治理法，明确社会治安综合治理的工作范围和职责主体；明确组织机构和工作制度；强化源头治理和发现预警机制；主管部门要及时督促解决治安突出问题；加强对综合治理的人力物力保障；对违反本法者予以问责。内司委建议，适时将社会治安综合治理列入全国人大常委会立法工作计划。但目前立法问题依然悬而未决。

晰，综治活动的监督机制尚未有效建立起来。为了促进民间资源服务于法治社会治理，必须避免其负面影响，加强国家主体对非国家主体的指导责任，实现民间主体和民间手段弥补国家治理资源不足的功能。同时，立法应明确国家主体的责任范围，并加强各部门间合作机制的建设。综治活动必须做到"有法可依"，制定和完善全国性综治法律体系，并对民众参与各类综治活动的权限和范围，在相应的规范中进行明定和细化。我们需要通过不断健全综治法律制度，完善多元主体协同合作机制，从口号式综合治理走向实质性协同合作。"我国社会治安综合治理长期在配套法规建设严重匮乏和地方立法质量偏低的法治环境下发展，缺乏统一、专门的法律规范，非常有必要在逐步形成较为完善的法律制度规范的前提下，进一步对现有综治的制度进行系统梳理、深度反思和结果反馈，对不适宜继续施行的制度及时纠偏、调整和重构，制定出台专门性的《社会治安综合治理法》，统筹规划、管理和安排社会治安综治活动。"①

以《社会治安综合治理法》为指导，进一步制定关于农村犯罪治理的法律法规。《关于深入发展农村平安建设的若干意见》发布年代已久，且此后农村犯罪防控体系相关法律法规并未跟进。诸如2015年《关于加强社会治安防控体系建设的意见》等相关文件尚未能给在社会环境、社会结构、犯罪治理资源各方面兼具特殊性的农村提供一套具体的治理方案，农村犯罪治理效果难以真正实现。只有将犯罪治理活动制度化，赋予非国家主体参与犯罪治理的权限，才能真正形成治理主体多元化的格局。国家应全面考察农村的犯罪态势，总结各地实践及创新经验，制定符合农村实际的综治规范性文件，明确农村犯罪治理的目标、价值、主体、手段、机制，通过善法推动善治。具体包括：首先，明确农村犯罪治理的目标、理念和原则，不同主体在犯罪治理活动中的地位，非国家主体参与犯罪治理的工作机制，国家主体和非国家主体的协作机制等等。其次，犯罪治理的有关部门在前一基础上出台具体的规范性文件，对各主体治理职权如何落实进行进一步规定。最后，各有关部门对基层政权综治组织建设、基层基础工作、预防和宣传工作、领导责任制、矛盾纠纷化解机制、人民调解制度、信访制度、见义勇为制度、社区矫正制度、刑释人员帮教制度、政府购买市场服务制度、综治工作考核评比等具体事项出台相应规范，为农村各项犯罪治理工作的开展提供针对性的指导。

---

① 肖金明. 社会治安综合治理法治研究［M］. 济南：山东大学出版社，2015：209－211.

二、加强基础工作保障方案长效运行

农村犯罪治理基础性工作难度大、见效慢，一些基层政权组织重视程度不高，但将犯罪治理融入社会治理体系是必由之路。只有做好犯罪治理基础性工作，才能从根本上减少犯罪的发生，保障农村犯罪善治方案的长效运行。

首先，基层组织建设总体比较薄弱，负责开展农村综治活动的组织机构在资金保障、人力配置、硬件投入方面均较为缺乏。地方政权应加强对县、乡、村综治机构的建设，配备人力、场所，提供开展活动的资金保障，并建设多元主体合作机制。针对基层治理资源不足的情况，基层政权要加强社区治安队伍建设，有序发展平安建设志愿者、综治协管员、治安中心户长、治安信息员、网格管理员等，推进完善邻里守望、联户联防工作。此部分上文已有讨论，不再赘述。

其次，农村内部犯罪防控开展资金不足，需要从以下三大渠道筹集，保障治理活动的开展。一是农村自发筹集。资金的筹集要遵循自愿原则，国家不能给村民增加额外负担。国家通过评选"示范村"等方式鼓励农村自治组织筹集资金积极开展社区平安建设，通过对农村企业扶持来鼓励农村经济能人积极参与犯罪治理。二是国家投入。强调非国家主体参与犯罪治理，并不意味着削弱政府部门的职能。恰恰相反，从源头预防犯罪要求政府以投入更多资金、加强公共基础建设等方式引导社会各主体参与，形成多主体自我完善的治理氛围。市级财政应按照乡镇人口配备治安管理专项资金，奖励为治理犯罪作出重大贡献的非国家主体，并为乡镇犯罪治理的创新实践提供资金保障。同时，基层政权对农村的投入应以农村犯罪严重程度和内部自控力量大小为基本判断因素。三是社会力量捐赠。基层政权应鼓励农村社会向外出乡贤、外出商人、第三方组织筹集资金，同时对积极资助农村犯罪治理的企业、社会组织和个人予以精神奖励，吸引更多的组织和个人关注农村犯罪治理。其中，发挥外出乡贤的社会治理功能和犯罪治理功能，是新时代必须高度重视的方法。不论是基层政权还是农村自治组织，都要将外出乡贤的财力物力人力支持作为重要资金来源，争取吸引更多外出乡贤在退休和年老后回农村建设家园，进而形成良性循环，共同建设安全和谐的农村环境。

再次，要开展纠纷调解工作和问题摸查工作，有效预防犯罪。化解矛盾纠纷是减少犯罪的重要手段。"我国刑事案件大概有 75% 是判处 5 年或者 5 年以下有期徒刑的轻微犯罪，在这 75% 的案件里面又有 40% 到 70% 是由于家庭邻里纠纷和生产、生活、工作中的纠纷这样的人民内部矛盾而引发的。"① 基层政权要做好大下访、大排查、大调处等犯罪预防基础工作，特别是加强对土地边界纠纷、产权纠纷、家庭纠纷、邻里矛盾等容易引发"民转刑"矛盾纠纷的调查，主动进入农村摸查矛盾根源，妥善解决纠纷矛盾。借鉴四川资阳的定点接访、联动约访、专题接访、带案接访、网上接访——"五访模式"，积极做好信访工作，认真听取村民的意见，缓和村民的激动情绪，解决村民的合理诉求，形成合理的诉求表达、心理干预、权益保障机制；建立矛盾风险评估机制和紧急事件应对机制，及早降低和化解风险，一旦风险发生，快速加以解决。一方面，基层政权要从农村退休人员、老干部、名望老人、教师、军人、党员等德高望重、人品俱佳、作风正派、热心公益的乡贤中选任民间调解员、纠纷信息员，借助村调解委会和民间调解力量开展矛盾纠纷调解；并通过制定相应规章制度，明确各方职责，实现调动民间力量工作机制的规范化和常态化。江苏省所有村（社区）全部建立了规范化的人民调解工作室，每个社区配备 2 名以上专兼职调解员，构建纵向到底、横向到边的人民调解组织网络体系。② 农村矛盾纠纷化解需要特殊的技巧，各地应加强对基层政法一线人员、村干部、民间调解员的培训，借鉴各地有益经验，编撰农村纠纷调解手册。另一方面，基层要排查和整理治安混乱的农村和地区，消除治安盲点。2008 年，我国开展过一次大规模的矛盾纠纷、治安问题突出地区和突出问题排查活动。实践证明，包村干部、社区民警、基层综治人员走村入户开展预防性工作对于避免治安环境恶化具有重要的作用。有关资料显示："当年各地共排查治安混乱地区 23429 个，扭转治安面貌 21763 个，治安突出问题 44556 个，解决 42031 个。"③ "2010 年国家再次开展社会治安重点地区排查工作，这一年各地共排查出治安重点地区 45533 个。山东省排查发现治安重点地区 1890 个，从中破获刑事案件 1.2 万余起。"④

最后，要警惕社会转型期可能引发犯罪的因素，改善农村社会环境。翟中东教授提出动态平衡论控制犯罪方法，"一种将社会转型因素作为犯罪抗制的根据，并在此基础上进行犯罪抗制措施的安排的方法。"⑤ 农村犯罪治理需要从社会环

---

① 宋英辉. 我国刑事和解的理论与实践 [M]. 北京：北京大学出版社，2009：14.

② 中央政法委办公厅. 平安中国年鉴（2020）[M]. 北京：中国长安出版传媒有限公司，2020：262.

③ 中央社会治安综合治理委员会办公室. 中国社会治安综合治理年鉴（2008）[M]. 北京：中国长安出版社，2009：2.

④ 中央社会治安综合治理委员会办公室. 中国社会治安综合治理年鉴（2010）[M]. 北京：中国长安出版社，2011：2.

⑤ 翟中东. 犯罪控制：动态平衡论的见解 [M]. 北京：中国政法大学出版社，2004：251.

境层面做出更多的工作。韩国"新村运动"、日本"造村运动",通过完善农村社会结构、调和社会关系矛盾等措施,促进村庄快速发展,提升农民参与能力,形成了农村治理的良性循环,乡村犯罪治理效果显著。可见,农村社会结构的逐步完善、社会经济更加平衡发展、农民思想素质逐步提升,不仅有助于减少农村犯罪的发生,也有利于犯罪治理活动的开展。因此,基层政权应不断提升农村的经济、文化和政治水平,这也是善治的应有之义。

三、适时运动治理增强方案运行效果

"基于中国转型社会的犯罪治理需要,运动式治理的日渐衰落与日常性治理的日趋兴盛构成了国家治理犯罪问题的历史趋势与发展趋势。"[1] 特定种类犯罪会在特定的历史时期出现激增,甚至会超出日常犯罪治理模式的控制范围。当日常治理模式由于一方主体的退出或异化而被人为打破时,适时使用专项性运动治理手段显得尤为重要。"日常治理构成了社会的基础秩序,在犯罪率急剧增加、整体犯罪态势严峻、日常治理不足以有效应对转型期犯罪浪潮的挑战时,专项治理能够以社会进步运动的方式恢复遭受破坏的基础秩序。"[2] 社会的快速转型,社会秩序维护需求大大增加,而既有的国家治理资源和能力往往难以迅速与之匹配,犯罪治理资源匮乏的问题持续存在。治理资源与能力的滞后性需要国家适时开展专项运动治理进行克服。中共十八届三中全会以来,国家强调任何改革都要立法先行,这为"运动式治理如何有机融入日常性治理模式的框架"提供了新的思路。在犯罪专项治理活动上,我们也需要做到有法可依(当然,这里的法并不是狭隘的法律,而是经过审慎制定的文件)。只有立法在前,对整治对象、程序、手段加以明确,才能避免侵犯人权或随意执法行为的发生。2017年初,最高检下发了关于惩治村霸和利用宗族势力犯罪的专门文件。2018年,在专项治理行动前,中央综治委、公安部联合下发关于集中打击农村赌博犯罪的专门文件。这种规范性文件下发在前、集中基层资源打击在后的治理模式,与依法治理犯罪活动的要求紧密契合。国家可针对农村高发犯罪类型,基于已有法律政策,开展规范化、项目式治理,严格按照法律进行,避免错打、误打的事件发生,以

---

① 单勇,侯银萍. 中国犯罪治理模式的文化研究——运动式治罪的式微与日常性治理的兴起 [J]. 吉林大学社会科学学报,2009(2):46.

② 单勇."维稳"政策转型与犯罪治理改良 [J]. 刑法论丛,2013(1):519.

法治为基准构筑乡村犯罪善治方案底层逻辑。

四、鼓励基层创新推进方案动态运行

"实现国家层面治理现代化固然重要，但没有省市层面、基层层面治理现代化的实现，国家层面治理现代化就落不到实处，这样的治理是跛足的。"① 我国是一个巨型的单一制国家，任何制度实践都面临统一性与有效性之间的平衡。② 犯罪的善治不是上级部门对基层部门的事事安排，相反，善治要求充分发挥基层的创造力，强调基层治理的自决自主。农村犯罪善治方案的应有路径是：国家通过顶层设计指导地方实践开展创新活动，而地方实践创新不断丰富和完善国家宏观战略，顶层设计和基层创新互动推进，有规划、有步骤地推进犯罪治理制度化、常规化、法治化。一方面，由实践到文本——国家需要通过对地方实践创新出来的犯罪治理方式进行总结，推广有益创新实践经验。另一方面，由文本到实践——国家需要从完善国家治理体系和实现国家治理现代化的高度出发，有计划有步骤地对犯罪治理活动进行战略部署。当然，农村犯罪善治方案提供的指导性框架并非万能。复杂的农村社会情况决定了地方政府应不断创新实践，寻找更符合本地情况的治理方式，从而不断完善犯罪治理方案，发挥犯罪治理的能动性。方案不是农村治理方式一刀切，国家不可能为农村犯罪治理提供过于细致的方案。国家要为基层政权提供制度创新的发育空间，使基层敢于发挥能动性，突破现有的陈旧治理方法，不断创新实践。"在治理过程中，只有在顶层设计上不断优化，在末端治理上懂得放手，才能更好地应对社会的变革，完成治理的现代化转型。"③ 各地要根据区域内犯罪情况和农村秩序现状开展丰富的犯罪治理实践——尤其是创新多元主体之间的合作机制，不断落实和改进农村犯罪治理方式。

---

① 何柏生. 作为先进典型的"枫桥经验"及其当代价值 [J]. 法律科学（西北政法大学学报），2018（6）：36-46.

② 吕德文. 基层中国：国家治理的基石 [M]. 北京：东方出版社，2021：281.

③ 张铁. 现代治理当熟谙有为与无为 [N]. 人民日报，2014-02-24（5）.

第五章　农村犯罪善治方案落地之例证：宗族型犯罪治理

农村犯罪善治方案不能采取一刀切的模式，而应对现有犯罪治理策略进行反思和细化。本书试图廓清农村犯罪治理的共性问题，为农村犯罪治理提供基本方向，避免农村犯罪问题治理简单套用"城市样板化"方案，也为进一步剖析农村犯罪具体类型提供参考。本章将继续探寻农村犯罪善治方案指导下宗族型犯罪治理的可行路径，并针对宗族腐败、宗族恶势力、宗族集体越轨行为进行更为细致的讨论，提出具体治理对策，实现从宏观到微观的研究跨越。

第一节　宗族文化的历史演进与当代调适

考察宗族文化在不同历史阶段产生的作用和意义，有助于更好地提出善用宗族文化实现社会治理和犯罪治理的两全方案。回顾历史，宗族文化在不同阶段对国家治理产生了不同的效果，而这与国家治理理念和国家对待宗族文化的态度有很大关联。国家法律所形成的外生秩序与宗族文化蕴含的内生力量并存于宗族型乡村已然是不争的事实。由于现代化、法治化理念的推广，传统意义上的宗族文化逐渐式微，宗族文化在当代环境中不断转变和异化，负面功能凸显。如果国家不能引导宗族文化朝着良性方向发展，极有可能导致部分法律制度因缺乏文化底蕴的滋养而被架空，进而导致农村犯罪高发。因此，亟待对宗族文化进行合理引导，使其发挥积极的治理功能。

一、宗族文化历史演进中治理功能考察

宗族文化为传统文化的基本要素，学术界对宗族文化的研究成果颇为丰富。在宗族文化领域的具体研究中，多数学者将视野聚焦于某一朝代或某一年代，着重对特定时期的宗族文化进行归纳总结；同时也有部分学者以"历史节点"为依据，将宗族文化的发展历程划分为多个阶段。无论是基于特定时期的详细论述，还是按照阶段划分的概括阐释，对我们认识宗族文化的历史沿革都具有积极作用。基于研究主题与篇幅所限，本部分将采取资料分析法，依托学界对宗族文化历史发展的共识性阶段划分进行简要分析，以凸显宗族文化在不同历史阶段因国家态度不同而呈现的不同功能。综合学界历史资料考察，根据宗族文化在各阶段的影响范围和影响能力，我们认为，宗族发展可以划分为起源期（宋代以前）、普及期（宋代—新中国成立）、蛰伏期（新中国成立—改革开放）、复兴期（改革开放后）四大阶段。

1. 起源期的宗族

宗族萌芽于先秦时期，服务于统治者的统治意图，是统治阶级的政治工具。在此阶段，宗族主要呈现横向发展的态势，在纵向上尚未普及平民阶层。具体而言，宗族的萌芽是西周姬姓统治者自上而下推行分封制的产物。为令民众信服，统治者借巫师之口将统治权力的合法性归结于"天"的选择，自己则是尊为万人之上的"天子"。"君权天授"的理论不仅赋予了统治者进行社会统治的合法性，更赋予了其子嗣继承权力的正当性。由此，依照血缘划分群体的观念在社会中逐步形成，天子血脉至高无上的地位也得以确立。"君君、臣臣、父父、子子"，儒学及其推崇的礼乐秩序强调不同人之间的等级差异，重视伦理纲常。每个人扮演好自身角色，各司其职，不得僭越。家是最小国，国是最大家，家国并行的模式令中央统治者得以实现对全国各地的统治。随着农业技术的发展和国家统治能力提升，统治者的管理范围迅速扩张，统治阶级的统治压力倍增，分封制及其附属的宗法制度应运而生。在宗法制中，血缘亲疏成为划分大宗、小宗的依据，而分封制则按照大小宗的关系分配领土，以宗族的内部秩序实现对国家的有效统治。在严格的宗法制度中，同姓家族的内部成员都有明确的权利和义务。同时，小宗必须服从大宗，古代诸侯之间的关系实际多为宗族之间的关系。[1] 宗法制度的运行与完善推动宗族登上历史舞台。

值得注意的是，随着分封制的运行，宗族的金字塔结构不断外扩，宗族也出现了主旁之分，魏晋以后由统治者控制的宗族逐渐转变为割据的士族。大宗依据分封制将小宗分配到各地，而小宗在各地向下扩展，形成新的大小宗关系。经过多轮循环，上层的大宗丧失对底层小宗的约束，地方宗族处于"山高皇帝远"的状态。地方宗族通过土地兼并积累物质基础，通过宗族联姻实现主旁血脉和姻亲关系的整合。地方宗族逐渐走向独立而不再仰仗中央大宗，成为举足轻重的地方势力。经过一段时间的发散式发展，部分宗族实质上控制着由社会关系串联起来的多个姓氏，在特定领域、特定地区享有极高的声誉和权力，并依靠举足轻重的社会地位从下至上垄断各级政权，形成了中国古代史上特有的世家大族门阀士族制度。[2] 随着时间的推移，血缘关系的紧密性被一步步削弱，地方士族脱离中

---

① 杨孝艳，张勇刚. 宗族对乡村治理的消极影响与消解对策分析［J］. 邢台学院学报，2011（1）：99－100，109.

② 杨孝艳，张勇刚. 宗族对乡村治理的消极影响与消解对策分析［J］. 邢台学院学报，2011（1）：99－100，109.

央统治者的控制，分封制走向崩溃，宗法政治也在秦汉之际逐渐开始让位于官僚政治。① 由秦至宋，因在长期运行中难以规避的致命缺陷，宗法制度在国家权力分配方面受到极大削弱，统治者对其采取克制的态度也令其向下扩展的进程受到遏制。

宗族的出现源于古代中央统治者对广阔疆域进行实体控制的需求，该时期宗族的社会治理功能主要体现为中央对地方的管辖。在分封制度出现之前，人类为生存繁衍而以血缘为基础结成的群体已然存在，但成熟的国家概念尚未形成，社会治理功能无从谈起。自西周始，以宗族血缘为纽带建立起来的分封制令宗族进入了社会治理领域。依照分封制度，天子为大宗，由天子血缘引申出的家族单位则为小宗，小宗也沿着血缘关系向下发展多级单位。同时，由大宗分化而出的小宗被分配到大宗管控之下的疆域，小宗依大宗的统治地位而在地方拥有实权。可以看出，宗族的分流实际上是王权从中央向地方各级的延伸，"家国同构"的架构由此形成。然而，大宗管控小宗，小宗服从大宗的基本原则在宗族的长期演化过程中常常出现失灵。在地方，无论是手握重权的宗室贵族还是靠经营矿冶盐铁及长途贩运等起家的基层大姓，广占土地，役使农民、奴隶、徒附，同时有宾客死士为之奔走，控制基层政府，拥有诸多特权。② 地方宗族权力的无序扩张意味着国家权力的重新分割，国家对社会的控制被各级宗族分流。据此，地方割据、国中之国的隐患成为萌芽时期宗族不可回避的缺陷。一方面，宗族内部的等级制度是中央王权维护国家统治的重要机制；另一方面，地方宗族在长期发展后因自身实力的壮大与利益需求的转变成为割据一方的势力，成为国家治理的对抗力量。

宋以前的宗族存在于天子与贵族之间，其主要作用是为统治阶层内部区别门第以及为国家选官入仕提供依据，庶民难以企及。③ 例如魏晋南北朝时期的选举制度九品中正制，就是依据被选举人的家世、品德等方面来进行评判的，而家世优劣与当事人所属宗族强弱密切相关。起源期的宗族实体尚未得到全民性的推广，但在长期浸润下，宗族文化中关于父权家长、嫡长子继承、长幼尊卑等核心思想逐步成为民众集体意识的一部分。

---

① 吴祖鲲，王慧姝. 文化视域下宗族社会功能的反思 [J]. 中国人民大学学报，2014 (3)：132 – 139.

② 臧知非. 秦汉宗族政策与基层社会治理——兼论商鞅变法离散宗族的历史内涵 [J]. 史学集刊，2022 (1)：20 – 24.

③ 孙晓娟. 论历史上宗族与农村社会的关系及现阶段乡村治理 [J]. 理论观察，2009 (2)：89 – 91.

2. 普及期的宗族

宋朝以前只有天子和贵族才能建庙祭祖，庶民之家不得建祠立庙。[①] 经过秦汉至隋唐的压抑，原本与国家政权紧密结合的宗族势力受到了极大冲击，五代十国时期的战乱更令社会完全陷入了无序状态。跨入宋朝，以张载、程颐为代表的文人掀起了重建宗族的风潮，宗族文化从贵族逐渐普及至寻常百姓家，进入普及阶段。为了重塑社会秩序，稳定国家局面，宗族重回国家治理的范畴。在宋代儒家学者的去特权化改造下，宗族的普及程度快速上升。程朱理学在孔孟儒学的基础上提出"三纲五常"的行为逻辑，将社会中分散的个体整合为整体纳入治理体系，每个人都能依据纲常伦理找到自身的社会定位，而能否遵守纲常成为社会对个体进行评价的关键指标。在理学主导的文化氛围中，宗族所强调的差序格局得到学理论证，伦理纲常等宗族内部规则在社会面得到广泛认可与遵守，宗族意识与宗族秩序显著增强。两宋时期，以欧阳修、苏洵为代表，率先以私人修撰的方式制定族谱，随后范仲淹、曾肇、许元、朱长文、游酢、黄庭坚等人也着手对本族族谱进行修缮[②]。修族谱、建祠堂、行祭祀等行为并未被官方取缔反而得到默许，参与宗族祭祀的主体从品官贵族扩大到一般士人，乃至庶民，宗族文化下沉普及的态势初显。[③] 明朝从官方层面对宗族进行全面的推广。嘉靖年间，明世宗采纳礼部尚书夏言建议，以最高统治者的身份昭告天下，允许百姓建立祠堂。自此，民间宗族的合法身份得到了正式确认。明清两代，"军屯""民屯"广泛设置，民间贸易的迅速发展，大规模的人口迁移又催生出了众多姓氏。为了稳定社会、保障税收，国家机构通过保甲制、乡里制等制度对乡村进行间接管控，如支持、保护民间修建祠堂，承认族规的法律效力，承认祠堂的审判权力。[④] 宗族成为乡村治理的"第三领域"，在其中扮演保长、甲长的宗族精英正式进入乡村治理的轨道。[⑤] 在鼓励民间宗族发展的大环境下，民间建祠堂、修族谱、置族产等活动盛极一时，宗族组织在明清时期得到长足发展。明清宗族在解决纠纷中之所以能够发挥重要作用，与我国的传统思想、社会结构、国家制度息息相关。中国传统无讼思想无疑是宗族社会纠纷解决机制产生和发展的思想文化根源；而自给自足的小农经济和家国同构的社会结构则为宗族社会纠纷解决机制的运行提供

① 孙晓娟. 论历史上宗族与农村社会的关系及现阶段乡村治理 [J]. 理论观察, 2009 (2): 89 – 91.
② 吴倩. 宋代儒者与宗族重建之关系探微 [J]. 思想战线, 2022 (2): 127 – 137.
③ 罗检秋. 社会变迁与清代汉学家的宗族观念 [J]. 河北学刊, 2017 (4): 41 – 50.
④ 孙晓娟. 论历史上宗族与农村社会的关系及现阶段乡村治理 [J]. 理论观察, 2009 (2): 89 – 91.
⑤ 李晓军, 王锋. 广州乡村治理的变迁、异化与新趋势 [J]. 规划师, 2019 (11): 18 – 23.

了重要的社会经济基础；中国国家具体制度的设计亦是宗教社会纠纷解决机制得以存在和运行的重要前提条件。① 清朝末年民族危机严重，统治者为了弥补巨大的财政亏空不得不继续推动乡村自治制度的下沉②，国家乡村治理对宗族的倚重令宗族在乡村中的势力得到进一步扩张。

辛亥革命后，民国政府也未改变国家依靠宗族治理乡村的状况。尽管民国政府试图在乡镇建立基层政府来取代宗族在国家治理体系中的地位，但由于当时国家行政力量有限，这一构想在实践中流产。③ 1911 年辛亥革命爆发后，我国进入民国军阀割据时期，国家处于内忧外患之中，社会混乱不堪。各地军阀为了获取战备物资，加剧了对农民的榨取力度。"民国政府建立，正式治理模式才开始大规模地在乡村推行，以便在乡村社会获取更多资源以应付内忧外患，同时以维持日渐丧失的合法性权威资源。正是在这一点上，实际直接控制和管理的正式治理方式比非正式治理方式要更加符合中央政权的意愿。"④ 国民党试图控制农村基层社会，在农村推行"保甲制"，却由于国家政权根基薄弱，难以有效管理基层政权，"保甲制"沦为地方土豪劣绅压制农民的工具。"从实行的效果看，只是将国家政权在形式上延伸到了每家每户，但实际上则是将原来土豪劣绅地方势力的恶行合法化。"⑤ 由于农村社会秩序混乱，"保甲制"损害了民众的权益，加之先进分子主张地方自治，而后徒有虚名的"新县制"代替了"保甲制"。与此同时，在社会混乱不堪、民众流离失所的时代，宗族文化等传统礼仪的规训功能已大打折扣。民国这段治理史表明，国家治理理念和乡村代理人的好坏会直接影响到社会治理的效果。

综上，宗族及其文化体系在横向上得到全国推广，在纵向上普及到乡镇和庶民。乡镇地区宗族权力的扩张令其在乡村群众心中的社会地位不断攀升，最终成为国家之外的第三方权威。宗族对乡村群众的管控和群众对宗族的仰慕，令乡民与宗族在思想、行动、组织上紧密融合。至此，宗族文化对乡村的影响达到了顶峰，并成为乡村文化中不可割裂的底色。自宋朝始，宗族得以快速发展并广泛普及，下沉化和平民化趋势明显。普及期宗族的蓬勃发展并非历史偶然，而是统治阶级为了满足中央集权的需要和迎合社会治理的需求而有意为之。纵观历史，唐

① 张国安. 宗族社会纠纷解决机制研究——以明清时期为中心 [M]. 北京：法律出版社，2020：231.
② 1909 年清政府以法令的形式颁布《城镇乡地方自治章程》，规定：城指府厅州县治之城厢，其余市镇村庄人口满 5 万以上者为镇，不满者为乡，区域以本地方固有之境界为准。
③ 孙晓娟. 论历史上宗族与农村社会的关系及现阶段乡村治理 [J]. 理论观察，2009 (2)：89-91.
④ 王科. 控制与发展：南京国民政府建立初期的乡村治理变革 [M]. 北京：中国社会科学出版社，2010：311-312.
⑤ 张鸣. 乡村社会权力和文化结构的变迁 [M]. 西安：陕西人民出版社，2013：112.

宋以后国家基层政权从乡退缩到县①，统治者对中央集权格外重视。权力大量回归中央，令地方、基层社会出现权力真空，对社会基层的管控力度下降。理学对宗族的推崇迎合了统治者加强社会基层治理的需求，并为宗族的广泛普及与社会治理功能的发挥奠定理论基础。学者们普遍认为，普及期宗族在社会治理方面的功能是综合性的，积极面凸显。其一，宗族具有社会关系整合作用。为了规避农业社会个体生产生活的脆弱性，群众趋向于通过加入团体以获得群体性的风险抵抗能力。统治阶层对"三纲五常"的推崇和对基层宗族管控的减弱使群众对宗族这一群体的认同感和归属感得以提升。伴随着祭祖、崇祖活动的推行，越来越多的个体被宗族吸纳，不断出现的新生人口也被纳入宗族组织当中。宗族将分散独立的个体凝聚成紧密团结的群体，实现了对个体的救济和管控，在很大程度上发挥了吸收和管控人口的作用，大大降低官府对基层社会的治理难度，同时也消除了地方权力真空的顾虑。其二，宗族具有群众教化作用。宗族的平民化普及使得礼法下至庶民，学习和遵守宗族礼法成为对个体的基本要求。族规家约等行为规范在很大程度上为个体的行动和价值观提供了一套符合社会要求的良善范式，同时家规族约背后的惩戒措施也在促使个体接受既有制度的管理。即便是明清时期的"保甲"制度也有赖于宗族长老、乡绅的支持。其三，宗族具有矛盾缓冲作用。宗族不仅是一个生产单位，更是一个具有自治能力的团体。无论是古代还是近代，宗族都具有一定的调解职能。在差序社会中，宗族名声、个人名誉被视为珍重之物，生活摩擦和矛盾往往会被视为家丑。大量的社会矛盾在乡镇层面的宗族得以解决，社会矛盾的激化风险降低，统治阶层直面具体矛盾的治理压力减弱。同时，封建社会繁复的捐税也来自社会基层，统治阶层通过对宗族进行授权进而实现对乡镇税收的有效征收，统治阶层向下征税的阻力大大减小。可以看出，统治者通过赋予宗族一定的自治权力实现对乡村的间接管控，宗族成为个体与国家之间信息交流与矛盾疏解的缓冲地带。

3. 蛰伏期的宗族

在生产力有限、基层控制力薄弱的背景下，宗族稳定乡村秩序、提供公共服务的功能得到国家政权的青睐。新中国成立以前，中国共产党就在革命地区开展了党组织建设、基层政权建设、农村民间组织建设，把农民群体纳入政权体系中。新中国成立初期，党和国家通过推行一系列具有时代性的政策和制度对农村

---

① 曹正汉，张晓鸣. 郡县制国家的社会治理逻辑——清代基层社会的"控制与自治相结合模式"研究［J］. 学术界，2017（10）：216－227，326－327.

社会加强管理。特别是通过"人民公社制度"，党和国家以"生产队"—"生产大队"—"公社"三级组织形式将农民纳入权力网络当中，农村社会进入高度组织化的年代。国家把分散于社会的所有权力回收后进行二次分配，农村传统权威和运行体系被置换为国家建设的组织权力网络。农民日常行为在国家制度的安排下进行，个人的思想观念和行动方向与国家的大政方针保持基本一致。党中央权威的树立，加之在基层社会建立的各种组织机构，成功将分散的社会个体组织起来，在此治理方式下，宗族的有形部分在新中国成立之后逐步退出，依靠宗族进行乡村治理的方式被打破。究其原因，主要来自两个方面：一是依靠宗族治理乡村的需求弱化。纵观中国共产党的发展历程，其重视基层治理，始终与基层百姓保持着紧密的联系，因而其发展繁荣与农业、农村高度相关。中国共产党根植于基层，重视农村作用，与人民群众保持密切联系，在乡村治理方式上积累了丰富的经验，与老百姓联结有了制度保证，弱化了宗族管控乡村的必要性。二是封建色彩浓厚的宗族文化尚未转型。宗族文化中，因所谓遵守伦理而对个人地位和自由进行压抑的现象并不鲜见，宗族对其内部成员的"专权"态度令其封建色彩更甚。中国共产党是勇于自我革命的政党，在新中国成立初期，清除社会封建遗毒、稳定社会秩序是其使命所在，也是历史必然。宗族文化作为一种在封建社会产生并长期运行的文化系统，并未能在封建专制被推翻后迅速做出调整。宗族文化所具有的根深蒂固的封建色彩自然成为现代社会清除封建遗毒的重要对象。由此，乡村宗族被禁止，乡村宗族经济基础瓦解、情感归属弱化、社会形象恶化。宗族族权与私法丧失了号召力与执行力，其治理功能自然也处于瘫痪状态。

4. 复兴期的宗族

虽然，新中国成立之后的一段时间，乡村宗族不被接受，但宗族内部的血缘联系却未被消解，乡村社会同姓聚居的格局并未被改变，这就意味着以血缘为理论基础的差序格局尚未被彻底打破。面对外部环境的变化，宗族进入蛰伏状态，一旦条件和时机成熟，宗族就会重新凸显，并通过原有的宗族资源如族谱、宗族的骨干人员等得到发展。① 宗族在特定历史时期被视为封建糟粕而被重点批判，的确使其外部形制被严重破坏，但也为复兴期宗族的转型扫清了障碍。同时，乡村地区以农为主的生产格局和不可篡改的血缘关系仍旧存在，并未令内生性、历

① 谢建社. 社会变迁下农村宗族的"路径依赖"[J]. 上海大学学报（社会科学版），2004（2）：79 – 83.

史性的宗族文化消失殆尽。

党的十一届三中全会召开，"实事求是"的思想路线和"改革开放"的经济政策为宗族全面复兴提供了有利条件。1978 年安徽凤阳小岗村开创的家庭联产承包责任制得到中央重视并被全面推广。为了促进乡村经济发展，打破阻碍乡村发展桎梏，1982 年《宪法》将村委会确定为基层群众性自治组织，并规定其不再是政权组织的下属机构。1987 年《中华人民共和国村民委员会组织法（试行）》正式施行，乡村自治全面推行①，政权不下乡的基调被重新确立。村委会取代人民公社，原属于人民公社的集体资产被拆分到户。② 乡村地区的生产生活不再集体统一把控，而是回归各家各户自负盈亏、自谋生路的模式。然而，自然灾害等容易令基础薄弱的乡村地区陷入困境，人民公社的取消令乡村地区社会服务出现巨大的缺口。在自负盈亏的生存规则下，由血缘联结的宗族组织成为乡村群众的首要选择，宗族的功能重新得到发掘，获得了复兴的机会。③ "和平与发展"为时代主题的判断推动着国内改革不断深入，在乡村开展自治的治理方式得到稳定贯彻，党和国家对乡村基层治理政策的延续性与稳定性在实践中得以验证，国内商界和海外华侨对重振宗族表现出巨大的兴趣。乡村宗族在社会资金的支撑下开始振兴，重建家祠、重修族谱、复祭先祖等行动得到了乡村群众的欢迎，更得到辈序较大的中老年人的推崇。

宗族的复兴并非对传统宗族的复刻，而是适应时代的需求产生了新的特征。宗族在复兴的过程中对传统要素进行批判继承并迎合社会要求和诉求对自身进行革新，政治性、强权性特征弱化，民主性、服务性的功能显现。在形态方面，宗族不再有以前严密的固定组织，也没有了宗族制度和祖产公田。现在的宗族不再依靠男性血缘来进行界定，而是根据实际需要来划定，甚至制造出拟制血缘（即干亲）来扩大其社会关系网络，从而获取更多的资源。④ 在结构方面，宗族内部以宗法为依据的控制与被控制关系弱化，取而代之的是以个人能力、声望为判断要素的认可与被认可关系。宗族决策不只由年长者裁定，而是由多方能人商议而成。在活动方面，宗族活动不局限于修谱、祭祀、议事，休闲娱乐、招商引资、素质教育等也被纳入活动议程。宗族活动走出了单一化、既定化的藩篱，朝着自

---

① 韩小凤. 从一元到多元：建国以来我国村级治理模式的变迁研究 [J]. 中国行政管理, 2014 (3)：53 - 57.

② 鲁可荣，程川. 传统村落公共空间变迁与乡村文化传承——以浙江三村为例 [J]. 广西民族大学学报（哲学社会科学版），2016 (6)：22 - 29.

③ 杨孝艳，张勇刚. 宗族对乡村治理的消极影响与消解对策分析 [J]. 邢台学院学报, 2011 (1)：99 - 100, 109.

④ 孙晓娟. 论历史上宗族与农村社会的关系及现阶段乡村治理 [J]. 理论观察, 2009 (2)：89 - 91.

由多元的方向发展。在行为规范方面，族规族约主动适应和服务于社会主义法治建设。随着中国特色社会主义法治建设的推进，法律法规对个体、群体行为的调控已有较为详尽的规定，作为非正式规范的族规族约自然不能与国家意志相抵触。族规族约中的惩戒性、强制性规定被弱化，转化为引导、教化群众的道德读物。

二、宗族文化当代调适以实现治理功能

"中华优秀传统文化融汇孕育出一系列哲学理念、价值观念、道德思想、行为规范和美学品格。"[①] 挖掘传统文化为当代社会治理所用，是推进中国式现代化的路径之一。宗族文化影响着宗族成员们的思想意识和价值观念，引导着宗族成员们在划定的范围内活动，为宗族组织的稳固与有序提供着源源不断的向心力。由此，宗族成员大都以宗族公共利益为上，以群体为单位对外进行活动。上文梳理表明，在历史很多时段，传统社会呈现"家国同构""国权不下县、县下唯宗族、宗族皆自治、自治靠伦理、伦理造乡绅"的治理格局。[②] 由于国家治理资源难以延伸到农村的每个角落，大量官僚机构的设置不仅使得国库财政难以为继，更容易导致地方势力脱离中央政权控制。国家意识到自身治理能力的有限性以及乡村社会运行逻辑的特殊性，选择借助农村精英力量实现政权权威的间接渗透。不同时期，乡村治理的方式有所区别，如秦汉时期的乡亭制，隋唐时期的乡里制，宋代的保甲制，元朝的村瞳制，到明朝初期的里甲制以及中后期的保甲制等等。[③] 乡村内部权威人士在遵循国家总体政策理念的前提下，依据乡村内部规范和治理逻辑管理社会。乡村代理人要么是宗族长老，要么是财力丰富之人，要么是在科举考试中获得功名之人。这些人获得了国家权力的认可，具备了治理乡村的合法性和权威性，国家间接治理乡村的模式初见雏形。乡村代理人管理乡村并非为了谋取私利，也并非只为国家代言。一方面，精英人士为了获得乡治的支持，往往会与地方官府进行博弈，如行善积德以赢得民心。另一方面，通过户籍制度、宗法制度、连坐制度、礼法制度等一系列制度安排，并配以威不可测的重

---

① 王立军. 预防犯罪与矫正罪犯：基于中华优秀传统文化的传承与发展 [M]. 北京：法律出版社，2019：136.

② 秦晖. 传统十论——本土社会的制度文化与其变革 [M]. 上海：复旦大学出版社，2003：3.

③ 项继权. 中国乡村治理的层级及其变迁——兼论当前乡村体制的改革 [J]. 开放时代，2008（3）：79.

刑手段，实现对民众的管理，维持基层社会的整体稳定。国家通过乡村代理人间接治理乡村，降低了治理成本，尊重了乡村习惯，稳定了乡村秩序，做到了"社会生存无假外力统治，而自有秩序"。① 整体而言，虽然宗族文化的负面影响仍旧客观存在，但由于有限的国家治理资源难以延伸到乡村的每个角落，宗族成为承接国家权威的载体，维持了基层社会的总体稳定。改革开放之后，宗族文化出现回潮现象，一些重建的宗族组织"功利主义"色彩浓厚，族人争夺利益激烈。一些人利用宗族裙带关系编织越轨网络，非法侵占民众的权益，暴力抗击基层政权，集体实施犯罪行为，有的甚至成为称霸一方的黑恶势力。由于犯罪学理论鲜有对宗族文化和犯罪之间关系的深入探讨，我们看到更多的是宗族的负面功能，而宗族文化的正面功能却鲜受重视。既然宗族文化在犯罪和犯罪治理中均可能表现出明显的两面性，那么问题的关键便在于如何在现代法治语境下对宗族文化加以调适和引导。

1. 理性认识宗族文化的两面性功能

宗族现代化转型特征突出，其功能主要体现在经济、文化和公共服务领域。② 在经济方面，宗族传统的互助互济功能上升到更高的层次，不再局限于对个人的扶助而是着眼于本宗族整体及所处村社物质生活水平的提升和发展前景的探索。宗族通过内部成员的社会资本为所处村社招商引资、兴办产业，力图以经济水平的提升促进宗族成员的共同进步。在文化方面，宗族承担起文化传承功能。宗族文化在社会主义法治的框架下得到扬弃，强调等级秩序的纲常礼教被剥离，具备地域特色的道德理念、风俗活动、传统器物被保留并成为延续、强化归属感的载体。基于维系运作的需求，宗族在客观上成了传统文化的继承者。在公共服务方面，宗族为乡村公共服务提供支撑和补充。我国《宪法》明确规定乡镇政府管理统筹本行政区域内公共服务的职能。同时，乡村地区实施基层群众自治制度，村民通过村民委员会实现自我管理，自我教育，自我服务，自我监督。可以看出，乡镇政府是公共服务的主要提供者和统筹者，村委会同样在自治中扮演重要角色。一方面，宗族充当政府公共服务规划与实施的沟通桥梁与缓冲器。乡村地区村委会由村民自主选举形成，其成员通常在宗族中具有较高的地位。乡镇政府在推进乡村建设的过程中不仅需要财政和政策支撑，还需要民意支持。宗族能够促进共识形成，使乡村群众的意见表达在政府主导的公共服务规划与建设

---

① 梁漱溟. 中国文化的命运 [M]. 北京：中信出版社，2013：134.
② 贾先文. 农村宗族与农村社区建设研究 [M]. 北京：经济科学出版社，2018：75 - 85.

中呈现出较高的一致性，起到引导、调节民意的功能。另一方面，宗族能够弥补公共服务的短缺和空白。由于公共服务需求的多样性与特定情况下公共服务的紧急性，政府提供的公共服务难以实现完全覆盖、实时覆盖，而这部分未覆盖的需求往往由宗族承担。以赈灾为例，由于自然灾害的突发性和基层政府调配资源的有限性，自然灾害发生后政府救济与重建需要一定反应时间，在此情况下宗族能够在有效动员力量对受灾人员进行搜救、转移、安置，募集钱款恢复基础设施和救济受灾个体。

复兴时期的宗族在乡村治理中不再担任代理人的角色，即不再对乡村进行直接性、政治性的管理，而是在现代化治理体系中扮演自治角色。但当下宗族在乡村地区社会治理中的地位并不能一言以蔽之。宗族利用其影响力干扰基层选举、架空基层干部、形成违法犯罪链条等事件时有发生，对基层民主、社会稳定造成不可估量的影响。① 我们在看到宗族运用其号召力辅助乡村治理的同时，也应着眼于其转化为非法团伙的现实可能。上文宗族型犯罪及其治理的分析表明，纵观村干部腐败案件，宗族型村庄里，宗族文化形成的内生秩序不经意间改变国家制度设计的本来面貌，村民利用宗族势力强大、族人间顾及情面、监督机制失效等现实进行腐败犯罪。而当腐败犯罪超出村民容忍度时，宗族精英便会依托宗族文化的凝聚力和法律赋权，凝聚族人力量进行集体反腐，有助于反腐工作的深入。类似的，越轨者借助族人间的人情网、信任度、感染力拉拢更多成员实施越轨行为，催生"问题村"；不法分子借助宗族"第二规范"，怂恿或者迫使族人聚集暴力抗法；宗族之间实力失衡下，大宗族成员借助组织力量优势为非作恶、称霸一方。而一旦国家善用宗族文化特有的认同感、凝聚力和号召力，宗族组织可以成为动员村民参与犯罪治理的桥梁，族约可以成为约束越轨行为的规范，弥补国家治理资源的有限性。博社村之所以恶化为"问题村"，很大原因是村干部和宗族精英人物加入越轨行为，加速了越轨行为的蔓延。而博社村的治理恰恰也借助了宗族力量，发挥宗族号召各方的功能。可见，宗族文化可以在事前预防治理、事中打击犯罪和事后秩序修复上起到正向功能。

综上，宗族文化具有两面性，既可以辅助国家治理，贯彻中央政策；也可能助长黑恶势力，成为乡村治理的顽疾。自古以来，宗族文化作为统治阶级用以维系地方秩序，实现稳定统治的工具，直到清朝末期仍为官方所推崇。然而，由于对宗族文化理解不到位与不时发生的犯罪，人们容易对宗族文化产生否定性意见，或者片面地认为宗族文化仅对社会产生负面影响，是滋生黑恶犯罪的温床。

---

① 周易茗. 刍议农村宗族势力影响村民自治的特点及对策［J］. 湖南省社会主义学院学报，2019（2）：81-84.

宗族文化对犯罪的影响是复杂的，其对社会治理和犯罪治理的作用机制亟待引导，清楚认识这个关系，是正确开展犯罪治理的前提。

2. 法治精神指引宗族文化健康发展

良好的法治建设愿望为何在现实运行存在障碍？一定程度上是因为乡村特有的思维观念、习俗惯例、传统理念并未在法治理念和法律制度推广过程中得到重视。"乡村治理由乡村社会内生秩序的实践和国家对乡村秩序的维系和塑造形成的外生秩序的实践两部分组成。即使最强有力的外来力量对农村社会的改变，也需借助农村自身的结构来起作用。"① 犯罪治理国家中心主义难以实现，如果国家正式力量不能有效引导宗族文化向良性方向发展，宗族文化的弊端可能会被凸显，许多美好的制度或因缺乏文化根基底蕴而无法推行或流于形式。"乡土秩序在法治建设中'剪不断，理还乱'，甚至不知不觉改变着法治的原有意蕴。"② 试图以单一的国家外部力量去推行法治理念，实现对宗族型犯罪的规制，是难以实现的。当然，国家对宗族文化和宗族精英的重视，是宗族文化和宗族精英发挥功能的外部依托，发挥宗族力量对村干部的监督作用，离不开国家制度的支撑。宗族力量只有充分利用国家赋予的权力和设立的渠道，才能真正实现对村干部有效的监督。"自生秩序是在既有的制度安排基础上发挥作用并嵌入到村落公共事务中的。村民依托既有国家制度安排自发结成群体性活动，如果缺乏国家的积极回应，他们很难单靠自身的力量解决问题。"③ 因此，引导宗族文化良性发展，避免文化冲突，促进国家法律、国家主体与宗族规范、宗族组织的良性互动，是实现乡村犯罪治理成本最小化、效果最大化的可行路径。

中国式现代化的本质要求之一在于坚持中国特色社会主义。"中国式现代化之所以能够不断开创新局面、取得新成绩，就在于其聚焦中国场域、突出中国主体性，坚持现代化发展道路的普遍性与特殊性相结合。"④ 推进中国式现代化综治体系，在具体路径上，既需要走出一条中国特色的综治道路，又要充分考虑城市与农村的特殊性。"社会治安防控体系建设是推动社会治安治理现代化的国家

①　贺雪峰. 村治的逻辑：农民行动单位的视角 [M]. 北京：中国社会科学出版社，2009：2.
②　杨玉豪. 乡土社会视野的法治 [J]. 求实，2003（2）：60.
③　刘伟. 难以产出的村落政治——对村民群体性活动的中观透视 [M]. 北京：中国社会科学出版社，2009：300 - 301.
④　洪向华，李梦珂. 中国式现代化的历史演进、鲜明特质与实践遵循 [J]. 治理现代化研究，2023（1）：43.

战略工程。"① 自村民自治实施以来，国家和地方政府围绕提升农村综治能力采取了一系列措施，综治工作格局也在逐步健全，治安防控能力也在稳步提升。特别是城乡一体化进程的推进，国家治理更加注重实现发展均等化，要求推进城市社会治安资源和措施进入农村，农村治安治理水平逐步提升。一些地方综治部门和政法机关积极走入农村、驻扎农村，指导和帮助农村展开治安防控体系建设工作。国家力量和民间力量合作有了更多的形式和机制，群防群治工作逐步展开，农村治安防控力量得到进一步增强。然而，农村拥有与城市不同的治理资源，如不改变农村治安防控发展滞后的情况，寄希望于"照抄"城市治理方案，那么提升社会治安防控能力的目标将很难达成。在全面乡村振兴的大背景下，国家应从制度、机制、资金等方面完善农村社会治安防控体系，根据农村社会结构、社会资源、地理人文等方面的特性，构建符合农村的具体社会治安防控体系，发挥乡规民约、宗族规范、宗族组织等规范和组织在农村治安防控中的作用。"国家与社会力量转换呈现为治理资源的变化，而治理资源的变化总会制约治理模式的生成与演进。"② 在国家一系列政策和规范的指导下，实行财政倾斜和重点地区扶持工作，推动基层政权注重治安建设工作，挖掘农村有益资源，加强多元主体、多种手段共治，实现农村治安防控体系再升级。一方面，国家尊重宗族自治，同时引导宗族规范符合法治精神，建立法律制度与宗族规范的协调机制，形成"法安天下—德润人心—宗族自治"的多手段治理格局。另一方面，国家对乡村组织登记管理和建章立制，把宗族组织纳入治理体系之中，使其与国家权威优势互补，形成"国家主体—乡村组织—村民个体"间协同合作的多主体治理体系。具体而言，相关部门要注重村民选举的合法性、制衡性，避免大宗族集权；摸清宗族精英分布，成立官民合作治理机构；梳理宗族族约，引导族约法治化；加强宗族组织管理立法，明确宗族组织的社会功能；加强法治道德宣传，纠正落后宗族观念；建立举报奖励机制，倡导族人间互相监督；加强宗族重点人物管控，做好预防工作；严厉打击利用宗族势力的犯罪行为，提升刑法威慑效果，从而防控村霸、宗族恶势力和群体性事件等常见宗族文化型犯罪。

3. 将宗族纳入治理体系加以管理

长期以来，国家层面并未对宗族文化的性质进行明确表态，造成了部分宗族

---

① 石启飞. 社会治安防控体系现代化：基于内涵、理论和模式的研究 [J]. 山东警察学院学报，2019（5）：130.

② 黄石. 社会转型与犯罪治理：转型期犯罪治理模式变迁研究 [M]. 北京：法律出版社，2018：222.

组织及其活动脱离国家管理，宗族势力破坏选举制度等不良现象屡见不鲜。国家应把宗族组织纳入法治的轨道，加强对宗族组织的管理，逐步引导族约、民约等软法良性发展，这对于减少宗族势力破坏选举、阻断黑恶势力成长、服务农村法治建设均具有重要作用。"盼望着依靠国家这只烦琐而且笨重的'大手'来提供一个秩序化的社会太过牵强。一般情况下的社会秩序和特别情况下的犯罪预防的基础恰恰在于非正式机制。社会自我控制机制能够有效实现人们相互尊重、相互信任、相互克制的文化力量。"① 上文已提及，宗族文化、宗族组织和宗族族约形成的"第三力量"不可忽视，通过软硬法机制的互相配合，形成对犯罪的零容忍氛围，从而更好地遏制村干部腐败等犯罪行为。有关部门可以通过加强对宗族组织的管理和规范，指导宗族组织制定族约，把公共道德理念和民主法治精神渗透其中，借助宗族内部独特的道德谴责与惩罚机制发挥防控犯罪等作用。实际上，受限于村干部身份认定争议，一些村干部腐败行为，难以通过刑事法律予以规制，约束和惩罚力度不足。乡规民约和宗族族约因其内部约束力，可以在一定程度弥补正式法律的缺陷和不足，防止村干部实施更加严重的腐败行为。当然，目前国家正式法律对宗族文化进行立法可能会面临一些问题，各地相关部门可以先通过制定宗族组织管理办法的指导性意见，让灵活性的软法成为一种试错机制，探索出实现宗族文化优势之道，然后再逐步提升规范的级别。

---

① 休斯. 解读犯罪预防［M］. 刘晓梅，刘志松，译，北京：中国人民公安大学出版社，2009：156.

第二节　善治方案下宗族型犯罪治理举措

"从文化这一概念在历史上的思想根源来看，它在解释越轨行为、社区和犯罪方面扮演着重要的、偶尔存在争议的作用。"① 加强对犯罪和宗族文化的关系探讨，是发现宗族型黑恶势力等犯罪生成机理和提出有效治理方案的必然要求。我们必须承认在广袤的农村大地和乡村体制中，宗族文化具有其存在的土壤和合理性，当下宗族文化并未退出历史舞台；然而，我们也无法忽略宗族文化在全面推行乡村振兴战略实施所表现出的负面影响。因此，在引导宗族文化良性发展的思路下，下文将围绕农村基层黑恶势力、腐败、"问题村"等犯罪展开进一步讨论，为宗族型犯罪治理提出一些方向性措施。

一、宗族文化影响下黑恶势力治理

在宗族型乡村里，最大限度利用民间有益资源，减少宗族文化负面作用，使国家力量和民间力量相互配合、同向施力，是较为理性的选择，现下的管理态度始终无法完全解决包括宗族影响下黑恶势力在内的违法犯罪。面对宗族黑恶势力，我们可以从以下几个方面入手加以应对：

第一，降低宗族文化的负面因素。"文化复兴是乡村振兴过程中一个不可回避的话题"②，我们需要充分挖掘乡村宗族组织、宗族文化对恶势力影响的机制，理性寻找阻断宗族黑恶势力生成的机制，使农村基层黑恶治理达到标本兼治的效

---

① 皮盖惹. 犯罪学理论［M］. 吴宗宪，译. 北京：法律出版社，2019：322.

② 叶继红，张洋阳. 乡村振兴中的地域空间再造与价值重塑——以我国首个"国际慢城"为例［J］. 探索与争鸣，2018（8）：92.

果。宗族黑恶犯罪治理必须融入社区治理之中，从基础性和预防性的措施入手，警惕社会转型期可能引发犯罪的诸多因素，提升基层社会治理水平和能力，以现代法治、现代文化去除传统文化糟粕，促进宗族组织在法治轨道上展现优势。减少宗族黑恶势力，乡村需要利用好宗族族约、宗族习惯和宗族权威人士，既要通过加强沟通、建立鼓励权威人士投身乡村建设中的机制，防范其成为黑恶势力的组织者、带头人；也要借助宗族对"乡村混混"加强教育管理，凝聚游离正轨的青年群体，强化社会联结帮助此类青年群体步入正轨。

第二，准确打击宗族黑恶势力。法治文明的进步不意味着否定乡村传统文化，相反，应对乡村传统文化展现出足够的理性，通过创造性改造和创新性发展加以善用。严厉打击利用宗族势力实施违法犯罪行为，提升刑法的威慑效果，具有必要性。然而，打准打实既是提升黑恶犯罪治理效果的基础，同时也是法治对乡治尊重的体现。实践中个别司法机关为完成考核指标，把一般的违法行为作为恶势力予以处理，把恶势力违法行为当成黑社会性质组织犯罪予以打击。《刑法修正案（八）》明确规定了黑社会性质组织应当同时具备组织特征、经济特征、行为特征、控制特征。司法机关要严格解读"打早打小"的打黑政策，防止逾越证据情节"拔高"入罪，不能以"严打"为名，把农村普通犯罪团伙的违法犯罪行为简单组合、堆砌，以此证成该团伙是黑社会性质组织；而应根据相关人员的紧密程度、犯罪形式、危害程度，其行为是否形成"非法控制"等进行整体认定。[1] 在不具备黑社会性质组织特征的情况下，可以根据刑法总则中关于犯罪集团的有关规定，对其从重处罚。[2] 受宗族文化的影响，宗族组织成员联系紧密，宗族组织内部团结氛围浓厚，开展活动呈现出组织性、一致性等特征。在阻碍基层工作、违法违规上访事件中，我们可以看到，有时出于所谓的"为民谋利""伸张正义"，宗族权威人士会利用其经济、社会地位等优势聚集群众，呈现出团伙组织的某种特点。但在具体事件的定性过程中，我们不能简单把宗族权威看成影响力，把宗族人员聚集看成组织搭建，而应综合考察事件前因后果、宗族组织一贯表现、参加成员的成分，区分普通违法行为和宗族恶势力。准确打击宗族恶势力，既可以使村民认识到利用宗族文化实施的任何违法犯罪必将受到惩治，又不会破坏乡村文化发展，进而在后续社区矫正工作中，发挥其特殊的治理功能。

第三，加快推进国家治安防控力量下沉。农村地区远离国家力量中心，国家力量辐射不足，外部防控力量相对薄弱，宗族人士容易以宗族文化为掩护，拉拢

---

① 袁林，余杰新. 民营企业家涉黑犯罪风险防范研究 [J]. 江海学刊，2016 (4)：227 – 233.
② 于冲. 黑社会性质组织与"恶势力"团伙的刑法界分 [J]. 中国刑事法杂志，2013 (7)：54 – 59.

村民形成黑恶势力。村霸和恶势力的出现，已经严重危害到农村社会稳定，国家力量理应延伸到农村内部，为村民提供安全保护。然而，依靠运动式"打黑除恶"在短期内一定程度上打击了黑恶势力犯罪，但实践中也暴露出弊端，甚至出现打击偏差的问题。为了提升治理效果，国家因而进入"扫黑除恶"专项斗争的阶段，但黑恶犯罪治理应重在预防、重在日常，亟待转向常态化治理。常态化黑恶治理的关键一环是国家治理力量在场。农村宗族组织等民间力量的存在，是国家开展治理活动的宝贵资源，也需要加大国家力量下沉，以社区民警等国家正式力量为指导，构建起一张联结多方主体的严密犯罪防控网，共同应对农村违法犯罪问题。

二、宗族文化影响下基层腐败治理

在乡村治理时，除了在正式制度设计上增加对乡村文化和乡村格局的考虑外，民间力量积极参与尤为重要。"今日中国的一个显著进步在于体制内越来越多的人开始意识到一个自发而为、自由自我的民间社会的存在，是一个社会永葆创造精神，在日常生活中谋取进步，并在关键时候化解危机的力量之源。"[①] 宗族理事会理事、宗族长老、老人组老人等非体制内精英是制衡村干部的重要力量，因为他们拥有一定的资历、地位、权威或经济基础，更加敢于发表谴责言论。我们应在日常生活中，创造更多渠道让宗族能人积极、有效监督村干部的腐败犯罪行为。多元主体共同治理村庄，互相制约、齐心协力，有利于实现村庄的良性发展，避免村干部一权独大，进行腐败犯罪和滥权行为。[②] "乡村存在自生秩序，因此未来我国村落的治理结构必将是多元力量共同参与的。国家要鼓励、尊重内生秩序并进行适当的改造和监督，同时又要将基本的现代公共规则逐步确立起来，实现国家秩序和自生秩序的有效衔接。"[③] 基层政府要善于借助宗族理事会、宗族族长、老人组成员等人员的力量，不断培养宗族能人的监督意识，鼓励他们勇于与村干部腐败犯罪行为做斗争，实现对村干部的制约和管理。同时，政府工作人员要多走入乡村，倾听宗族能人对村干部的评价，及早发现腐败犯罪

---

① 熊培云. 重新发现社会［M］. 北京：新星出版社，2011：118.

② 当然，基层政府人员也要注意防止他们过分干预乡村的行政事务，合理区分监督权利与过分干预村干部正常管理村务的界限。

③ 刘伟. 难以产出的村落政治——对村民群体性活动的中观透视［M］. 北京：中国社会科学出版社，2009：289－303.

的苗头。遇到因村干部贪腐而导致的群体性事件，有关部门也要善于利用宗族精英，认真听取各宗族代表意见，找准问题的关键和实质，借助宗族权威来抚慰村民情绪，避免事态扩大，推进腐败治理向纵深发展。

第一，重视村民选举的合法性和民主性。民意基础扎实、领导能力较强的宗族精英当选村干部，实际上在治理乡村上有其优势。只要村民在法律的底线之上参与村干部竞选，而非借助宗族势力干扰破坏选举，那么在熟人社会里面，那些平时为更多人熟悉、更具声望的村民当选，也是村民自治的结果。当然，有关部门需进行广泛宣传，引导村民在选举过程避免简单以人情血缘为考虑因素，而是更加注重选举对象品行，同时创设可以减少宗族势力干预的选举方式，使得小宗族、小房族精英有更大可能当选，避免村干部和村民代表集中在大房族、大宗族中。具体而言，相关部门需要不断开展民主法治理念宣传和教育，育成村民的法治意识和民主意识，使村民能够更加理性选择村干部人选，在投票时能够既选择本族优秀的村民，也考虑本族人以外的优秀村民。有关部门要坚决打击破坏选举、操纵选举的行为，防止宗族势力和宗族恶势力操控选举，强迫村民违背意愿进行选举。在村干部选择时，通过设立秘密投票箱、要求选民亲自到场投票、设立多种举报途径等方法，减少宗族势力的干预，确保真正有才能、有担当的村民当选村干部，保证选举的合法性和民主性。为了避免村干部成为黑恶势力的组织者、领导者，要加强候选人的资格审查、当选村干部的任前审查、在任村干部的财务审查，确保将违法犯罪之人及时排除出村干部队伍。同样地，乡镇党委应该加大对党员的审查力度，包括在任村党支部成员的审查，对违法违纪的党员进行通报批评，防止党员"带病"进入村干部队伍。在投票方式上，乡镇党委同样可以通过创设隔离空间依次投票，使党员在投票时减少来自宗族的人情压力，依照自己的意愿选择心中德才兼备的人选。由于在党支部成员选举上，不管是候选人的选定还是党支部成员的分工，乡镇党委都具有一定的影响力，应避免党支部成员集中在近亲之间，适当考虑到人员之间的相互制约性。

第二，注重民主监督的本土化和精英化。国家正式力量未能延伸到乡村社会每一角落，乡村内部缺乏有效的监督是村干部腐败犯罪的重要原因。虽然法律和制度提供诸如村民监督委员会、村民代表会议以监督或制约村干部腐败，但由于宗族文化的存在，上述人员一旦与村干部关系密切，监督制度就容易受到人情因素影响。基层民主的"陀螺"不可能完全依照学者想象中的"民主程序"按部就班的程序式运转。① 政府要在法治基础上，顺应村庄治理需要，进行相应的制

① 陈潭等. 治理的秩序：乡土中国的政治生态与实践逻辑［M］. 北京：人民出版社，2012：2.

度供给。① 在村民监督委员会成员人选的设计上，应该同时注重本土化和精英化，通过各种方法使得更多懂得表达和敢于表达的村民能够进入村民监督委员会。如我们可以以各村民小组为单位推选监督委员会成员，明确与村干部存在直系血亲或三代以内旁系血亲关系的村民不得参选，同时引导和鼓励乡村教师、党员、族老、小宗族或小房族落选人员等参选，以此减少宗族文化和人情关系的负面作用。由于村民小组的分布往往与各宗族、各房族的分布存在暗合，这样一来，就有更多宗族和房族的精英人物进入监督委员会，实现对村干部的制约和监督，减少腐败犯罪现象的发生。村民代表作为村务的决策者，其实质上也对村干部的行为起到一定的监督制约作用。因此，适当扩大村民代表比例，加大宗族、房族势力操控村民代表选举的难度，同时确保村民代表选举放在村干部选举前举行，以减少当选村干部联合操纵村民代表选举的现象，如此一来，村民代表的分布更为广泛，决策结果也会更符合村情民意。

第三，实现软性法律的约束力和法治化。族人之间因血缘、情面而宽容甚至放纵村干部腐败犯罪是宗族文化的弊端所在，这需要为乡村社会输入更多的民主和公平理念。"如果每个国家都要创造和维持某种文明水平和公民类型（以及集体生活和人际关系），根除某些风俗和习惯，传播另一种风俗和风尚，那么，法律可以担当此任。"② 普法教育和送法下乡开展，村民的民主理念逐步提高，民众开始懂得使用法律武器去维护自身权利。然而，乡村文化特别是宗族文化的影响并没有全面消除，部分硬法因为习惯、族约、乡规民约的存在而被束之高阁，有时民主选举和监督机制达不到预期的目标，刑事法律的权威也未能震慑腐败犯罪行为。因此，国家在继续推行法律和制度的同时，还要加强对宗族族约和乡规民约制定的引导，使得这些软性规范与法治精神契合。同时，进一步发挥软性规范约束力，借助其稳定乡村秩序、规范宗族组织活动和制约犯罪。③

---

① 孙琼欢. 派系政治：村庄治理的隐秘机制［M］. 北京：国社会科学出版社，2012：151.
② 葛兰西. 狱中札记［M］. 曹雷雨，姜丽，张跃译，北京：中国社会科学出版社，2000：202.
③ 硬法即有关立法机关制定的有严格立法程序的、以国家正式强制力为后盾的规范体系，包括了宪法、法律、行政法规、规章等。软法是制定法以外的由国家机关或社会组织通过一定程序制定的不以国家正式强制力为后盾，却可以产生社会实效的规范，如有关部门制定的指导意见、村规民约、族约。

三、宗族文化影响下集体越轨行为治理

博社村问题的成功处置给"问题村"的治理提供了诸多启示。以往博社村在犯罪治理上缺乏长效日常治理机制，缺乏外部内部联合治理的防控网，多元主体协作不足。这些问题正是制约该村治理效果的关键原因，导致该村问题一直悬而未决。2013年底，广东省公安厅启动"雷霆扫毒"行动直击博社村，并进行了全面整治活动。本次治理行动收到了较好的效果，主要得益于犯罪治理过程坚持国家力量在场，聚集国家力量全面嵌入农村，借助宗族力量及族约约束力发挥民间资源的犯罪治理作用。① 近年来，博社村在市委、市政府的指引下进行综合治理，打造禁毒示范样板村，全面开展逃犯清零歼灭战，落实镇、村、禁毒驻村工作组和公安民警"四位一体"追逃机制，通过悬赏举报等方式强势推进涉毒追逃。在多方协助配合下，博社籍涉毒逃犯于2021年全部"清零"。同时，镇禁毒办、村委干部（网格管理员）、派出所民警、禁毒社工等对吸毒出所人员进行禁毒法制教育和心理引导，做好日常管控、定期尿检和帮教、帮扶等工作，避免脱管漏管。博社村人大代表联络站在反毒禁毒工作、乡村振兴建设中，推动驻站人大代表与登记在册的社戒社康人员结对帮扶，制定帮扶工作措施，坚定社戒社康人员生活信心，鼓励引导社戒社康人员参与乡村振兴示范带建设。② 从善用宗族等民间资源的视角，博士村治理历史给我们留下几个方面的经验和启示：

第一，盘活村规族约，以家庭为单位稳定基层秩序。上文已经分析，归因于宗族文化中群体认同的强大吸引力，越轨小群体内部通常具有或近或远的血缘关系。宗族文化的存在加速了越轨行为的传染速度。裙带关系在成就集体温馨的同时，也在造就集体沦陷。家庭中一人步入越轨泥潭，往往会对其他家庭成员形成诱惑甚至强迫，逐渐形成以此家庭成员为中心的越轨群体。越轨行为得以持续扩散到整个家族、房族甚至宗族。③ 变味的宗族文化加速"问题村"行为蔓延，如何消减宗族文化的负面作用，是预防"问题村"形成不得不解决的问题。"宗族产生、发展、中断和重建的历史显示了乡土传统存续内在的条件不消亡，外在的

---

① 佘杰新. 后乡土社会"越轨共同体"行为的防治路径［J］. 安徽大学学报，2016（3）：133-140.

② 庄小杰，黄奕锋. 而今迈步从头越［N］. 汕尾日报，2022-05-10（8）.

③ 佘杰新. 群体越轨行为释因理路——基于"问题村"形成机制之实证调查［J］. 刑法论丛，2017（2）：554-573.

打击并不能够使其消亡。"①既然宗族文化对农村社会的影响在短时间内无法消弭，甚至有愈演愈烈之势，那么国家就应利用其促进农村发展。面对"问题村"，宗族文化一旦得到有效利用，不仅可消减越轨行为蔓延的负面影响，而且还可以把其转化为农村秩序稳定的"正能量"。宗族人士熟悉宗族型犯罪产生的原因，能够准确根据村庄情况，提供开展犯罪治理提供建设性、针对性的意见。宗族人士可以借助其影响力，开展本族内的"规训"，通过制定族约或者集体签字承诺等方式，形成具有长效性的约束规范。

第二，调动国家力量全面嵌入予以整治。博社村从走私毒品、制造假币到制毒贩毒，连续爆发大规模越轨行为。历史证明：如果农村越轨行为得不到全面整治，刑罚未能取得威慑和教育效果，村庄未能寻找到新的发展出路，村民的越轨思想得不到纠正，在利益诱惑和生存压力的触发下，再次走上越轨道路并非不可能。博社村整治工作涉及经济发展、村民组织、文化建设、心理辅导和法治宣传等方方面面，具体涉及农村发展方向需要重新规划，农村环境亟须整治，村民的越轨观念亟待纠正等等。整治工作的系统性必然需要在一定级别部门领导和牵头下，联合多个部门、多方力量，全面、深入、持久开展整治行动。一旦整治不全面、不彻底，存有漏网之鱼，越轨者很可能会"东山再起"。为了全面打击博社村中作案人员，广东省公安厅精心策划了缜密的打击步骤，从各地召集了 3000多警力，开展了一场彻底的打击行动。打击行动后，陆丰市从市、县政法部门共抽调 500 多名部门骨干，由市长带队驻扎于三甲地区。驻村工作队分组分任务开展清查活动、家园重建活动和基层组织建设活动。正是由于国家力量在场，指导和调动多种力量参与治理，且治理过程中不仅重于除恶务尽的"打"，而且注重固本培元的"建"，博社村才逐步回到正轨。

第三，建立内外部联合治理的防控网。由于过往博社村未形成一个长效性和经验性的日常犯罪治理机制，国家主体、农村组织、村民个体协同参与犯罪治理机制等并未真正建立，导致集体越轨接二连三。博社村得以真正转型，与建立外部内部联合治理的长效机制，开展标本兼治的日常犯罪治理工作密不可分。村民自治并不意味着完全放任农村自行发展。农村管理制度的真空、国家正式力量的弱化，是农村越轨行为出现的重要原因。国家通过各种方式适当介入村民自治，在物力、财力、人力等方面加大投入，提升农村治理能力，促进农村有序健康发展。在推进国家力量下沉的同时，我们不能忽略农村非正式资源的丰富性以及其维护农村社会稳定的价值。实践证明，偏远地区基层正式力量在预防和打击犯罪方面存在严重不足，而民间力量越来越举足轻重并颇具成效。宗族理事会成员、

---

① 邓苗. 乡土传统与宗族重建［J］. 青海民族研究，2014（2）：54 – 56.

老人组理事会成员以及妇女组织等都是重要而宝贵的民间资源。如果政府部门建立有效的甄别机制，甄选出优秀的村民组成民间监督组织，和国家正式控制力量相互补充，便可以产生良好的防控功能。20 世纪 90 年代，云南省瑞丽市勐卯镇卡南村男子吸毒现象泛滥，该村因此变得萎靡不振。在政府的帮扶和指导下，该村妇女秉持"女子当自强"的精神，成立了"女子戒毒护村队"，排查和整治农村吸毒违法问题，当地派出所党支部还与村党支部结成帮扶对子，设立了综治维稳室和警务室，成功实现了"无毒村"的目标。"借助民间力量矫正违法犯罪行为"这一经验得到云南省政府的广泛重视，各种农村组织如"母亲劝戒队""妇女攻心队"纷纷出现，有效地纠正各种偏离法治轨道的行径。① 博社村所在的基层政权也应注重组织民间力量，组建类似的"戒毒护村队"，调动民众力量形成常规性的治安巡逻，开展日常性的治理工作。

第四，善用民间资源优化犯罪治理效果。博社村如何借助沿海优势、种植传统或者其他方式实现转型，真正走出犯罪治理困境，需要政府的扶持，更需要自身谋求发展。如果社会制度未能提供实现社会主流目标的渠道，为了改变命运，生活在贫困中的人们就可能走上越轨的道路。三甲地区未能在改革开放中得到转型，博社村村庄的经济水平不高，许多村民年收入不到一千，有些甚至过着饥不得食、食不果腹的生活，少部分村民走上了走私毒品和制毒贩毒道路。2004 年，该地被重拳打击，但由于缺乏全面的重建工作，部分村民无法找到合法的致富道路，再次走上制毒贩毒道路。博社村要真正转型，政府部门必须以"优势视角"理论指导农村整治工作，发现村民的优势和挖掘农村的资源，重用越轨行为远离者中的优秀人员，扬长避短以谋求农村的重建和发展。② 博社村历史文化厚重，距今建村已有 800 年历史。历史厚重的村庄，拥有丰富历史遗存和绿色资源。在重拳打击之后，博社村以美丽景观示范带建设为抓手，投资 1.35 亿元建设红色文化园、破冰影视楼、村史馆等景点以及科举广场、古树休憩地、村民活动中心、滨水碧道等邻里空间，全方位突出博社村农旅融合生态农业示范园关键节点作用，以"薪火蓝湾"景观示范带串珠成链，打造"望得见青山、看得见绿水、守得住情怀、留得住乡愁"的特色生态富裕家园；加大基础设施建设，先后投入

---

① 卡南村事件参见：任维东. "吸毒村"如何变成了"无毒村"？［N］. 光明日报，2011－09－16（4）.

② "优势视角"理论关注人的优势，而非人的病症，相信人能够在逆境中自强不息。该理论还关注环境的优势，而非环境的劣势，相信人能够在逆境中利用环境资源，发挥自身潜力，走出困境并实现自我。"优势视角"理论在医治"越轨共同体"行为上具有重大的借鉴意义。如果人们以悲观的立场看待发生"越轨共同体"行为的农村，那么面对人数众多的越轨村民及萎靡不振的农村经济，会对眼前的烂摊子感到彻底绝望。只有发现村民的优势和挖掘农村的资源，才能够鼓足勇气和增强信心，带领农村更好地前进。

资金 1700 余万元，建设博社村党群服务中心、村内广场、农贸市场、公园、老人活动中心、村道、巷道等，村容村貌焕然一新；大力发展富民兴村产业，带动农民增收致富，完成了 90% 存量撂荒耕地复耕复种任务，带动农民增收致富，实现经济困难户 35 户 168 人就业。除此之外，该村还以高标准建设禁毒宣传百米长廊、禁毒主题公园为重点，打造全省乃至全国禁毒宣传教育高地，吸引各地干部群众参观、打卡。① 其他许多造假制假村庄最终摆脱畸形经济，甚至取得文明村庄的美誉，很大程度上归因于在政府部门的大力支持下，村庄利用自身资源实现乡村的良性发展。

---

① 庄小杰，黄奕锋. 而今迈步从头越 ［N］. 汕尾日报，2022 – 05 – 10（8）.

代结语　构建农村犯罪学

农村稳则社会稳，农村犯罪治理是推进国家治理体系和治理能力现代化的重要内容，是实现"平安中国"目标的必经之路。当前，农村并非都是静谧的田园风光，在一些角落仍然存在着犯罪现象，需要犯罪学有所作为。上文有关农村犯罪国内外研究史梳理可知，农村社会结构、文化观念、人文地理等方面有其特殊性，发源于城市的犯罪学解释理论未必能够解释农村犯罪现象。21世纪前后，国外以农村社会背景为研究基础的农村犯罪学产生了较丰硕的研究成果，推动了农村犯罪治理实践的发展。我国农村犯罪研究尚处于起步阶段，难以为农村犯罪治理实践提供有力的理论支撑。至今为止，国内学者鲜有深入分析农村犯罪与城市犯罪在研究方法、理论、内容和路径上的差异，而这恰好是制约农村犯罪研究发展的重要原因。职是之故，我国应加强对农村社会现实状况和犯罪态势的实证研究，超越传统犯罪学，寻求新的研究方法、解释理论、分析框架和治理路径，深化和拓宽农村犯罪的研究内容，真正助益农村走出犯罪治理能力"内卷化"的困境。改革开放以来，城乡二元结构生成，城市和农村之间的差别在逐步拉大，农村犯罪情况具有特殊性，需要采取特殊的治理措施。乡村振兴战略成功与否，关键的一环是乡村是否稳定。我们必须建构农村犯罪学作为犯罪学的分支学科或研究方向，跳出传统犯罪学范式，寻求新的研究方法、解释理论、分析框架和治理路径，拓宽和深化农村犯罪研究，助益我国乡村走出治理困境。

理论可以为实践指明方向，少走弯路。传统犯罪学或城市犯罪学无法为农村犯罪问题提供有力解释，我国应在借鉴社会学学科研究成果和国外农村犯罪研究成果的基础上，尽快构建农村犯罪学。公安院校形成法学（门类）—公安学（一级学科）—犯罪学（二级学科）—农村犯罪学、城市犯罪学、环境犯罪学等分支学科的完整学科体系①。普通高等院校形成法学（门类）—法学（一级学科）—刑法学（二级学科）—犯罪学、中国刑法学、外国刑法学等分支学科—农村犯罪学、城市犯罪学、环境犯罪学等具体研究方向的学科体系。同时，高等院校特别是公安院校应积极加入农村犯罪及其治理的研究，成立农村犯罪研究中心，研究

---

① 西方犯罪学学科体系非常庞杂，既有从人文学科角度进行研究的犯罪社会学、犯罪心理学、犯罪人类学等，也有从地理位置角度进行研究的城市犯罪学、农村犯罪学，还有以研究内容为分类方法的犯罪原因学、犯罪现象学、犯罪对策学等。西方犯罪学研究内容对我国犯罪学研究产生了较大影响，不同学者研究重点有所不同，却均有所涉猎。

开发农村犯罪学教材，开设农村犯罪学选修课，鼓励硕士研究生和博士研究生从事农村犯罪研究，加强与农村实务部门联系，为基层犯罪治理输送研究成果，推动农村犯罪学学科的发展。

农村犯罪学需要从基础理论、犯罪状况、犯罪原因、犯罪防控等方面展开研究：（1）农村犯罪及治理之特殊性。农村犯罪及治理的特殊性是决定农村犯罪学构建必要性的基础，也是区分农村犯罪学与其他学科的标志。当下，我们应紧扣农村社会及农村犯罪的特殊性，努力回答以下问题：农村犯罪与城市犯罪的区别是什么？造成农村犯罪独特性和差异性的原因是什么？农村社会的特殊性是如何影响犯罪的性质和治理的？农民对犯罪性质的看法是否有别于城市居民？被害人维权、其他村民报案是否具有特殊性？大量轻微案件被社区化解是否影响法治的进程？基层司法人员在处理案件上有何特殊性？如何看待这种特殊性？农村社会需要一套什么样的刑事司法系统，才能够真正化解社会矛盾？显然，传统犯罪学或城市犯罪学无法为这一系列问题提供有力解释，需要进行本土化研究。（2）农村社会秩序和农村犯罪现状实证调查。只有对农村社会及其犯罪现状有了客观的认识，才能够提出具有针对性的农村犯罪治理方案。（3）农村犯罪原因理论。解释犯罪，方能有效治理犯罪。"犯罪学家对罪因问题解释能力达到什么程度，他所确立的犯罪学理论对所存在的社会犯罪问题研究就影响到什么程度"。① 域外学者围绕经济发展、社会结构、社会资本、生态环境与农村犯罪的关系开展研究，许多结论超出我们固有的观念。在农村犯罪原因论的研究上，不能简单以传统犯罪原因理论解释我国农村犯罪的原因。犯罪学需要深入思考以下问题：社会转型期的中国，农村社会结构不断变化，从熟人社会转变为半熟人社会，社会关联度大大降低，这对农村犯罪及治理产生什么影响？农村社会有哪些减少犯罪发生的有利因素，又有哪些特殊因素引发犯罪发生？在社会转型过程中，农村现代文化和传统文化交织，正式机构与民间组织并存，乡村文化、民间组织与农村犯罪的关系是什么？面对农村越来越多的组织犯罪，我们是否应该将犯罪归责于农村组织？（4）构建符合我国实际的农村犯罪治理方案。犯罪学需要深入思考以下问题：针对农村犯罪和农村社会结构特殊性，需要构建一个什么样的农村犯罪治理方案？各类型的村庄需要根据自身的犯罪情况和社会结构特点，采取哪些针对性犯罪治理措施？若参考国外农村犯罪治理举措和经验，如何在借鉴域外经验的基础上实现犯罪治理的本土化？农村社会犯罪治理资源不足，需要加强民间主体和国家主体的协作，而这个过程中面临的合作障碍如何克服？我国农村犯罪治理过程中，国家主体如何有效介入才能实现治理效果最大化，需要进一步探讨。

---

① 肖剑鸣，皮艺军：犯罪学引论［M］．北京：警官教育出版社，1992：291．

我国农村有哪些传统的有益资源可以充分利用，又需要引进何种先进科技有效预防犯罪发生？

农村犯罪研究既需要犯罪学学者的努力，也需要农村社会学学者的支持。我国农村犯罪研究更多停留于理论探讨和逻辑推演，很大程度上受限于犯罪学研究者运用研究方法能力的不足。量化研究法、质性研究法、个案分析法、个案拓展法、实证分析法、田园调查法、实验法等农村犯罪研究常用的研究方法，犯罪学研究者往往掌握不够熟练。近年来，研究农村社会治理的学者开始涉猎农村犯罪领域，并借助社会学研究方法进行了富有成效的研究。如有的论著采取实证研究法和田园调查法，深入剖析了"乡村混混"这一群体出现的原因和治理对策。国外农村犯罪学发展曾一度缓慢的原因正是农村犯罪学和农村社会学间的交叉和融合不足。那些早期研究农村犯罪的社会学家并没有经常引用犯罪学文献，反之亦然，那些关注农村犯罪的犯罪学家并没有将他们的研究和农村社会学相结合。这两个学科对彼此都有着异乎寻常的好奇心，但在农村社会学和犯罪学的学术传统之间并没有协同和交叉。① 总而言之，为了详细剖析农村犯罪的特点和治理逻辑，更为清晰展现农村犯罪图景和治理状况，除了使用犯罪学实例分析法、实证分析法等方法外，也需要引入社会学中田园调查、质性研究等方法。农村犯罪学学者和农村社会学学者应加强合作，促进农村犯罪学和农村社会学之间的交叉和互动，推动农村犯罪学向纵深发展。②

在目前农村犯罪治理研究成果较为单薄的背景下，本书试图做出一些努力和尝试。许多问题特别是各种机制和制度的构建，需要在未来研究道路上继续展开。在本书结尾之际，还需再次指出：建构农村犯罪善治方案，并不能在农村犯罪治理方式上搞一刀切，而应在农村犯罪治理上，从国家犯罪治理总策略角度出发，构建一个与城市相区别的治理方案，为农村犯罪治理创新提供一个基本方向。每个村庄需要根据自身的实践去创新发展自身的犯罪治理方式，为其他村庄发展提供更多可供借鉴的经验。由于实践中各个农村的具体情况不同，本书无意给每个农村提供一个可照搬的详细方案。宗族型犯罪治理应融入农村犯罪善治方案中，在此基础上，结合宗族型犯罪特殊性，继续探寻宗族型犯罪治理更为合理、科学的路径和举措，这一话题难度很大，需要犯罪学学者的深入研究。

---

① DONNERMEYER J F, DEKESEREDY W S. Rural criminology［M］. New York：Routledge, 2013.

② 佘杰新. 农村犯罪学的理论建构——基于国内外农村犯罪研究学术史之考察［J］. 中国刑警学院学报，2020（5）：5 - 13.

主要参考文献

[1] 唐皇凤. 社会转型与组织化调控：中国社会治安综合治理组织网格研究 [M]. 武汉：武汉大学出版社，2008.

[2] 陈鹏忠. 转型中国：农村弱势群体犯罪问题透析 [M]. 杭州：浙江大学出版社，2010.

[3] 肖唐镖. 宗族政治：村治权力网络的分析 [M]. 北京：商务印书馆，2010.

[4] 陈柏峰. 乡村江湖：两湖平原"混混"研究 [M]. 北京：中国政法大学出版社，2011.

[5] 焦俊峰. 犯罪控制模式研究 [M]. 北京：中国人民公安大学出版社，2012.

[6] 肖金明. 社会治安综合治理法治研究 [M]. 济南：山东大学出版社，2015.

[7] 贾先文. 农村宗族与农村社区建设研究 [M]. 北京：经济科学出版社，2018.

[8] 黄石. 社会转型与犯罪治理：转型期犯罪治理模式变迁研究 [M]. 北京：法律出版社，2018.

[9] 张国安. 宗族社会纠纷解决机制研究：以明清时期为中心 [M]. 北京：法律出版社，2020.

[10] 吕德文. 基层中国：国家治理的基石 [M]. 北京：东方出版社，2021.

[11] 谢建社. 社会变迁下农村宗族的"路径依赖" [J]. 上海大学学报（社会科学版），2004（2）：79-83.

[12] 寇翔. 宗族势力复兴在乡村治理中的作用分析 [J]. 中南民族大学学报（人文社会科学版），2005（3）：23-26.

[13] 孙晓娟. 论历史上宗族与农村社会的关系及现阶段乡村治理 [J]. 理论观察，2009（2）：89-91.

[14] 蒙枝茂. 宗族文化对农村基层民主政治建设的影响 [J]. 学理论，2011（13）：25-26.

[15] 贺雪峰. 论乡村治理内卷化——以河南省 K 镇调查为例 [J]. 开放时代，2011（2）：86-101.

[16] 周建达. 转型期我国犯罪治理模式之转换——从"压力维控型"到"压力疏导型" [J]. 法商研究，2012（2）：59-68.

[17] 吴祖鲲，王慧姝. 文化视域下宗族社会功能的反思 [J]. 中国人民大学学报，2014（3）：132-139.

[18] 郭海霞，王景新. 中国乡村建设的百年历程及其历史逻辑——基于国家和社会的关系视角"[J]. 湖南农业大学学报（社会科学版），2014（2）：74-80.

［19］佘杰新. 乡村治理中宗族文化的两面性及其应对——基于"乌坎事件"和乡村反腐视角［J］. 湖南农业大学学报（社会科学版），2016（2）：43 – 49.

［20］佘杰新. 后乡土社会"越轨共同体"行为的防治路径［J］. 安徽大学学报（哲学社会科学版），2016（3）：133 – 140.

［21］吴天慧，沈昕. 乡村治理现代化视阈下宗族"善治"资源的重构［J］. 齐齐哈尔大学学报（哲学社会科学版），2017（5）：17 – 20.

［22］佘杰新. 群体越轨行为释因理路——基于"问题村"形成机制之实证调查［J］. 刑法论丛，2017（2）：554 – 573.

［23］陈寒非，高其才. 乡规民约在乡村治理中的积极作用实证研究［J］. 清华法学，2018（1）：62 – 88.

［24］丁惠平. 社会组织的历史形态及其运行机制——以宗族组织为例［J］. 学术研究，2019（12）：67 – 72.

［25］佘杰新. 农村治安善治方案研究［J］. 中国人民公安大学学报（社会科学版），2020（4）：140 – 148.

［26］佘杰新. 农村犯罪学的理论建构——基于国内外农村犯罪研究学术史之考察［J］. 中国刑警学院学报，2020（5）：5 – 13.

［27］隋玉龙. 传统的现代转换：宗族组织在乡村治理中的反思与转型［J］. 山东农业大学学报（社会科学版），2021（3）：127 – 133.

［28］赵洋，张安文. 历史视野下的明清基层治安体系构建研究——以田野资料的运用为例［J］. 中国人民公安大学学报（社会科学版），2021（6）：147 – 156.

［29］臧知非. 秦汉宗族政策与基层社会治理——兼论商鞅变法离散宗族的历史内涵［J］. 史学集刊，2022（1）：20 – 24.

［30］吴倩. 宋代儒者与宗族重建之关系探微［J］. 思想战线，2022（2）：127 – 137.

［31］佘杰新. 总体国家安全观指导下不当上访行为的刑法规制［J］. 广西警察学院学报，2023（4）：18 – 25.

后 记

农村社会发展一直是我十分关注的问题，自十多年前的本科阶段，我便开始关注农村法治问题，成功发表人生第一篇学术论文《硬软法兼治的村民自治制度》。在之后的研究生阶段，我把主要精力投入农村犯罪治理这一重大命题中，怀抱着一颗赤子之心，撰写硕博士论文，发表学术文章，期望能够为农村社会稳定贡献一份力量。

中国地域辽阔，各地农村情况差异很大，农村犯罪现状各有不同，农村犯罪学研究难度较大，发展也相对缓慢，专门研究农村犯罪问题的专著较为缺乏。于我一位学术"青椒"，出版一本农村犯罪学专著，构建中国式现代化农村犯罪治理方案，实属诚惶诚恐。2018年刚步入工作岗位，有幸成功申报法治建设与法学理论研究部级科研项目，给了我深入探索农村犯罪治理方案的勇气。为此，本书建立在以往研究的基础上，以宗族文化为视角，以宗族型犯罪为切入点，试图以"小切口"呈现"大主题"，在为农村犯罪治理提供中国方案的同时，寻找宗族型犯罪治理的有益路径。

本书是我十多年来对农村犯罪问题思考的集成，今得以出版，百感交集。十年求学之路和五年工作历程中，也曾困顿迷茫，但幸福是多数时刻。我要感谢我的父母，对父母，我终是愧疚于心，与家人聚少离多，唯一能弥补的，就是努力成长得更好。我要感谢我的博士生导师袁林教授，她为师为母，在生活关心和学术指导上无微不至，在我人生的许多重要节点都为我指点迷津，没有老师的指导就没有我学术的成长。我要感谢我的硕士生导师陈小彪副教授，一直以来承蒙老师的教导和照顾。我要感谢胡尔贵教授和马方教授，他们宽容大度、谆谆教诲，让我至今仍能保持初心。我要感谢袁鑫伦、石钰、陈文华、洪浩然、陆沈曈等同学，他们与我共成长，在资料收集、文稿校对上给予诸多帮助。我要感恩知识产权出版社编辑，他们认真负责的态度令人敬佩。一路走来，需要感恩的人太多太多，我就不再一一罗列。

在全面推进乡村振兴的大背景下，农村犯罪问题需要更多人的关注，以助力平安乡村建设。本人正在翻译的一本国外农村犯罪方面的专著《农村犯罪预防：

理论、策略与方法》，希望与本书形成"姊妹篇"，为农村犯罪学繁荣发展再添一笔。可喜的是，身边许多同学投入农村犯罪问题学术研究中，开启稚嫩但充满热情的学术生涯。当然，由于话题研究难度大，时间匆忙，本书还存在诸多不足，特别是宗族文化的影响机制、宗族型犯罪治理机制等问题，均有待未来的研究人员采取更为科学的方法进行分析，书中的观点也期望各位专家批评指正。